情感风景线

Landscapes of Love

张健雄 著

中国文联出版社
http://www.clapnet.cn

图书在版编目（CIP）数据

情感风景线 / 张健雄著. -- 北京：中国文联出版社，2016.4

ISBN 978-7-5190-1455-1

Ⅰ．①情… Ⅱ．①张… Ⅲ．①随笔—作品集—中国—当代 Ⅳ．①I267.1

中国版本图书馆 CIP 数据核字(2016)第 095872 号

情感风景线

作　　者：张健雄

出 版 人：朱　庆

终 审 人：奚耀华　　　　　　　　复 审 人：柴文良

责任编辑：周小丽　龚　方　　　　责任校对：潘传兵

封面设计：张熹薇　　　　　　　　责任印制：陈　晨

出版发行：中国文联出版社

地　　址：北京市朝阳区农展馆南里 10 号，100125

电　　话：010-85923036（咨询）85923000（编务）85923020（邮购）

传　　真：010-85923000（总编室），010-85923020（发行部）

网　　址：http://www.clapnet.cn　　http://www.claplus.cn

E－mail：clap@clapnet.cn　　　zhouxl@clapnet.cn

印　　刷：中煤（北京）印务有限公司

装　　订：中煤（北京）印务有限公司

法律顾问：北京天驰君泰律师事务所徐波律师

本书如有破损、缺页、装订错误，请与本社联系调换

开　　本：710×1000	1/16	
字　　数：180 千字	印　张：12.75	
版　　次：2016 年 4 月第 1 版	印　次：2016 年 4 月第 1 次印刷	
书　　号：ISBN 978-7-5190-1455-1		
定　　价：29.00 元		

自 序

　　我的上一本关于文化思考的随笔《当东方相遇西方——感受文化的分量》（社科出版社2011年6月，以下简称为《当东方》）主要聚焦于政治文化。那本书的副标题是在我的坚持下保留的。后来的事实证明，那个副标题是个败笔，它使书店和读者都误认为那本书是一部理论书籍，北京某大书店甚至把它归入哲学类栏目，不仅如此，还把那本书放置在哲学类书架的最底下一格。可能有人会认为那本书获得哲学类定位是一种殊荣，但这一处置却大大影响了该书的销路。据出版社说，那本书在京城的销售业绩十分惨淡，远不如外地某些城市。一位外地的朋友告诉我，他们那里的主流书店把这本书摆在书店推荐的新书台子上，因此销量很不错。我要感谢那位经理，他一定事先读过或者至少浏览过那本书，因此知道那本书是一部文化随笔而不是哲学理论，而且知道它很有可读性。这样的经理难能可贵。

　　《情感风景线》也是一本谈论文化的书，也是对中西方文化的思考和比较，但是这回的讨论话题不再是政治文化，而是情感文化。这本书与上一本书一样，力图避免干巴巴的说教，而把所要阐述的文化问题融入到现实生活或历史故事中，体现在活生生的人物身上。故事讲完，所要讨论的文化问题也就阐述完了，结论就印在读者的脑子里了。用实例图解理论的灵感来源于前苏联科学院院士雅科夫·别莱利曼的作品——我少年时代最钟情的科普系列读物，其中包括《趣味物理学》《趣味数学》等。他把自然科学理论演绎成妙趣横生的故事，使得千百万青少年从此爱上了科学。自然科学尚能完成如此华丽的转身，人文科学就更应

该能实现灿烂的羽化。

在上一本书里我提到文化的定义最早是英国人 E•B• 泰勒于 1871 年提出来的。他指出："文化或文明是一个复杂的整体，它包括知识、信仰、艺术、伦理道德、法律、风俗和作为一个社会成员的人通过学习而获得的任何其它能力和习惯。"

情感和性爱是人类具有的共同天性。人类的这个天性衍生出了婚姻制度，这一点普天之下的种族概莫能外。然而，东方人与西方人情感的释放和表达以及婚恋习俗有着很大的差异。例如，西方青年在青春期的冲动面前普遍采取自由放任的态度，而中国青年大多是克制和内敛的。又例如，西方的婚姻重嫁妆而轻聘礼，中国的婚姻重聘礼而轻嫁妆，等等。这一切差异都与各个民族特殊的文化传统相关。各个民族在进化过程产生了自己特殊的哲学观、价值观、神话故事和历史记忆。这些精神遗产培植出不同的信仰、伦理、法律及风俗，人类的情感文化由此变得五光十色、绚丽斑斓。

《情感风景线》由十几篇随笔组成。如果说《当东方》中引述的实例主要是中外历史故事的话，《情感风景线》呈现的大多是当代的故事，其中许多是笔者身边发生的事件，希望它们更生动并更接地气。

20 世纪 70 年代初我曾作为上山下乡知识青年在广西右江河谷生活了五年。20 世纪 80 年代后，由于工作的原因我分别在英国、荷兰、比利时、德国和美国生活过不同长度的时间。农村记忆并没有随着时间的推移而淡化远去，国外的生活又开拓了新的视野。两段特殊的经历使我获得了观察社会文化的不同角度。在国外体验着另一种生活，触摸着另一种文化时，右江河谷的场景和人物面孔不断地浮现在我的眼前。两种民俗辉映交错，凸现出深邃而各异的文化内涵。不把这种感受写下来告诉别人会留下遗憾。这是我写这本书的最原始的动因。

本书展现的情感话题包括中西方婚恋习俗、非婚生后代的命运、近亲联姻的后果、同性恋情感、感情破裂与离异、感情背弃的伦理思考。文章结构上采取用中西两段实例进行比较，沿袭了《当东方》的个性写法。应该注明的是，本书中并不是全部篇章的素材都来自于当代现实生

活，例如《婚生还是私生》一篇中涉及的故事取自于有关的史实，也并不是所有的篇章都采取"中"与"西"对比的两段式结构，譬如《蓝血孽缘》谈的仅是欧洲的事，《幽怨水库情》讲述的只是笔者在右江河谷目睹的一个故事。这个集子里甚至还有两篇与情感无关的文章《黑斗篷的故事》与《内战与内乱》。这两篇应该属于政治文化话题，我把它们放在这个集子里，希望稍稍冲淡一下这本书的"情感"成分，防止读者产生"审美疲劳"。希望这个安排能够得到理解。

笔者才疏学浅，谬误在所难免，乞望读者诸君不吝赐教。

2015 年 12 月 6 日

3

目 录

归大自然为宗旨的运动在中国某些边远地区农村却有着天然的社会土壤。

嫔妃成群甚至有三宫六院七十二妃之说。这折射出西方王权
受制于神权，而中国皇权始终凌驾于神权之上。

美国影星亨利方达移情别恋导致妻子绝望自杀。这位负
心汉并未受到舆论的强烈谴责，这表明中西方道德裁判有着
不同的标准。在中国，流传了三百年的"陈秦案"剧至今影
响着社会生活和思维模式，然而如何把握与之有关的道德判
断尺度却是一个不容小觑的问题。

跨国夫妻面临着观念和习俗的冲突，家庭中横亘着一条
无形的文化鸿沟。许多跨国夫妻无法填平这条鸿沟而劳燕分
飞，还有一些夫妻出于子女、财产和面子的考虑，勉强生活
在带鸿沟的屋子里，维持着貌合神离的婚姻关系。只有那些
相互热爱对方文化，或对对方的文化高度包容的跨国夫妻才
能美满生活在一起。

留学潮造成了无数分离的家庭。远隔重洋的夫妻生活在
相互思念中，对团聚的期盼维系着感情的纽带并维护着家庭
完整。也有人在孤独和诱惑中移情别恋，使团聚的期盼在重
逢前幻灭。

西班牙的内战与中国的"文革"性质不同，一个是内战
而另一个是内乱，但它们有着相似的结果，都是无政府主义
对社会生活的极大破坏。它们留下的心理创伤在灾难过去许

多年后仍难以愈合。

15世纪葡萄牙人达·伽玛率领船队绕过非洲南端到达印度，打破了阿拉伯人对印度贸易的垄断。过去人们认为，他是从马可波罗的著作中获得印度的信息。其实不然，葡萄牙人对印度的认识是来自一位名叫彼鲁·达·科维利昂的情报，这反映间谍在历史上发挥的不可小觑的作用。

嫁妆与聘礼

那年，我到蒙斯大学参加一个研讨会，在那里住了些日子。大学副校长皮埃尔开车送我去了一趟马斯特里赫特，故地重游兼看望朋友。马城在荷兰的南端，蒙斯又在比利时的南端，从蒙斯去马城正好从南到北穿越整个比利时。好在比国幅员不大，两地距离满打满算也才一百多公里，汽车去一个来回两三个钟头就够了，不过要想当天赶回来就只能在马城停留三四个钟头。为了节省时间，我在到达马城之前，用电话将约安和他的妻子安娜玛丽约到市场广场。我请他们在圣母院教堂前的露天餐厅吃饭。

圣母院教堂是马城最古老的建筑之一。它和马斯河上的圣塞瓦提斯桥及老城墙都有六百多年的历史。教堂前的林荫广场聚集着马城最好的餐厅。欧洲人有在露天进餐的雅兴，在品尝美味佳肴的同时享受清新的空气和明媚的阳光。只要天气晴好，各家餐厅都会将桌椅摆在广场上招徕客人。我们到达教堂前时，约安夫妇已经占好了位置。我们在树荫下坐下来，举杯庆贺再次重逢。

十几年前，我在马斯特里赫特大学做访问学者，约安是我的项目主持人，圈内俗称"老板"。他把我安置在学院大楼六层走廊末端的办公室里。我每天在这里度过早九点到晚五点的时间，上网、查资料、读书、做笔记。我的桌子前面有一扇巨大的窗户，窗户外停车场对面是另一座楼房。那楼房据说是一所音乐学校。楼房某几个窗户里经常传出提琴和小号的声音。越过音乐学校的屋顶，可以遥望马斯河对岸绿树成荫的丘陵。在对岸，一条公路伸向远方，消失在绿茵茵的丘陵后面。我经

常驻足窗前，对丘陵后面的景色冥思遐想。在离开马城回国之前，我满足了自己的好奇心。我发起了一次自行车远足。几个中国学生在我的鼓动下沿着那条公路一直向东骑行，越过一个又一个的丘陵后到达德国西部城市亚琛。那次远足在我的另一本书《当东方相遇西方》中提及。

每天上午11点，约安都会敲敲门，像是偶然路过我的办公室，客客气气地聊上几句，问我对工作环境是否满意。当听到我肯定的答复后，他便心满意足地离去。

有一天，窗外一个喊声引起我的注意，仔细一听，像是叫我。我的名字在欧洲人嘴里十分拗口，传到我自己耳朵里也非常陌生。我把头伸出窗外，约安在楼下向我使劲招手，并指指停在大门外的一辆大巴。大巴上坐满了人，看来就等我们两人。我赶紧跑下楼，原来大学每年组织一次神秘郊游。郊游的路线严格保密，沿途的某棵树上或路边石头下藏着纸条。纸条上写着一句格言和下一段行程的路线。找到纸条的人可获得一份奖品。这一年郊游的终点是一个有百年历史的酿酒作坊。酒坊的主人拿出各种啤酒招待大家，并送给每位客人一个贴着酒坊标志的啤酒杯。这个曲径通幽的游戏在一场盛大的晚宴中结束。那场盛宴在城里的一家俱乐部举行，宴会之后还有歌舞表演。大学慷慨地为这一天的所有活动买单，作为对职工的一项福利。我是外国访问学者，不在学校福利涵盖的人群中，但约安在出发前的最后一分钟为我争取到参加这个活动的资格。那次郊游记载在我的另一本书《列国志：荷兰》中。

周末约安喜欢到乡间远足。他的家人厌倦了这种枯燥的游戏，于是他邀请我当他的驴友。我们或是骑车，或是步行，穿过田野，走过小溪，越过丘陵，遍访周边的老风车、工业化前的水磨坊，以及被路易十四围攻过的城堡。有一次我们还走到比利时境内，去看阿尔贝国王运河里的行船。几年后我邀请他到北京来参加一个会议，也陪着他钻胡同，寻四合院，观升旗，看街头秧歌。我们对彼此国家的历史和文化有着浓厚的兴趣。

他的三个子女都成了我的好朋友。在荷兰人的风俗中，长子继承父亲的教名。约安是长子长孙，他的父亲和祖父的教名都是约安，他的大

儿子自然也叫约安。小约安认真好学。我在他家做红烧鱼时，他用纸笔详细记录下每一道工序，打算学会烹制这种美味的中式菜肴。几年前，已经 26 岁的小约安与他的女友沿着历史上的"丝绸之路"进行了一次跨欧亚旅游。他们从伊斯坦布尔出发，穿过土库曼斯坦、乌兹别克斯坦、吉尔吉斯斯坦和哈萨克斯坦后进入新疆，然后途经吐鲁番、敦煌、西安到北京。在北京逗留数日，然后绕道香港返回欧洲。他在途中给我发过一封电子邮件，希望能在北京见我一面。可惜他的邮件发到我弃之不用的旧邮箱中，等我发现时，他已结束北京的行程到香港了。他取得工商硕士学位，现在英国一家公司供职。

小儿子科恩是一个天真活泼的小帅哥，十岁时便成为社区里两个八岁女孩暗恋的对象。他喜欢户外活动，对书本和课堂兴趣索然。我每次到他家，他都要向我展示他的绘画新作。他的作品记录了他的每天的活动：游戏、打球、钓鱼、露营等。笔法青涩，但画风活泼，充满想象力。我经常和他下棋。每次对弈，最后的赢家必须是他。约安夫妇告诉我，科恩后来进了烹饪学校，现在在一家饭店里做见习厨师。

约安还有一个女儿名叫弗朗丝，他们叫她弗朗茜。那后缀"茜"是"小"的意思，名字后面加上"茜"便变成昵称。弗朗茜是个高挑文静的女孩，当年 14 岁。我每次到他家做客，她都会放下手里的书本，安静地坐在一旁聆听我们谈话。十多年过去了，她从学校毕业，在一家公司做文秘。当我们的话题转到她身上时，约安夫妇抢着告诉我，弗朗茜怀孕了，他们很快就要当上外祖父母了，欢快之情溢于言表。他们不无骄傲地告诉我，他们即将出世的外孙的父亲卡尔来自澳大利亚，在荷兰某国际知名企业任总经理助理。他们特别强调道，卡尔在香港工作过。强调这一点是想说明卡尔与中国有着某种缘分。从他们的话中不难听出，卡尔是个出类拔萃的青年才俊，极有希望问鼎公司的决策层，前途不可限量。

紧接下来的对话颠覆了我对欧洲人婚恋价值观的认知。当我问到弗朗茜的婚礼在哪个教堂举行时，他们毫不迟疑地告诉我，弗朗茜没有结婚，她和卡尔只是男女朋友。我如堕五里雾中。这对父母提到女儿未婚

先孕竟然如此兴高采烈！我糊涂了，是我的思维罗盘发生紊乱还是地球磁场出现偏转？我以咳嗽掩饰自己的惊讶，并问道：女儿没有在教堂举行婚礼不觉得遗憾吗？他耸耸肩，说虽然遗憾但省却了不少麻烦。

我见识过不少教堂婚礼，不仅在电影小说中也在现实生活中。那神圣、隆重而又华丽的场景是每一个待字闺中的女孩所渴望的，也是每一对新娘父母所期盼的。婚纱、鲜花、伴娘、伴郎、纱童、悠扬的音乐、欢乐的笑靥、盛装的来宾等，都将长久地留在新娘新郎以及家人的记忆中。新人在上帝面前的铿锵誓言——无论富贵或贫困，健康或疾病，永远不离不弃——尽管陈词滥调千篇一律，但在新人和来宾耳里永远悦耳动听。这一天，新娘的父亲尤其光鲜夺目。按照几百年的固定程式，他将挽着身穿洁白婚纱的女儿，踏着婚礼进行曲缓缓走到神父面前，在亲友和来宾的见证下，将女儿的手放在新郎手中。这意味着，从这一刻起父亲将抚养和保护女儿的责任正式移交给女婿。这个具有分水岭意义的交接仪式，对独生女儿的父亲更是弥足珍贵。缺失这样一个隆重的宗教仪式，做父亲的约安怎么能不遗憾呢。

我琢磨他省却的是什么样的麻烦。我猜想，最可能的是因宗教原因产生的纠结。约安是荷兰加尔文教派中一个人数很少的支派的信徒。加尔文教派不仅与天主教幽怨极深，其内部的众多支派之间也沟壑纵横，老死不相往来。如果他们的澳大利亚女婿是一个天主教徒，勉强他们一方到另一方的教堂里举行婚礼几乎是不可能的。即便他们的女婿也是新教徒，到加尔文教派一个陌生的支派的教堂举行婚礼也会使他感到别扭。受阻于宗教鸿沟的恋人往往走世俗路线——在市政厅登记结婚。

然而，约安的女儿和女婿连市政厅都没有去。他们走的是裸证路线。今天中国某些都市青年时兴无房无车的"物质裸婚"，而西方青年流行无登记无婚礼的"精神裸婚"。许多夫妻虽已人到中年子女成群，却从未踏过教堂红地毯或进过市政厅，一家人仍然过得安安稳稳甜甜蜜蜜。西方人时兴"精神裸婚"的原因五花八门，有的是为省却婚礼的繁重花销，有的是为了逃避过重的家庭赋税，有的是为各人的自由预留空间，也有的是对婚姻前景信心不足随时准备分道扬镳等等，不一而足。

　　教堂婚礼是西方人生活中划时代的事件。当新郎在教堂里从岳父大人手中接过了终生照料意中人的责任时，现场的亲友和来宾在掌声和祝贺之余会窃窃私语，打听新娘的嫁妆数额。前台温馨动人的亲情表演常常是后台艰难谈判的结果。在西方人的观念中，女人终身由男人抚养照顾。结婚前抚养的责任由父亲承担，结婚后这个责任转移到丈夫身上。女婿为老丈人抚养女儿，老丈人就必须给女婿一笔财产作为补偿。没有陪嫁将影响女儿的终身大事。法国国王路易十五膝下的六位金枝玉叶中有五位终身未能出阁，竟然是因为老爹在情妇身上耗尽了钱财而无力支付她们的陪嫁所致。可见为女儿筹集陪嫁是丝毫不能马虎的事情。嫁妆的多寡取决于多种因素，诸如双方的家境对比以及双方对这桩婚姻的期望程度。嫁妆无论多寡，一个共识尽在不言中：嫁女的老丈人占了便宜，娶妻的女婿吃了亏。

　　东西方婚嫁观念迥隔霄壤。

　　中国式婚嫁中也有嫁妆这个构成要件。富贵人家的女儿出嫁，父母担心嫁出去的女儿会吃苦，赠与女儿一笔财产，甚至还带上陪嫁的丫鬟随身伺候。嫁妆还是女儿地位的支撑，嫁妆数额越大，女儿在婆家的地位就越高，就越不容易受欺负。然而，中国式婚嫁中还有一个更重要的构件，那就是"聘礼"。

　　聘礼也叫彩礼，是婚姻中的男方给予女方的一笔财产。男家的保媒到女家提亲，聘礼的数额便是谈判的核心议题。男家要压低这个数额，以降低娶亲的成本，因为这个成本可能吸走男方多年的积蓄，甚至使男家一贫如洗。女家总要抬高这个价码，他们的要求有着不可辩驳的理由：一个大活人送到你家，为你纺织耕作，为你操持家务，为你暖被伴眠，为你生儿育女，你总不能三瓜两枣就应付过去，养大一个女儿容易吗！顺着这个逻辑推进，中式婚嫁常常步入买卖婚姻的歧途。有儿有女的贫困家庭，可以采取置换策略，先把女儿嫁出去，再用女儿的聘礼为儿子娶媳妇。中国有养儿防老的传统，没有儿子的家庭，父母老无所依，嫁女的聘礼便具有养老的功能。在这个意义上，男方虽然舍了财，但最终还是赢家。

聘礼要收，嫁妆还是要给。嫁妆是女家的脸面。女方过门的那一天，嫁妆中的实物部分将在唢呐和鞭炮的喜庆声中，随着新娘的花轿抬入婆家的大门。嫁妆的内容包括大花棉被、衣物、木箱和碗柜等。这些物件通常要凑足十副担子，或十辆独轮车，或十辆自行车的载重量。嫁妆队伍越是浩荡，娘家就越有面子。羊毛出在羊身上，那些嫁妆其实还是男家的血汗，它只是聘礼的一部分，甚至可能只是一小部分。在很多时候，嫁妆的物化品是男家根据女家列出的清单提前置办的，但它仍然被解读为新娘父母送给女儿的财产。它至少代表了娘家为女儿婚后生活争取到的最基本的物质保障。

为了在婚礼那天充当道具，这些物品必须由新郎官预先送到女方家里。如果男女两家的空间距离不远，这个过程便相对简单。如果两家的距离超越了一日往返的地理限度，这个过程便有点复杂而且隆重。运送超过十件的嫁妆的物化品绝非新郎官一人的体力所能胜任。新郎官必须邀请自己的好友充当脚夫。脚夫们往往都是尚未娶妻的小伙，正好趁此机会到女方的村子里转一转，为自己寻找机缘。于是，嫁妆的预送过程便衍生出一些特殊的涵义。我年轻的时候曾经有幸当过一次预送嫁妆的脚夫。那段经历发生在中国南方的右江河谷地区，时间是 20 世纪 70年代。

提起南方乡村的婚嫁，还要先提一提那个年代的生产和分配方式。南方水稻一年两熟，生产队根据水稻的生产季节实行一年两次的分配制度。七月份早稻交售完毕后进行第一次现金分红。第二次则在十二月晚稻入库拿到粮款之后进行，分配物既有现金也有粮食、肉类和油料等实物。春播夏收的水稻称为"早造水稻"，夏种秋收的水稻称为"晚造水稻"。生产队的分红与两季水稻挂钩，那"造"字便成了分钱的代名词。右江河谷算是富庶地区，但在当时"以粮为纲"的年代，农民被迫放弃了很多致富的门路，收入与城里的收入不能同日而语。城里人无论干部、教师、工人，甚至养路工，一年领十二次工资，在农民眼里便是分了十二次红。于是，农民便把工薪族戏称为"十二造"。这个绰号在诙谐中透着羡慕。嫁人要嫁"十二造"便成了河谷姑娘幸福颂歌的主旋

律。如果嫁不上"十二造"，河谷姑娘还有次优的选项，譬如菜农和果农。菜农和果农收入仍低于工薪族，但却高于粮农。粮农排在最末尾，只有时运最不济的女孩才会考虑他们。待嫁的村姑编织着幸福的梦想，受到冷落的河谷小伙只能将目光转向山区。为了气一气那些傲气十足的梦幻村姑，他们异口同声地称颂山里妹子美艳如花，非河谷姑娘可比。这种酸葡萄式审美观并非凌空蹈虚之言。平原姑娘下地干活时尽管头戴斗笠，脸裹毛巾，但仍架不住烈日的烘烤，每天看着镜子中脸上的黑斑和糙纹不禁万念俱灰。山区日照短，农忙季节比平原又少几个月，山里妹子喝的是清澈的山泉，吃的是健康的粗粮，白里透红便成了她们脸蛋蛋的主流色调。

脸蛋滋润归滋润，但最终既不当吃也不当穿。走出河谷无论向北还是向南都是崇山峻岭。那里山高坡陡，石多土少，无水无路。山民吃自己种的包谷红薯，穿的是自己织的土布衣服，用自己熬制的蓝靛染色，电影放映队一年来不了一两回。那时节还不兴外出打工，村民们一辈子守着穷山沟。小伙子要离开大山有当兵的路可走，山里妹子要改变自己的命运，只能寻找外嫁的机会。一个姑娘嫁出去，便搭起了一座鹊桥。山外的小伙子顺着这座桥走进来，把姑娘的姐妹们一个个领出去。

我们村三队的小伙黄阿四便顺着这座桥领出一个山里妹子。他到一个名叫坡洪的山乡新娘家送嫁妆时，伙伴们都想替他当脚夫，好借机为自己物色一位山里妹子。想去归想去，但不是人人都去得了，基本条件是要有自行车，嫁妆是用自行车驮去的。那年头，自行车在农村虽早已不是稀罕物，但还未普及到人手一辆。阿四好不容易凑出了八个弟兄，还缺一人，就拿我充了数。我答应帮这个忙。那年头知青中有自行车的也不多。

吸引我的不是山里妹子，而是那神秘的大山。每天在农田里劳作时，我最大的兴趣是遥望远方的群山。那山一峰又一峰高耸入云，在蓝天下不断变换着颜色。春季，云遮雾绕，群山犹抱琵琶半遮面，流云如九曲十八弯的溪水绕着山峰流淌。夏季，千峦滴翠万峰披绿，瓦蓝瓦蓝的天飘过一团团白云，乌涂涂的云影投在山峰上，缓缓漂移。秋天，山

峰上出现了斑斑驳驳的红色、黄色和褐色，斑点随着时间推移逐渐增多变大，群山变成了五彩的玉石，璀璨夺目。冬天，花岗岩裸露出来，群山呈现出它灰蓝的本色，从近到远由深变浅，像一幅层次分明的剪纸画。

我们踏着晨露出发。十辆自行车驮着木箱、棉被、衣橱、碗柜向南奔去。过了右江上的水泥桥，平原便走到尽头，大山就在眼前。公路顺着山腰左弯右拐逐渐升高。盘山道上卡车来来往往，每到拐点视野出现死角，司机就提前揿动喇叭，警告对面的来车。尖锐的喇叭声在山谷中回荡，嗡嗡的尾音经久不息。山高坡陡，自行车蹬不动了，我们只能下车推着走，遇到下坡才能上车骑一会，缓一口气。山势越来越高，路的一侧是望不到顶的绝壁，另一侧是看不见底的悬崖。峡谷对面也是高耸的绝壁，松树扎根在岩石的缝隙中，把石壁点缀得郁郁葱葱。忽然脸上感觉一阵清凉，一摸头发上尽是水珠。原来，一泓山泉从对面石壁上挂下来，还未落入深谷便散成了水雾，飘落到峡谷的这边，撒了我们一头一脸。

在险峻的半山腰上，我们就像十条蠕动的小虫子，缓慢而又渺小。后来，悬崖和绝壁结束了，十条小虫子在山口离开公路，拐入一条羊肠小道。视野豁然开朗，四周的山峰变矮了，我们到了山地高处。经过一段平缓的山路后，地面又变得凹凸不平，路况越来越恶劣。马帮踏出的山径忽高忽低，自行车轮滚不出一条连续的车辙，只能不时地扛在肩上，人与车的地位颠倒过来。

迎面有时会过来三三两两的马驮。本地特有的矮种马善走山路，是山区最好的运输工具。马背上的箩筐里装着蘑菇、木耳、笋干等山货，拉到集镇上换点盐巴、大米或农具。淳朴的马夫见我们的铁驴子行路艰难，有时会下来推我们一把。丛林中偶尔露出一个木楼，楼台上的老乡向我们打招呼："兄弟呀，进来喝碗粥歇歇再走。"有时也会遇到三五个背着背篓的山里妹子。累成一摊稀泥的脚夫们马上精神一振，装出一副体力过剩的样子，潇洒地将自行车一支，与山妹子搭起讪来。山里妹子落落大方，吃吃地笑着与哥哥们插科打诨：

"哥呀，去哪呀？"

"哥呀，坡洪远着呢、省省脚力，嫁妆就送到我们寨子去吧！"

"哥呀，下次要来我们的寨子噢，我们寨子的姐姐不比坡洪的差吆。"

"哥哥晚上要'嘹少'哩，妹妹不耽误哥哥的时间了。"

山妹子自己要赶路，没功夫和小伙们打情骂俏，扔下一串"格格"的笑声消失在山径尽头。待山妹子走远，意乱情迷的小伙们才拾掇起精神继续赶路。

下午四五点，我们进入一个山谷。山谷中溪水淙淙。小溪的两旁有一些菜地，种着红薯、豇豆、南瓜等作物。两边陡峭的山坡上可以看到零零星星的玉米。山谷里泥土稀少，开不出成片的稻田。这里太阳上午十点才从左边山头上露出来，下午两三点又落到右边的山坡后面。由于日照时间短，即便有水有土水稻也无法生长，山里人只能以玉米和薯类作为主粮。春天，山民们背着背篓上山，把玉米粒撒在石缝里，任其自己生长。秋季玉米熟了，再背着背篓上山摘棒子。经营粗放，产量不高，好在人少山多，可以漫山遍野多撒种子，质量不足数量补。

天黑之前小伙子们终于到达了目的地。新娘家的寨子在山谷中一片林木缭绕的平地上。寨子里是清一色的木楼。木楼的下层用石头砌成，石墙上留有透气的小窗，牛羊鸡鸭就圈在里面。山里野兽多，但在这坚如堡垒的畜圈面前凶猛的豺狐熊罴也徒叹奈何。二层用木头或竹子建成，是一家人的堂屋和卧室。堂屋外留有一个平台，是晾晒粮食和衣物的地方。有些木楼还在二楼搭了一圈围廊。上下楼的梯子就直通阳台。堂屋中央有一个火塘，火塘里的炭火终日不熄，白天做饭，晚上取暖。几十年后，当我路过大都市郊的别墅群时，就不由自主地想起壮族山民的木楼。那些一楼一户的二层民居充满了山野情趣，不是别墅却胜似别墅。那山寨版的别墅最不便对外呈现的是它的如厕方式。木楼二层的地板是活动的，如厕时只要把木板一掀，便溺可直接排泄到楼下的畜圈里，这如厕方式虽说不出口却方便至极。

小小的山寨沸腾起来。送嫁妆的车队受到村民的夹道欢迎。山里的村民穿戴与平原农民迥然不同。平原农民爱穿布扣对襟衫或四兜干部

服。山里的村民头上盘着的头巾，身上穿着蓝靛染的土布衣服。平原的姑娘喜欢花布衣裳，而山里妹子身着粗布大襟衫，衣衫上角装饰着壮锦图案的花边。村寨里一年到头难得见到外人，这个十人自行车队一来，把寨子搅得跟过节一般。

自行车队的人和物都遭到友好的围观。女人们叽叽喳喳地议论着大红花被和漆得油亮的木箱，男人们则在打量着每一件木器的质地，估摸着它们的价值。山姑妹子们藏在老人们的后面，悄悄瞟着山外来的小伙子，琢磨着该把谁列为自己进攻的对象。

当天的晚宴在准岳父母家举行。虽然不是正式的宴会，寨子里的头面人物和德高望重的长辈都受到了邀请，坐在主宾席上。桌上硕大的盘子中盛着豇豆、蘑菇、南瓜、空心菜、辣椒，还有炒鸡和腊野猪肉。在这穷乡僻壤里，这是仅次于婚礼和过年的盛宴了。这个场合酒是不可少的。平原地区时兴喝甘蔗酒。那种酒是制糖过程的副产品。山区不产甘蔗，乡民喝的是一种自己酿造的杂粮酒。这种酒度数不高，带着一股烟熏味。

乡民以酒会友，而且喝酒便喝交杯酒。那交杯酒就是将举着酒杯的手臂弯起来，穿过对方的手臂再送到自己嘴里。当酒过三巡，头重脚轻，动作不灵便了，手和手经常撞车，把酒撒了出来，于是改了酒路，酒杯里的酒不往自己嘴里送，而是直接喂到对方嘴里，这样显得更亲热。酒饱饭足，曲终人散，村民们各回各家，这时脚夫小伙们的好事才正式开始。

村里的妹子们早已等在楼下。小伙们一下楼，便被簇拥着向村外林子走去。"嘹少"正式开始。壮话"少"是姑娘或女孩的意思，"嘹"则是"玩耍"。"嘹少"指男女青年之间愉快的交流，包括聊天、打情骂俏、谈情说爱等，翻译成现代都市俚语便是"泡妞"。壮族传统中最高形式的"嘹少"是对唱山歌，用歌声传达信息，交流思想，或传递情愫。农历的三月初和八月中旬是"泡妞"的旺季。那时候农活不忙，气候宜人。傍晚时分，壮族小伙三五成群来到邻村村外，唱起山歌。村里的姑娘听到山歌，便结伴来到村头，与小伙们对唱起来。山歌是壮族农

民世代相传的思想表达技巧。其令人叹为观止之处是歌者出口成章的本领。这里的农民即便是大字不识，吐出的歌词也对仗工整字字珠玑。那山歌的功能是为陌生男女搭起一座结识和相互了解的桥梁。"嘹少"的过程通常是集体进行的，男的站在一边，女的聚在另一边。女方一人唱四句，男方一人答四句，相互穿插进行。男女青年在对歌中或相互撩拨、挑逗、打趣，或介绍家世、倾诉衷肠。男女双方通过这个过程寻找自己心仪的人。某对男女一旦在对歌中擦出火花后，便悄然离开群体，移步到僻静的地方，改唱为谈，进行深度了解，或表达爱慕之情。

然而，对歌不符合此时此地的乡情语境。两地情种之间有方言障碍。中国的一千四百万壮族同胞说着十几种方言。从右江河谷往南，穿过两个县直到越南境内的壮族居民流行一种山地壮语。这种山地壮语与河谷方言从发音到词汇均有较大差异，两地同胞见面交谈，连猜带比画可勉强明白对方的意思，如果用各自的方言唱山歌就犯傻了。我们的小伙与山妹子们只能直接进入"嘹少"的第二个环节。

皓月当空，水银泻地。我坐在木楼的露台上往寨子外张望，月光下树叶婆娑人影晃动，不时传来青年男女的嬉笑声。渐渐地，一群人变成两群人，两群人又分蘖为四群人。我极度困顿，离开露台进屋歇息。女家的木楼容量有限，安顿不下突如其来的十位客人。主人把我们分散到他的亲朋好友家中过夜。我被安排到邻家与一位八十岁老爹作伴。我与老爹打过招呼倒头便睡。这一觉睡得不很踏实，朦胧中依然听到高一声低一声的笑语，虽然距离不近，但清晰可辨。山沟有着特殊的声学效应，四周的石岩形成天然的回音壁，虫鸣鸟叫鸡飞狗跳皆声声贯耳。木楼卧榻上的体己话须得压低声音，否则第二天便成为田间地头戏谑的主题。后半夜村外林地终于沉寂下来，我在梦中依然听到某种响动，像是翻动地板便溺的声音，那声音不知出自哪个房间。我微弱的意识在活动：楼下的牛羊该遭殃了。

第二天早饭后准备出发回家，主人家塞给我一把刚刚摘回来的豇豆，我没有谦让就收下了。山里的豇豆长得特别肥壮，绛紫色的豆荚又粗又嫩，豆粒大如花生米，粒粒爽口。可能我前一晚在饭桌上的豪迈吃

相被主人留意到了。

前一天艰难的行程留下一身的酸痛，好在今天的返程一路下坡。借助昨天上山积攒的势能，我们的自行车轻轻松松地跑完七十华里的归家之路。这次进山送嫁妆的车队小有斩获，返程时车队后座上出现了一位满面春风的山妹子。她是与我们某位小伙对上眼的姑娘，跟随我们回去面见小伙的爹娘，顺便考察小伙的家境。

当父母的目光如炬，姑娘要入他们的法眼不是一件容易的事。老人对准媳妇脸蛋蛋的色泽兴趣不大，他们关注的是女孩的体魄。当今都市小资美学追捧骨感美，要求女孩的肩膀有棱有角，脖子以下衣领以上要露出琴键般的肋骨。这样的女孩搁在农村老人面前马上就会被"pass"掉。儿子如果带回一位圆胳膊粗腿的山妹子，爹妈就会笑逐颜开。一百多年前有个叫做车尔尼雪夫斯基的俄国人道出不同阶级审美观的落差：在贵族眼里，美人的基本特点是苗条纤细脸色苍白，因为贵族女子养尊处优缺乏运动，血液很少流到血管末梢，因此偏头痛便成了高贵身份的象征；而农民的眼光不一样，体魄是劳动能力的标尺，而劳动能力又是富足的基础，因此膀大腰圆的女孩使人觉得赏心悦目。老车的美学从沙俄流行到独联体，从圣彼得堡风靡到右江河谷，真是放之四海历久不衰的真理。

山妹子对男家的考察也有一套标准。女孩出门前父母面授机宜谆谆叮嘱：到了男家要多长眼睛，屋里屋外，房前房后都要仔细查看，鸡笼猪圈、菜地庄稼、父母祖父母、兄弟姐妹、侄子侄女等，都要心中有数，回来后向父母详细汇报。这些都是将来过门后幸福指数的影响因素，丝毫不能遗漏。如果双方都感到满意，再经过几次走动，男家的保媒差不多就该踏进女家的门槛。如果不出意外，最迟明年的这个时候，下一个载驮嫁妆的自行车队又该出发，更多的山妹子会被带出山村。

约安碰碰我的手，把我从遥远的思绪中唤了回来。

他向我问起北京，问起北京的老人秧歌。他漫步北京街头时，看到老人们锣鼓敲得喜气洋洋，秧歌跳得满面红光。中国老人活得快乐，活得有亲情，活得有友谊，活得有群体，活得有活力。马斯特里赫特是

荷兰最美的城市，许多老人选择在这里安度晚年。走在街上，经常可以见到这样的老人，他们穿着考究的呢子大衣，呆坐在街心椅子上或在露天酒吧里，或踟蹰在街头。他们生活富足，但是感到孤独。他们缺乏社交，缺乏亲人的关注，没有喧天的锣鼓，没有欢快的歌舞。

约安的父母去世多年，安娜玛丽的父母仍然健在，居住在荷兰北部一个小城。他们在养老院里安度晚年。玛丽安娜每个月和他们通一次电话，圣诞节可能会去和他们小聚几天。即便他们一年到头对父母不闻不问，也不会受到任何谴责。子女在 18 岁以后，或者最迟在工作后，便渐渐淡出父母的生活。父母与子女互不承担任何经济责任和感情义务，法律不追究两代人之间的"遗弃"行为。约安和安娜玛丽开始考虑选择他们退休后定居的城市。若干年后，他们也会在街头东张西望，在孤独中回忆小约安的细心、弗朗茜的文静和科恩的活泼顽皮，眼巴巴地盼望着他们的电话。

中西婚嫁文化的不同与家庭关系及养老模式的差异不无关系。在西方，子女成年后成为独立的社会单元，父母不指望从子女那里获得经济支持和感情依托。对于他们来说，有儿无儿、生男生女都没有太大的区别。在子女的婚嫁中，父母承担的只有嫁妆。而在中国，由于养儿防老和传宗接代永续香火的双重需求，造成了生儿与生女之间的天壤之别。那区别是：儿子是替自己生的，女儿是替别人养的，由此衍生出嫁女索聘的习俗。这个习俗在城市和发达的乡村地区已渐行渐远，但在边远的乡村地区仍然贯彻得如火如荼。中国人尊老养老的习俗锻造了两代人之间割不断的经济联系和感情纽带，大多数退休老人始终处于子女的关怀和照顾下。中国的老人在物质享受上逊于西方老人，但在精神上却比他们富有。

老约安听小约安说北京已经听不到喧天的锣鼓声后感到遗憾。我告诉他，北京的老人仍然在跳舞，只不过改用分贝数较低的音响伴奏罢了。

2012 年 9 月 30 日于威海滨海新区

青春的迷惘

来到利物浦之前，我基本上没有在国外大学生活的经验。到了那里才知道，原来英国的大学没有围墙。大学的行政大楼、实验室、教学大楼就分布在相邻的几条街上。这些街道除了被几座最醒目的教学大楼把持外，还零零星星地分布着餐馆、酒吧、书店、杂货店等社会设施。大学的某些学院和机构还散布在城市的另一些街区。在国内，学校如果没有围墙简直不可想象，小贩和闲杂人员会跑到校园里来，把学校搅得一团糟，恶化教学环境。所以，大学要有围墙，校门要设保安，把无关的人员挡在门外，保持一方净土。而外国的大学只在大楼入口设置门房，门房只管楼内的事，出了大楼便归警局负责，与学校无关。利物浦大学是这样，牛津大学是这样，剑桥大学也是这样。后来我又去了荷兰、德国、西班牙和美国，那里的大学也基本如此。

汽车、摩托车、自行车、行人在教学楼间穿行，制造各种噪声。警车和救护车经常在大楼间呼啸而过，发出更喧嚣的声浪。中午时分，小贩们的轻卡聚集在教学楼附近，叫卖各种风味的快餐：美式的、泰式的、中式的、越式的、印式的，与学校的餐厅争夺食客。人流、车流、小贩流肆意出没在教学大楼周围，大学的师生们不得不左避右闪。这种无围墙的校园为违法活动提供了宽松的空间。街头流氓、小偷混混在楼群中与警察大玩老鼠逗猫的游戏。大学当局不仅对大楼外的事情不闻不问，对大楼内的管束也十分松懈，处于青春躁动期的青年学生在毫无羁绊的环境下迅速地成长为放荡的一代。

我刚到利物浦大学时，在实验大楼前看到奇特的一幕。一个剃着

光头衣着稀松的女孩跪在地上，被一群奇装异服的男女学生围着。一个男生拿着一盆水慢慢地浇在女孩的头上。水顺着女孩的光头流到脖子里。在寒风中，女孩闭着眼睛咬着牙，但还是打了一个寒战。围观者拍着巴掌哈哈大笑。我望望周围，行人对这种野蛮行径居然事不关己高高挂起。后来我才知道，这是英国大学生的一种陋习。它征用了基督教的一个术语，叫做"洗礼"。新生只有经过这样的"洗礼"才能获得融入校园生活的资格。拒绝施行"洗礼"的学生将被拒斥在各种校园社团之外。这是大学老生欺凌新生的方式之一。

从那天起，我开始关注英国大学的社团。英国的校园社团五花八门。大学餐厅、宿舍门口的留言板上贴着各种社团的招募广告。兴趣类的有合唱团、剧社、诗歌会、街舞队等；政治类的有绿色家园、托利之友、社会正义社等等，还有一些社团我不知道该归入哪一类，如果一定要归类的话，我想应该叫做"青春期迷惘类"，譬如：主张男女群居的"大家庭"、双性恋之家，以及主张同性恋者群居的"同类人人厅"。

在离我的居所不远处，就有一个双性恋之家。一群男女学生合租了一个四室一厅的大公寓，在里面过起了公社式的生活。晚上散步时我有意从那个公寓门前经过。公寓灯火辉煌，里面传出重金属乐声。然而，内中的奥秘被厚厚的窗帘遮挡着。一位牛津的中国朋友告诉我，有一次他在公寓的公共浴室里沐浴时，有人在门口使劲敲门。他赶紧穿好衣服打开门，一群男女学生呼啦啦地涌进浴室，把裹在身上的浴巾一脱，便在水龙下面喧闹起来。有人嘴里还在嘟囔，说洗澡就洗澡，插什么门呀。原来，他入住的公寓里有一个"大家庭"式的社团。

我的同事伯纳德告诉我，这些团体不过就是一群乱性者的大本营，异性恋者也好，同性恋者也好，双性恋者也好，都要打破二元配偶的传统，代之以无固定配偶的性结合模式。他们的目的不过是不断地寻找和体验新的感觉。这种社团的会员流动性很大，当会员间一旦相互厌倦后，便会跳槽到别的社团中寻找新的刺激。英国的父母们对这种状况表示厌恶，却又无可奈何。子女在18岁以前还可以管一管，18岁以后的孩子在法律上完全独立，两代人之间，在经济上已无相互扶持的义务，

在思想上便产生距离。英国是个民主国家，公民有结社自由。这个原则也适用于校园生活。校园社团的群居活动是当事人自己选择的生活方式，没有危害公众的利益，任何管束或试图管束都有侵蚀自由民主原则的嫌疑。

可是，我总觉得学校无论如何应承担引导责任。伯纳德递给我一张大学的校报。那是一份八页的纸质刊物，头几页是大学的行政公告、校园的学术活动和新闻。最后一页有半版内容类似我们的思想教育和生活指南。这一期的生活指南是一幅漫画，漫画的主题是一只咧着嘴傻笑的兔子，两只长长的耳朵上各套着一个避孕套。兔子嘴里的吐槽是："我总是一次用两个套。""一次两个套"是英国预防艾滋病的宣传口号。学校对学生的引导到此为止。

若干年后，我在美国匹兹堡大学当访问学者，住在大学附近一座维多利亚式的老房子里。一天有人按门铃。我打开门，一位身材苗条，穿着性感的女人站在门口，眼睛滴溜溜地转，年龄模糊，从28岁到40岁都有可能。她的英语有巴尔干口音。她是来找德米特的。寻德米特不见，她留下了自己的名字——纳迪亚。德米特是这座房子的另一位房客，一位来自马其顿的政治学教授，巴尔干问题的活字典。南斯拉夫解体后，他曾当过马其顿驻好几个国家的大使。匹兹堡大学有一个巴尔干社交圈，由来自前南地区国家以及保加利亚的访问学者及留学生组成，共有五十多人。前南地区民族和保加利亚人语言相通，文化亲缘感浓厚，在海外相遇便像见了亲人一样，经常凑在一起吃吃喝喝。德米特德高望重，自然成了这个圈子的头面人物。

德米特告诉我，纳迪亚是塞尔维亚人，住在临近的房子里，芳龄46，离异，有一个20岁的女儿。她本没有什么专业，不过是贝尔格莱德一个学校里的实验室辅助人员，不知靠什么关系弄到一笔奖学金，于是便混到匹兹堡这个码头来了。她以妖冶著称，把圈子里的许多老头弄得神魂颠倒。德米特对她评价不高。

一天，德米特在厨房里用大锅熬制一种菜肴。锅里发出一种神秘的气味，据说那是一种马其顿濒临失传的佳肴。巴尔干社交圈又要聚会，

德米特打算将这种菜肴奉献出来。厨房里还有一位年轻人在给德米特打下手。年轻人见了我，很有礼貌地打招呼："嗨，我叫瓦尔特，从斯科普里来。"德米特告诉我，瓦尔特是他的熟人，23岁，是匹兹堡大学的新生。马其顿总共二百万人，首都斯科普里居民不过20万，可能有一半都认识他。瓦尔特后来经常来找他，两人关系果然非同一般。德米特和瓦尔特说话时充满了关怀和柔情，而瓦尔特对他就像自己长辈一般恭敬。他俩说的话我听不懂，但看得出瓦尔特每次来都是寻求特米特的指点和教诲。与西欧人相比，在处理两代人的关系上，巴尔干人要传统得多。不久，瓦尔特从学生公寓搬到了我们的住处附近，似乎是为了离德米特更近。后来才知道，瓦尔特搬到纳迪亚租住的房子里，卧室与纳迪亚仅一个板壁之隔，两人共用一个卫生间。

从某个时候起，瓦尔特来找德米特的次数越来越少，后来索性不来了。有一天，瓦尔特和纳迪亚共同的房东克罗科教授到我们住的房子串门，无意中提起了他的房客。他说瓦尔特是纳迪亚介绍搬到他家来住的，据纳迪亚说，她喜欢这个小伙子，想为她的女儿季玛牵牵线。未曾想到，瓦尔特搬进来不久，这位声称想当丈母娘的女人自己却爬到小伙子床上，两人同起居来了。徐娘半老的女人略施小计勾引涉世未深的小公鸡，美国人对此司空见惯。不可思议的是，瓦尔特竟然用母亲给他的生活费买了一辆二手的克莱斯勒，两人开着车去周游美国了。言者无心，闻者有意。德米特听了，脸色霎时变得铁青。接下来的几天里，他一直气呼呼地嘟哝着："太无耻了，太无耻了……我大意了。""无耻"指的无疑是纳迪亚，而他自责的"大意"不知从何说起。

几天后，德米特接到一个电话，估计是从斯科普里打来的。一放下电话德米特便大发雷霆。电话那头是瓦尔特的母亲。原来伪称驾车周游美国的瓦尔特其实并未走远，而是带着纳迪亚到拉斯维加斯登记结婚了。那天德米特听说纳迪亚勾搭上瓦尔特后，就决定等瓦尔特一回来便好好开导他，不惜任何代价地把他从堕落的边缘拉回来，因为瓦尔特的母亲曾经拜托他在匹兹堡盯着点瓦尔特，别让他步入邪道。我们这才知道，瓦尔特的母亲是斯科普里的著名内科医生，是德米特多年的好友。

他们从青少年时代就认识，不是初恋情人至少也是发小。德米特愧对老朋友。他早就知道瓦尔特搬进了纳迪亚住的房子，也隐约觉得纳迪亚对瓦尔特心存不轨，但还没等到他做出反应，纳迪亚的阴谋便闪电般地成功了。他更羞愧的是，他作为瓦尔特母亲在美国的代理人对瓦尔特的状况竟浑然不知，连结婚这么大的事情还是瓦尔特的母亲告诉他的。他太失职了。

瓦尔特的母亲要马上赶到美国来。她不是来参加婚礼，而是要阻止这场婚礼。但后来她没有来，因为瓦尔特说他听从她的劝告，与纳迪亚离婚了。这个说法成功地瓦解了母亲的美国之行。后来我们得知，这又是一个骗局，只不过是纳迪亚玩弄的另一个伎俩。我问我的房东太太金丝，美国的父母遇到这种事情会作何反应。她说美国的父母当然也不愿意自己天真无知的儿子落入老女人的圈套，但如果这种事情真的发生了，也只能听之任之。美国人崇尚自由，对子女的选择你爱也罢恨也罢都无权干涉。马其顿人不是美国人，甚至不算真正的欧洲人。他们处于欧洲的东方，欧洲的东方与处于世界东方的中国一样，都重视家庭和传统，用西方人的话说，就是比较守旧。瓦尔特的母亲最后也无可奈何地撒手不管了。她承认输给了纳迪亚，虽然她拒绝接纳这个儿媳妇。

我后来得知，瓦尔特与纳迪亚的婚姻只维持了两年，留下了一个儿子。他们分手后，不满周岁的孩子被儿童福利院收容。我们很难揣测纳迪亚把那个孩子生下来的动机。瓦尔特的母亲早就预料到这个结局。她希望这件事能帮助瓦尔特迅速从青春的迷惘中走出，变得成熟一些。美国的儿童福利院里不愁吃不愁穿，但是缺少亲人的关爱。瓦尔特的母亲一想到那个成为孤儿的孙子便万箭钻心，她决定去美国把那个孩子领回来，替儿子还清这个孽债。

瓦尔特和纳迪亚在婚后大摇大摆地回到校园，并继续出没于巴尔干社交圈。乡亲们重新接纳他们，直到他们遗弃儿子另觅新欢。要换在中国，他们早就迫于舆论压力销声匿迹，或者叫做被唾沫星子淹死。道德和法律一样，都是规范人们行为的准绳。不同的是，法律是靠国家机器强制执行的，而道德是靠社会的舆论压力实现的。中国的唾沫星子淹死

不负责的人，目的是防止类似的悲剧重演。然而，西方的道德受过程的约束。人们更关注这个过程是否符合自由主义的原则，至于结果是悲剧还是喜剧并不重要。这就是中西文化的差异。

西方人的伦理文化对于我来说，犹如西洋镜和万花筒。我在走出国门之前自认为思想解放意识超前，到了国外仍然被五花八门的性风景惊扰得目瞪口呆。西方人曾经也是守旧的，循规蹈矩的。14世纪发生的那场文艺复兴运动打破了他们的规矩。一个名叫薄迦丘的意大利人写了一本叫做《十日谈》的书，把衣食男女藏在锦被下的事全抖到桌面上。不幸的是，自这本书被奉为人文主义经典流传后世后，人世间从此便再也没有什么不能说的事、不能写的事和不能做的事。到了20世纪后半叶，解放运动蔓延到人性领域，放荡主义便席卷整个西方世界。

普天下的民族都有着相同的人性，但文化的差异使得各个民族在青春迷惘期做出的反应各不相同。中国人在这方面表现得内敛、克制，和更富责任感。在国外，每当视听受到肉身洪流的冲击时，我的思绪常常飞回到中国，跨越到二十年前的过去，我在右江河谷插队的日子。

我落户的村子是一个汉壮杂居的大村子。村民中有四分之三是汉族，四分之一是壮族。这个大村本来是相邻的两个小村，只因经过多年的人口膨胀和村地的蔓延，两个村子最后连成一片，在物理空间上变成了一个超大型的自然村。历史上村村寨寨经常打仇家，要么为水，要么为地，要么为债，要么为上辈人的积怨，但这两个村子却世代和睦。在公社化时代，这个大村被划成四个生产队，汉族村占三个队，壮族村占一个队。

知青下村后，生产队首先要解决他们的住房问题。有的生产队突击盖上一排房子，让孩子们每人住一间。有的生产队一时腾不出人手和地皮，便找了间空闲的库房，派个木匠刨刨锯锯，打好隔断，装上门窗，作为知青点的宿舍。村东头的一队没有空闲的公房，又一时腾不出人手盖房，就把知青安排到老乡家里"二同"。知青们也愿意，都是十六七岁或十八九岁的娃娃，第一次离开父母，煮菜菜不熟，烧饭饭糊锅，落户在老乡家至少有个现成饭吃。

从城里下来的那天，卡车把知青们撂到村头打谷场上就走了。没有横幅，没有鞭炮，没有欢迎词。经过一天的颠簸，知青们一个个灰头土脸，困坐在行李上休息。接待户的大叔大婶们到场地上领人。黄二叔一眼就相中了一个小伙子。那孩子 1.72 米的个子，粗胳膊、宽胸膛，走起路来脚下一颠一颠的，似乎是精力过剩嫌身子分量轻。二叔过去接过他的行李就往家里引，怕慢一步被别人抢了先。这个小伙子叫小杨，那年 18 岁，体魄强健，老实憨厚。二叔眼光不错。

小杨在二叔家的表现可以归纳为"三勤"，就是勤挑水、勤浇园、勤扫地。村里别的知青接待户都羡慕得很。城里的孩子都很娇惯，四体不勤五谷不分，过惯了衣来伸手饭来张口的日子，每天从地里回来已经累成一摊稀泥，倒在床上便睡，房东不叫，饭都懒得吃，更不用说做家务。即便是不下地的日子也在床上赖着，眼里没有家务活。听到别的接待户的抱怨，二叔听在耳里，喜在心头。

几个月之后，一个消息像惊天炸雷响遍各个知青小组——小杨要结婚了！新娘子不是别人，就是房东黄二叔的女儿黄秀莲。大家更加吃惊了。那秀莲姑娘又瘦又小，在人们印象里就是一个孩子，怎么能和结婚搭上关系呢，再说两人也不到法定婚龄。小杨被叫到知青小组宿舍问话。他脸一阵红一阵白，承认这个消息不假。"为什么？人家才 16岁。""不为什么，我们愿意，他们也愿意。"小杨支支吾吾。那个"他们"指的是房东一家。

事后，小杨的哥们像挤牙膏似的从他嘴里掏情况，最后把整个故事拼接出来。

小杨进了二叔家后，老两口待他像亲儿子似的，饭桌上有点肉都夹到他碗里。秀莲在小杨面前一口一个"哥呀"地叫着，从地里回来，拧上一把毛巾递过去，衣服一脱下马上扔到盆里给他洗了。小杨有点受宠若惊，为了报答二叔一家对他的好，便积极主动做家务。小杨走到哪，秀莲像影子似的跟到哪。小杨去挑水，秀莲也去挑水，小杨去浇园子，秀莲便去园子里刨地，小杨劈柴，秀莲就在一旁垒柴，两人还真有点亲兄妹的感觉。

　　小杨家里有一个妹妹，年龄比秀莲大一岁，个头比秀莲高一头，体态比秀莲大一圈。对身边这个小不点的秀莲，小杨只当她是个小妹妹，心里一点邪念都没有。你没想法不等于人家心里没算计。那时候，右江河谷流行土砖房。那种房子虽然也是用原生态的泥土做原料，但与北方的"干打垒"不同，是先将泥土搅成稀泥，然后塞在模子里。待稀泥变硬后，取出模子，摆在空地上，风干后，便可用来砌墙。房舍布局为方形，正门里是正厅，正厅的两侧是东厢房和西厢房。正厅正脸还有一个二进门，二进门里面对着后门。二进门的左右两侧一边是杂物间，另一边是灶房。

　　知青接进老乡家，大多就安排住在杂物间。杂物间一般没有门扇。知青住进后，房东就给装上门扇，杂物间变成了一个私密空间。小杨也住在杂物间。不知怎么的，二叔没给他装门扇。小杨大大咧咧惯了，有门没门也不在乎。农村的房舍没有天花板，隔断墙以上是空的，空气和声音可以在各个房间上空自由流动，任何一个房间里的说话声、鼾声、床板声都会回荡在各个厢房上空，被屋子里所有的成员分享。

　　事情就在这样的背景下发生的。在知青进户三个月后的某一天夜里，小杨躺在床上还未入睡，一个人影出现在杂物间的门口，怯生生地向房里移近，轻轻地坐在床沿上，背对着他。那是秀莲，小杨吓了一跳。二叔和二婶屋里静悄悄地，也不知睡着没睡着。小杨用手轻轻推她，压低声音说："干什么呀，快回你屋去。"秀莲没动换。小杨感觉到她身子在哆嗦，上下牙碰得格格响。小杨起了床，无声而坚决地把她推到她的厢房去。秀莲回屋后，再没出来。

　　第二天，秀莲脸色苍白，二叔二婶却是一副若无其事的样子。第二晚，二叔二婶早早躺下，与昨晚不一样，一着床双双鼾声大作。不一会，秀莲又出现在杂物间，坐在小杨的床沿上。这一次，小杨推她，她摔掉小杨的手。小杨装出生气的样子。秀莲突然抽泣起来，低声说："哥看不起我。"小杨心软了。隔壁的鼾声一浪高过一浪，似乎在发出某种信号。秀莲就势靠在小杨身上。眼泪是对付硬汉的穿甲弹，小杨六神无主了，只能任她依偎在身上。二叔二婶的鼾声此起彼伏，音量继续

提高，如同雷动。秀莲慢慢躺下，一只手还攥着小杨的手。不一会，小杨也倒下了，与秀莲并排躺在一起。午夜后秀莲才摸回自己房间。这一晚的琴瑟之音虽然青涩走板，但为百年好合的华丽乐章奏完了序曲。

第二晚秀莲没再来，第三晚也没来。当秀莲再次出现在杂物间时，已是一个星期后。这个星期的头两天，小杨心里七上八下，琢磨着该如何悬崖勒马。可是才到第四天，小杨拒斥的心理开始发生变化。第五天第六天，小杨竟然不能自持地思念起那矮小身影。那身影终于再次出现，而且不止一夜，而是一夜接着一夜。小杨被彻底征服。隔壁雷鸣般的鼾声已成常态。那鼾声在小杨耳里已经变成了天籁之声。

再往后的故事进入了俗套。秀莲怀孕了，整日恶心呕吐。二叔二婶把小杨叫到跟前，摊牌的时候到了。两位老人脸色铁青，平时亲切的笑容一扫而空：黄家世代的清白断送在你手上了；二叔平时对你不薄，你就这样以怨报德；二叔被你丢尽了脸，你说该怎么办。小杨羞愧又歉疚，觉得对不起这家好人，但又拿不出办法。二叔为他提出两个选项：要么赶紧结婚，要么到公社去论理。结婚意味着失去招工回城的机会，断送自己的前程。不结婚，良心上过不去，舆论关也过不去，回城依然无望，农村里的哪一级领导会把一个"大流氓"推荐到工厂去。小杨只能妥协，于是乎皆大欢喜。二叔家兴高采烈地把婚事办了。等到喜宴过后，小杨才悟出自己钻进了一个什么样的圈套。

酒宴结束后，村里便有人咬耳朵，称二叔是"老狐狸"，设陷阱招婿入赘。原来二叔膝下只有女儿没有男丁。这样的人家香火没法延续，无人养老送终，在农村被看成是"准绝户"。"准绝户"要想延续香火，只能招婿入赘。那入赘女婿是到女家给人当儿子，在家中没有任何地位，没有当家做主的权力，纯粹是干活的老牛和传宗接代的种马，生下的孩子也随女家姓。在农村里，但凡有点自尊的男人都不会去当入赘女婿。上门入赘的，不是孤儿就是家徒四壁的穷光蛋，或者四肢发达头脑简单的二傻子。也有例外的，就是那种家里有四五个男丁，前几个儿子娶媳妇把家里折腾得一贫如洗，老爹无奈，就把最后一个儿子送给人当上门女婿。还有一种可能，那就是"准绝户"家的女儿美如天仙，把

人痴迷得要死要活欲罢不能。

不过，入赘的风俗还是有可取之处，那就是为处于赤贫状态的男人指出了一条康庄大道：你即便身无分文，仍然可以老婆孩子热炕头地度过一生。男人们在田间地头说笑：上门女婿可以两手空空一无所有，但有一件东西不能缺，就是一杆"好枪"，人家图的就是这个。

了解右江河谷的习俗，得知"半绝户"的困境，再把黄二叔称为"老狐狸"就有点于心不忍。但知青们一直迷惑不解的是，二叔二婶是用什么样的话语策略将自己尚未成年、纯洁得如一张白纸的女儿"忽悠"到一个男人的床上去的。有一点是清楚的，老奸巨猾的二叔能达到自己的目的正是巧妙地利用了孩子们青春期的迷惘。

黄二叔施展的"美女计"产生了两个效应，一是为知青们敲响了警钟；二是对村里的待字闺中的姑娘和她们的爹妈起了点化的作用。

二队有一个知青叫小阮，高高的个子，刚下乡那阵是一个白皙的，长着一副娃娃脸的小伙子，被人称为"靓仔"。那"靓仔"用今天北方的城市俚语说就是"帅哥"。他为人热情性格开朗，是个自来熟和话痨子，乡亲们不分男女老幼都喜欢他。他干活从来不贪精学懒，因此很快就被吸收进了青年突击组，并被生产队列为先进知青重点培养的对象。当时青年突击组的副组长是被誉为"铁姑娘"的阿香。所谓"铁姑娘"是对那些干活从不输给小伙的女孩子的称呼。体格强健性格豪放的阿香还是民兵排长。她射击成绩好，队列训练也喊得雄壮。民兵连指定她担任小阮的"一枪手"。

"一枪手"是那个年代特有的称呼。那时候民兵组织枪少人多，训练时经常两个人结成对子合用一杆枪，其中，有经验的老民兵称为"一枪手"，新手叫做"二枪手"。在练兵场上，一枪手在训练时负有手把手帮助二枪手提高技能的责任。

农业生产是农民的第一要务，民兵训练一般集中安排在"三夏"之后的小夏闲和冬闲期间进行。那"三夏"就是夏收、夏种、夏粮入库。夏收是将成熟的早稻收割下来，脱粒、晒干。夏种是将早稻收割后的农田重新灌水、翻耕、插上晚稻的秧苗。夏粮入库就是将风干扬好的粮食

送交国家粮库，完成阶段性的国家粮食派购任务。晚稻需要三个月的生长期才能成熟收割。这一段不太忙的日子里很适合民兵训练。

民兵训练包括队列操练、利用地形地物隐蔽自己、匍匐前进、持枪和射击。这一天，小阮握着枪，闭着一只眼睛练习瞄准。"一枪手"阿香不辞劳苦地趴在他身旁，用手比画着教他如何"三点一线"地找准目标。小阮的脸能感觉到她呼出的气息和拂过他的脸颊的长发。

集体活动总是令人血脉偾张。晚饭后，青年组余兴未了的男男女女来到知青点，这里是他们的纳凉中心。小伙们看到女知青的宿舍早早地关上门，便兴趣索然地转身回家睡觉，只剩下几个姑娘聚在小阮门前说说笑笑，释放着白天积蓄的荷尔蒙。阿兰和阿莲一直在小阮面前争宠，一个带来一把莲子，另一个拿来一碗花生，不断地劝小阮多吃。两个人相互抢着话头，还不时发出格格的笑声。阿香低调地坐在一旁，眼里却闪烁着神秘的光芒。

夜深了，话说够了，人也乏了。姑娘们把小凳子还到小阮房里，各自回家休息。阿香磨磨蹭蹭跟在后头，在拐角处回头瞥了小阮一眼。小阮回屋熄灯睡觉。阿香的最后一瞥弄得他心猿意马，鬼使神差地没有把门闩上便躺下了，十分钟后进入梦乡。朦胧中他觉得有人推门进屋，撩起蚊帐上了床。后来响起窸窸窣窣的声音，好像是在脱衣服，一只手还轻轻把他往床里推了推。他彻底醒了，从身旁急促的鼻息他知道这个神秘的闯入者就是阿香。他没有吱声。

黑暗中他触碰到一个赤裸胴体。准确地说，是那胴体和上面各个神秘细节在寻找他，谋求零距离的接触。他意识到小杨的故事正在自己的身上发生。他面前出现了一个黑咕隆咚的深渊，使他无比恐惧。他在意乱情迷中消极地抗拒着。他好像又回到白天的练兵场上，阿香手把手地教他射击。有小杨的前车之鉴在，他不想用枪，可是枪还是响了。他没有办法，因为扳机不在自己手里。一梭"子弹"射了出去，但都没有打中"靶心"，而是纷纷落在阿香的腿上。消停了一阵后，阿香无可奈何地下了床，轻轻穿上衣服推门出去，沉默中带着愠怒。第二天他俩在地里相遇。铁姑娘像往常一样，生龙活虎地干着活，连瞟都没有瞟他一眼。

在以后的几天里，那个温软的胴体一直在面前晃动，他终于忍不住将那晚发生的事情告诉了好友小李。这个故事便不胫而走，不出一天知青点所有的男生都得知了他的艳遇。男生们在遇到他时都吃吃地笑着，揶揄道：

"自己的佩枪也不会放吗？"

"那晚是'一枪手'替你扣的扳机吗？"

"听说你枪枪脱靶，是真的吗？"

"你的枪该校一校准星了。"

小阮有艳遇幻想症，每次探家返回，都要吹嘘一下自己在旅途中与美丽异性的邂逅的故事。这一次，艳福真的降临到他头上，他却可笑地夺路而逃。他就像"好龙"的叶公一样，当真龙慕名来访时，竟然吓得抱头鼠窜。于是，他获得了一个新的绰号——"叶公"。

四队的知青也有故事。

四队有个知青叫做小臧。知青下队时，黄队长本来想把他按到自己家住，但四队几个干部商量后决定给知青盖宿舍。房子盖好后知青每人都分到一间宿舍。黄队长也不好坚持要小臧住自己家里，但还是要他到家里来搭伙。

黄队长虽年过六十但身子骨还算硬朗。"文革"时期讲究阶级阵线，虽然新中国成立二十多年了，生产队还保留着"贫协"小组的组织。黄队长自新中国成立以来便一直是村里的"贫协组长"。土改时，黄队长分到了几亩地，有了当家做主的感觉，于是干劲冲天，是乡里第一批互助组的领头人。虽然大家不吝惜力气，但缺少牲口，犁靠人拉，还是拔不掉穷根。从部队复员时已三十好几岁的黄队长没人看得上，便娶了本村一位富农的寡妇，生了一女一男，好赖也算有个家。如今儿子已经15岁，上着初中。女儿过年便20岁了，是一把好劳力，但只上过两年小学，报纸都读不全。黄队长说男孩必须有文化，女孩认字多少就那么回事。这个理论是从他自己的经验中总结出来的。他老伴大字不识一个，拿主意的事全交给他。他本人在部队扫盲班镀过一层铜，家里的小账算得清，队里的大账不误事。所以，儿子要供到初中毕业，女儿上

几年小学就算了，但是要嫁个有文化的男人。那时农村里的初中生如凤毛麟角，这事便成了黄队长不大不小的心病。

右江河谷的农民都好酒。农活不忙时晚上都要喝点小酒。从小滴酒不沾的小臧在黄队长家的灶屋里接受了酒精的洗礼。黄队长是个话篓子，酒一下肚就要把几十年的经历翻讲一遍。小臧一度觉得，黄队长邀他到家里搭伙，主要是想找一个长期的听众。不到一个月，黄队长的故事小臧已倒背如流。解放前，黄队长家里上无片瓦下无寸地，不得已15岁就投了军，在桂系部队领饷吃粮。解放军南下时，桂系吃了败仗，他向解放军交了枪。他本想回家过日子，领了遣返费便往家里走。走出几里地，想想家里还没解放，回去还得给地主扛活，一切又回到原点，心里有所不甘。于是，他转身追上部队，把还没捂热的银元还给了领导，领了身军装，当上了解放军。等到大军解放了海南岛，家乡也传来土改的消息，他才复员回家。还有一些情节黄队长提到时总要警惕地回头看看，将声音压低几十个分贝："当年我要不是太穷，才不会娶德菊她妈。她比我大五岁，还是个寡妇。唉……"这时小臧已经喝得头重脚轻双眼迷糊了。

黄队长见小臧不胜酒力，便进屋叫唤女儿德菊。四队是个壮族队。壮族人的小名叫法与汉族人稍有不同。汉族孩子不分男女单名前加一个"阿"字，如"阿强""阿香"。壮族人的小名有男女之分，男孩的单名前加"艾"字，如"艾文""艾新"。女孩的小名前加一"德"字，如"德娥""德兰"等等。德菊便是黄队长女儿的昵称。黄队长把德菊叫来，是要她送小臧回宿舍。小臧不好意思，用手挡了一下，扶着墙站起来，可是天旋地转，差点摔倒，只好任由德菊送他。德菊落落大方地一把架起小臧，像是将一个百十斤的大麻袋扛在肩上，稳稳当当地走了出去。

小臧有些酩酊，脑子还很清醒。比他矮半个脑袋的德菊体格强健，看来又是一个铁姑娘，但肩膀毕竟还是女孩的肩膀，趴在上面感觉柔柔的软软的。小臧脚下不稳，干脆跟跟跄跄地享受这个过程。宿舍终于到了，德菊一手推开门，把小臧架到床前。下一步，小臧应该坐下或者躺

下，然后说声谢谢，让人家回家。可是，小臧既没有躺下也没有坐下，仍然趴在德菊肩上，假装睡着了。事实上，他一直没想好下一步该怎么办。他似乎在等待小阮经历过的那一幕，但德菊不是阿香，万一人家翻脸呢。在此关头，他拿不定主意。德菊也没有立刻把他放在床上，一动不动地架着他站了一会。小臧感觉到德菊搂着他的右手收紧了一下，两人的腰贴在一块了。这是一个明确无误的信号。就在此时，小杨的教训猛地撞击着他的大脑。他立刻翻身倒在床上，对德菊摆摆手，以示感谢，然后假装打起了呼噜。德菊在床前站了半分钟，转身带上门走了。

过了几天，黄队长又和小臧喝开了交杯酒。话题又是军旅岁月戎马生涯，只是细节上略有增删。例如，黄队长提起他一度当过李宗仁的护兵，行军途中与这位桂系大鳄在一张床上睡过，进行贴身护卫。还有一次他所在的部队被日寇打散，他躺在地上装死才拣回了一条命。等鬼子走了以后，居然有半个排的战友和他一样，从死人堆中站了起来。这晚黄队长可能也喝深了，突然慨叹不已，说当年如果不是酒高壮色胆，他是决不会爬到寡妇床上去的。最后这句话小臧可能没听见。他已经喝得醉眼惺忪。黄队长看见火候到了，又进屋叫德菊。于是，上一次的护送程序又重复了一遍：柔柔暖暖的肩膀，趔趔趄趄的脚步。在德菊紧搂着他的腰的时候，小臧依然毫无反应。这一次，德菊没等到他自己倒下便一把把他扔在床上，转身离去，连门也没有带上。再以后，在黄队长家喝酒，德菊没再出现。护送酩酊的小臧送回宿舍的，换成了德菊的弟弟艾伍。

小臧躲过了一劫，否则他很可能像小杨一样，成为入赘女婿，困在村子里，便没有了后来的辉煌。他后来回城当了工人，恢复高考后又上了大学，现在是一名高级工程师。

新世纪的第12个年头，网上传出一个消息，说中国每年人流例数达到1300万，其中女学生占了很大的比例。这个消息使我对自己的思维定式产生了怀疑：莫非中国与西方在性文化上的不同仅仅在于时间差，与伦理无关？

这一年另一个信息来自一封电子邮件。德米特告诉我，瓦尔特的

母亲到美国认领孙子之路坎坷崎岖。美国政府对外国人领养美国的孤儿设置了严格的程序和标准，血缘关系帮不上忙。福利院认为马其顿老奶奶不大符合美国孤儿收养人的标准。究竟哪些条件不达标：年龄、收入还是住房面积？他没有细说。老奶奶说，纳迪亚和瓦尔特制造了一个悲剧，而美国的儿童福利院在延续着这个悲剧。

2012 年 12 月 15 日于广西北海

幽怨水库情

在知青"返乡大聚会"的会场，我一眼就认出了马欣欣。她基本轮廓没变，只是脸上多了许多皱纹。她没有回老家 B 城。20 世纪 80 年代初知青大返城时，她作为在当地"扎根"的知青在本县安排了工作。我用轻松的口气询问她的近况。她知道我想问什么，没有和我绕弯子，直截了当地说她和老毕没有离婚，也没有和好，两人过了三十年不离不即的日子。她的故事前半段在知青大返城之前就传得沸沸扬扬。这几天我们又从旁人口中了解了她后半段的故事。她和老毕是在水库工地上相遇的，她的厄运也就是从那时开始的。这是后话。

他们相遇的那个水库叫做锁留水库。我在那里待过几个月。这些年，那里的青山绿水时常浮现在脑际。我一直有个愿望，想再回去看看。聚会活动结束后，县里派了一辆车，满足我这个愿望。越野车在山路上颠簸了几个小时，我终于又踏上了那个大坝。青山依旧，水库依旧，但山谷却陌生了。坝下小溪边，一排排的工棚没有了，一行行的电杆没有了，响彻山谷的喇叭声没有了，沸腾的景象没有了。原来指挥部、医务所、工具库、连队工棚和厨房所在的地方只有密密的灌木和蒿草。它们的根系牢牢地扎在泥里，仿佛在那里扎了一百年。小溪上的木桥也消失了，消失得无影无踪，半根木片都没留下。山谷静悄悄的，岁月悄悄地抹掉一切痕迹。

十几个工人在大坝上工作，填补着下陷的坝面。中央政府的四万亿刺激经济的计划使得这座水库在使用了三十年后第一次得到了维修。我们的司机在和水库管理员说话，他们在议论我。那位三十多岁的小伙子

向我投来崇敬的目光。他从父辈那里得知，三十多年前有一批城里来的青年参加过水库的建设。他今天终于见到了他们中的一位。

当年水库的建设者以民兵连为基本单位，人数变化不定，农闲时五六百人，农忙时二三百人，工程吃紧时增加到一千多人，其中，女民兵约占四分之一，马欣欣就是其中之一。

县领导对水库工地上的女民兵很关心，三八节让所有的女同志放了半天假。那天县里来了一位女领导——副县长兼县妇联主任——召集女同志开了一个会。妇联主任在会上讲了一小时话，先是"妇女要撑起半边天"的励志动员，然后是"革命女青年要洁身自好，防止资产阶级思想腐蚀"的警示。工地女民兵代表发言表了决心，工地指挥致辞感谢领导莅临指导，会议就结束了。

妇联主任对女民兵的告诫不是无的放矢。工地最近发生了一件不大不小的事故。一位未婚女民兵私下堕胎失败，导致大出血。人命关天，连队的女伴顾不得她的颜面，把她抬到工地卫生所。工地的医生是"赤脚"型的，没见过这么大的场面。工程总指挥急忙派卡车将她送到县里。好在送得及时，这位女情种才没有香消玉殒。

那天的会议结束后，女领导在工地总指挥的陪同下视察了大坝工地和女民兵宿舍。下工之后，民工宿舍里经常有些洗洗涮涮的活动，赤身裸体是常有的事，女民工宿舍里还会晾着些条条片片有碍观瞻，所以工棚是隐私之地，不对异性开放。工地领导也是头一回进入这个领地。

女干部是铁姑娘出身，年轻时也在水库工地上摸爬滚打过，当她走进工棚时不禁想起自己当年的峥嵘岁月，心中感慨不已。她为这张床撩撩蚊帐，为那张床整整被子。当她把一床凌乱的被子叠好时，发现枕头边露出一本薄薄的小册子。那是一本翻得脏兮兮的书，封面和扉页已不知去向。妇联主任觉得这本书有点眼熟。她翻开读了几行，便把书合上塞在枕头底下。那是一本在水库工地的女宿舍里代代相传的小册子。她记得十几年前她在某水库工地当营长时，那本书是有封面的。

那是一本卫生常识读物，标题叫做《性的知识》。这本书深入浅出、图文并茂、简单易懂。右江河谷的女孩大多读过几年小学，这本书

连猜带蒙的都能看得懂。这本书内容敏感，插图不堪入目，易被父母老人误认为是淫秽书籍，女孩子们谁也不敢把它带回村里。这本书便在工地宿舍里流传下来，从一个水库的女民兵宿舍传到另一个水库的女民兵宿舍。

水库工地是年轻人扎堆的地方。它把几个公社甚至几个县的年轻人聚集在一起，是找对象谈恋爱的好地方。这里天高地阔山青水绿，令人心旷神怡情思倍增。在山上林子里，你打情骂俏也好，卿卿我我也好，耳鬓厮磨也好，都在众人的视野之外，旷男怨女们情急之中就地野合的事情也时有发生。连队的炊事员上山砍柴时，经常看到被压平的青草和扔在旁边的橡皮套。

这《性的知识》是本好书，它像一座灯塔，领着迷雾中的情种们躲开浅滩暗礁，享受着爱海的欢愉。但是，如果连初小文化程度都没有，就无缘从这本书中受益了。曾经有一张被捡拾到的纸条在工棚中热传，成为茶余饭后的谈资。纸条上歪歪斜斜地写着"你的由在我里面发笑了，你快想法"。从纸条的措辞判断，作者的文化程度大概初小都未毕业，还无法领受《性的知识》的教益。信中对有关概念的表达采用当地乡村流行的方式。譬如，纸条中的"由"其实是"油"字的笔误。它指的是"西林油"。所谓西林油是乡卫生所经常使用的盘尼西林油剂的俗称。那种油剂是一种白呼呼的粘液，样子特别像男人身上产生的化育生命的甘露。右江河谷的农民喜欢用"西林油"暗指那种东西。而纸条中的"发笑"是"发酵"的笔误，在右江河谷妇女的隐语中，"发酵"一词指受孕。

林子大了什么鸟都有。那些有知识有文化的乡村女子也不是个个都循着《知识》指引的道路行进，也有不按套路出牌甚至故意踏入迷津的。百通大队就有个名叫黄彩霞的回乡女青年，就成心让自己"发"了一回"酵"。那个年头婚外孕对乡村女孩来说是一件辱没祖宗的事情，如果没有特殊的动机是万不会走这一步的。不错，彩霞是拿自己的肚子赌了一把，舍不了孩子套不着狼。那"狼"便是邻村的知识青年魏鹏凯。

魏鹏凯来自省城，刚满十九岁，比彩霞还小四岁，是个涉世未深的

毛头小伙，对异性充满好奇和激情。彩霞一眼相中这只小公鸡，决定将他迅速拿下。彩霞之所以相中鹏凯，一是因为他少不更事，攻克起来难度不大，二也因为鹏凯是北方人，身材魁梧面容英俊，很拿得出手。最重要的一点：鹏凯的父母是南下干部，级别还不低。后两项在她的谋略中占有很重的分量。

彩霞虽然只有23岁，却有过一段简短婚史。乡村女子中学生不多，高中毕业生更少。四年前彩霞高中毕业回到乡里，便成了十里八乡一枝花，仰慕者甚众，媒人络绎不绝。彩霞谁也没看上，却看上了本大队四队的一名男子，那人名叫毕卫国。

毕卫国其实是一名普通的社员。要说他有什么不同凡响之处，那就是他当过兵，见多识广能说会道，交际能力很强。他从部队回来后，没干一天农活，便被大队书记推荐到附近战备仓库工作。不过，他在那里没干多久就回来了。在村里闲荡了一个月后，又当上生产队的专职电工，主管村里的磨房。这两件事显示出他的公关能力不俗。他的政治资本是他服役的部队曾经参加过援越抗美。他经常声情并茂地讲述他在越南战场上的惊险故事，例如如何在美国飞机的轰炸下抢修桥梁，如何将受伤的战友从凝固汽油弹的火焰中抢救出来。他还拉起衣服和裤腿讲述身上每一个伤疤的来历。不少人被他的传奇经历感动得五体投地。

黄彩霞一时不慎成了他的超级粉丝。出于对英雄的崇敬，她接受了他的追求并且嫁给了他。有道是距离产生美。当两人的距离缩小为零时，那美感就消失了。光环便褪去，真相便暴露出来。有一次，乡里的医生告诉彩霞，卫国身上的黑疤不是弹片的伤疤，而是脓疮留下的痕迹。又过了一些日子，彩霞偶然得知，卫国入伍时援越抗美战争早已结束。他的那些故事都是从部队的战史报告中听来的。

彩霞心中的高大形象轰然坍塌，原来对英雄的崇拜变成对骗子的鄙视。柔情蜜意的顾盼不再有了，有的只是冷如冰霜的睨视。卫国不能忍受女人对自己的不敬。他采取了铤而走险的策略——用打击对方的自信来刹住自己威望的下滑。简而言之就是提醒对方，我不行你也不怎么样，咱们还是半斤对八两。他明里暗里地点出彩霞的不足，包括她的身

材相貌和家庭背景的缺陷。例如，她额头太凸、眼睛偏小、家庭成分偏高（富裕中农）。卫国拿彩霞的家庭成分说事是有原因的。原来，农村女子中高中生寥若晨星，彩霞回到乡里就成了女秀才，公社经常临时抽调她去写个材料，陪同领导下乡搞个调查什么的。照此趋势，彩霞将来提拔当个公社团委书记或妇女主任并非绝无可能，至少彩霞内心里有这个梦。

事后证明，卫国走了一步臭棋。性格刚烈的彩霞根本不吃他那套。丈夫对她的贬损激起了她的愤怒，原先的鄙视升格为仇视。彩霞毫不犹豫地提出离婚。公社的办事人员对夸夸其谈的毕卫国本来就不看好，对这桩离婚案连调解环节都没有走就快刀砍乱麻地在他们的离婚协议上盖了章。

离婚后的彩霞余怒未消，她一想起卫国的分手赠言便万箭钻心。卫国说："你本事再大撑死了也只能混个公社办事员。别看我今天时运不济，将来总有飞黄腾达的一天，你就等着后悔吧！"毕卫国的话虽有赌气和吹牛的成分，但还是一矢中的地击中黄彩霞的要害。说真话，以她家的阶级成分，公社团委书记或妇女主任与她根本无缘。卫国虽说现在只是村里的电工，但以他的三寸不烂之舌，在县城里混个差事不是没有可能。卫国的话如果真的应验了，她将死不瞑目。彩霞不愿见到这一天。她决定调整自己的目标和策略。

思考了几天，她把自己奋斗的终极目的地从公社一步调整到省城。要实现这个跨越，靠她自己的奋斗是不可能的，必须借助某个阶梯。她听说，省城正在落实政策，许多被打倒的干部尤其是老革命正在恢复工作，这从下乡知青中的变化也能体察到这种变化。那些走资派的子弟原来蔫得像霜打的瓜秧，现在都抖擞起来了，像打过鸡血针似的。他们每次探家回来，都喜形于色，奔走相告。他们的爹妈一旦官复原职，返城只是早晚的事。彩霞暗自思忖，如果这时候能把自己与他们中某个人拴在一块，将来也就一嘟噜地进了省城。成为省城人是什么概念，对右江河谷的乡村青年来说就是一步登天了。

魏鹏凯就是在这时进入她的瞄准镜的。那是在锁留水库工地上。

彩霞在水库指挥部当宣传干事，每天将工程进度和工地上的先进事迹编写成稿，然后在喇叭中播出。鹏凯在水库工地第一次接触这位回乡女子时，就被她的气质镇住了。她落落大方，谈吐不俗，没有农村女孩的小家子气，也没有城市女孩的娇气和矫情。她相貌虽然不是很美，但眉宇间有一种勾人心魄的东西。鹏凯喜欢见到她，喜欢和她搭讪。开始，他们只是晚饭后在工棚附近边走边聊。后来一走就走到水库边。一来二去成了习惯，一天不聊就闷得慌。彩霞书念得比他多，又是过来人，该严肃时会严肃，该娇嗔时会娇嗔，拿捏得恰到好处。再后来，她被召回队里，公社有事要用她。鹏凯见不着彩霞心里发了慌，也卷起铺盖回了村。此后，两人的聊天的地点便改在彩霞家村子的小河边。黄彩霞知道，时机成熟了。

一天晚上，两人在坐在河边聊天。彩霞似乎腰坐酸了，改变了坐姿，两手换到身后支撑在草地上，胸部不经意地挺了起来，衬衫里仿佛塞了两只佛手瓜。鹏凯从侧面瞟过去，发现她的领口微微张着，没有系扣。据鹏凯事后说，后面发生事情完全是下意识的，没有经过大脑。他的手一下子便从那张开的领口伸了进去，由于动作太生猛，把人家内衣的带子都撑断了。彩霞假装吃惊地左躲右闪，却没有站起来跑开，于是乎两人贴得越来越近，最后两个人抱到一块。这下两人的关系发生了质的变化。从此以后，两人见面的地点便从河边转移到魏鹏凯的宿舍里。那段时间鹏凯同队的知青恰好都去了水库工地。知青宿舍空荡荡的，为他们的幽会锦上添花。鹏凯仿佛闯进了王母娘娘的后花园，里面不仅有佛手瓜，还有他从未见过的蟠桃和各种奇花异果，一切是那样新鲜美妙，他心花怒放。彩霞听凭他肆意采摘。

三个月后，彩霞告诉鹏凯，她怀孕了。鹏凯的反应比她预想的要好得多。他像个男子汉那样表示他要娶她，要对她和她肚子里的孩子负责，还要把她带回省城。彩霞欣喜若狂，这个承诺正是她想要的。她没想到这一切来得这么干脆，老天爷为什么对我那么好。

鹏凯的母亲来了一趟生产队。鹏凯的来信对她犹如晴天霹雳，冷静下来后，她接受了这个现实。刚刚恢复工作，政治影响是最重要的。她

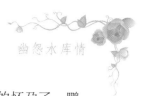

要考察一下彩霞，既要看看她的人品，也要核实她是否真的怀孕了。鹏凯这孩子不争气，她心里很不痛快，但生米做成了熟饭，她只好认了。潜意识中也有一丝欣喜，她早就设想过当奶奶的感觉，只是没想到这一天说来就来了。她想为孙子冲奶粉换尿片，这些年轻时十分厌恶的事情不知为什么现在这么向往，因为老了吗？

她从干校回来后，继续在原单位当处长。鹏凯爸爸的工作很快也会确定下来，根据组织部透露的消息，可能会换一个部门，依旧是部长。等尘埃落定，就可以着手办鹏凯回城的事，捎带把彩霞一起调回来。

彩霞梅开二度、与省城知青喜结良缘的消息如同一个重磅炸弹，把毕卫国炸得人仰马翻。彩霞这一手是冲着他来的。村会计把这个消息告诉他时嘴角还挂着一丝笑意，他觉得这是对他的讥笑。现在全公社的人一定都在议论他，嘲笑他是个废物。他胸口好像中了一箭，痛得钻心。不行，不能就这么输了，这一箭之仇一定要报。

经过一番运筹，他去面见生产队长，主动要求到水库工地去。队长打量他半天，不敢相信自己的耳朵，卫国什么时候脱胎换骨了。队长确定自己没有听错后，同意了他的请求。正好他侄子在工地砸伤了脚，前几天回了村，他还没找到替换他的人。卫国到了工地后，不出两天就被任命为工地安全保卫助理和工具管理员。没人知道他用了什么手段如此迅速地赢得工地总指挥的青睐。说穿了其实很简单，工地总指挥韦昌盛也是从部队下来的，一聊天才知道原来与卫国在同一个军，是工兵营的指导员。卫国对他一口一个"首长"叫得怪亲切的。不等卫国自己开口，韦指挥马上就给他分配了工作。同一个部队的战友你不信任你还信任谁。

一到水库工地，毕卫国便开始观察周围的人。他的工作为他广交朋友提供了便利。他每天巡视营房和工地，发放、回收和维修工具，都要与人打交道。两个星期下来，他记住了工地上的几百张脸，其中八十多名女性的名字和来自的村庄他能倒背如流。一位工地安保员和工具管理员能把服务对象熟悉到这个程度，认真态度必定无可挑剔。工地领导对他很满意，几次公开表扬了他。

　　其实，他没有必要熟记工地上的八十多名女子。他只要认识她们中的三十多位女知青就行了。他要从这三十多名女知青中挑选一名，作为自己进攻的对象。这是他主动报名来这里的目的。只有在水库工地他才有机会长时间地接触这么多的女知青。面广意味着挑选的余地大，时间长意味着下手的机会多。他的想法是，彩霞嫁了男知青，我卫国就必须娶一位女知青，而且这个女知青还要比彩霞漂亮，这样才能把彩霞的气焰压下去，这一箭之仇才算报了。

　　在运筹帷幄时，卫国的内心很冷静。他知道自己的优势就是复员军人这个身份。复员军人政治上受信任，是招干、提干、招工的主要对象。这一点在出路十分狭窄的"文革"结束前尤其宝贵。此外，复员军人走南闯北，见过世面，谈吐不俗，容易招女孩子喜欢。但是，他也很清楚，女知青们并不都把他们当成香饽饽。女知青来自城市，阅人无数，农村复转军人再有本事也甩不脱泥土气，难入她们的法眼。于是，他把工地上那些特别漂亮的、家庭条件好女知青从自己的遴选对象中排除出去。这些女孩他望尘莫及。那些容貌不如彩霞的也没必要考虑。三十多名女知青中，符合上述必要性和可行性的就只剩下三人了。这三位知青中，经过进一步筛选，其中两位降格为备选，最后就剩下了马欣欣。

　　马欣欣身材高挑，皮肤细腻，五官端正，虽然不是非常漂亮，但与彩霞相比绰绰有余。她性格内向，神情忧郁，给人一种冰美人的印象。通过与 B 城知青的交流啊，卫国零零星星地搜集到了有关欣欣的信息，很快就弄清了这位"冰美人"的性格之谜。

　　马欣欣的父亲新中国成立前加入过三青团，因此她在学校里被列为"可以教育好的子女"。所谓"可教育好的子女"是一种原罪的修辞性标签，因此欣欣在学校时一直受歧视。欣欣的母亲早已辞世，父亲为她娶了一位后妈。后妈带来一个妹妹，后来又生了一个弟弟。于是，欣欣在家里的地位一降再降，最后成为可有可无的成员。家里对待欣欣，除了最基本的费用，如学杂费、伙食费和卫生纸费外，再不多给一分钱。

　　欣欣来到右江河谷插队落户，头半年国家每月发给十五元的伙食

补贴，半年之后靠工分过日子，家里便摆脱了她这个负担。经济关系一断，与家里的往来就更少了。欣欣几个月不回家，家里也不闻不问。家里的情况从弟弟的来信中了解一些。只有弟弟还思念着这个大姐。父亲通常会在年底托人捎信叫她回去过年。B城离右江河谷只有几十公里，在她的心中却远隔重霄。

欣欣在学校时学习成绩优秀，每次期终考试总分总是全班第一，有时还是年级第一。过去，她年年被评为"三好学生"。贯彻阶级路线后，她从"好学生"的名单中消失，也从同学老师的聚焦中退出。她虽然心气不降，但变得沉默寡言。她沉浸在书本中，读遍了所有能够搜集到的书籍，包括文革禁书。她的朋友不多，深交的更少。

毕卫国着手实施他的计划。欣欣在工地上铲土。卫国走过去，从她手里把铁锹拿过去，在手里掂了掂，说铁锹木把太粗，比锹头还沉，不好使。他在仓库里找出一把细把铁锹，用砂纸把木把磨得光光溜溜，交到欣欣手里，换下了那把粗把的铁锹。新换上的铁锹果然特别好使，也不磨手了。欣欣心里暖洋洋的。

晚饭后，欣欣在小溪边散步，心里正想着白天那位替她换铁锹的复员军人。没想到心里想谁就遇见谁。卫国正在小溪边和韦指挥说话呢。欣欣走近他们时，只听见韦指挥说："这事就这么办，交给你了。"卫国回答道："首长放心，保证完成任务。"

韦指挥走后，卫国转过身见到欣欣，假装惊讶地说："小马，你怎么也在这里？"欣欣见卫国主动和她打招呼，心中高兴，马上就白天换铁锹的事向他致谢。卫国说，小事一桩不足挂齿，以后有困难尽管开口。两人搭上了讪，便一路聊了起来。卫国将话题扯到他到过的地方，省城、昆明、广州，甚至兰州。欣欣书读得很多，但到过的地方很少，至今连省城都没去过。卫国的见闻使她觉得新鲜，过去只在电影里见过。天黑后欣欣回到工棚里，还想着卫国提到的那些大城市，不知自己这辈子能不能有机会去上一次。

毕卫国对自己很满意，开局第一步走得不错，欣欣对他印象很好，下次想聊天可以直接去找她了。毕卫国与欣欣在小溪边的碰面其实不是

偶遇，而是一次精心策划的结果。他知道欣欣每天晚饭后都要沿着小溪走一圈，于是提前把韦指挥叫去那里，向他建议在小溪边修一座简易桥，以便拖拉机司机和机械员往返工棚和机械班时可以少走几百米弯路。他连修桥的材料都想好了，把散落在大坝上的旧木料搜集起来就足够了。韦指挥很欣赏这种主动替领导分忧的好同志。刚与韦指挥谈完事，马欣欣就走到了那里。卫国的时间掐得很准。得到了领导的欣赏，又与马欣欣搭上了关系，今天真是一箭双雕。

第二天和第三天傍晚马欣欣都是在与毕卫国聊天中度过的。习惯一旦形成便成了精神依赖，就像吸烟上了瘾似的。卫国开始还有点担心，他怕大城市的话题聊完后便无话可说了。其实这种担心是多余的，两人只要投缘，那话题是聊不完的。马欣欣很快就从倾听者变成了倾诉者。她想说的话太多了。她回顾自己的童年，回忆自己的母亲，说完小学生活说中学，说完父亲说继母，说完妹妹说弟弟。说得高兴时忍不住开怀大笑，说到伤心处也会潸然泪下。倾诉是一种美好的感觉，快乐的事要有人分享，痛苦的事须有人分担，心中的积郁倒出了后才会无比轻松。

她很高兴找到了忠实的听众。卫国总是静静地倾听她的故事，从不随便插嘴。其实，卫国不是不抢话，而是可说的话不多。他的财富就是那点部队的经历，要省着用，用在刀刃上。这一点他做得很好。每当欣欣说累了歇下来的时候，他就接过话头，巧妙地链接到他的经历中的某一个花絮，在花絮中突出自己的形象和作用，其中有真实的，有夸大其词的，也有随口杜撰的，总能使欣欣佩服得五体投地。

欣欣对卫国的心理依赖越来越强。有时欣欣上夜班，凌晨拖着疲乏的步子返回时，总要望一眼工具库漆黑的窗户，心中泛起一种冲动，想去把卫国从床上叫起来聊一会天。周末休息日，大家都在工棚里睡觉，将六天透支的体力弥补回来，欣欣却选择待在工具库里。工具库的里间是卫国的宿舍。卫国星期日也要到大坝上巡视，欣欣就在卫国的宿舍里嗑瓜子，吃花生。那是卫国为她准备的。有时困了，她就在卫国的床上打个盹。

马欣欣曾经有一个堂哥。堂哥对她就像对亲妹妹一样，带着她玩，

呵护着他。在她缺少亲情的童年，堂哥就是她最亲的亲人。不幸的是，堂哥后来淹死在右江里。欣欣失去了她依赖的人。在后来许多年里，欣欣常常想，如果堂哥还活着，她就不会像现在这么孤独。当卫国蓦然出现在她的生活中时，她在冥冥中觉得堂哥回来了。她有一种回到童年的感觉，身边这个男子就是当年的堂哥。卫国听过堂哥的故事，但他丝毫没有意识到，就是这个故事阻碍着他的计划的推进。卫国希望通过对欣欣献殷勤能唤起欣欣的依恋和感情。结果，欣欣的依恋和感情是被唤起了，但不是织女对牛郎的，而是妹妹对哥哥的。这使得毕卫国发生了误判。

一个星期天，毕卫国从大坝上回来，发现欣欣躺在她床上。他喜出望外，觉得时机成熟了。他小心翼翼地上了床，躺在欣欣身旁，用手搂着她。欣欣嘴里嘟囔着，含含糊糊地叫了一声"哥"。梦中堂哥像小时候一样揽着她的肩膀，她也搂着堂哥的腰。她的嘴马上被堵住了，一对厚厚的嘴皮子贴在她的嘴上。手里握着的堂哥的手突然变成一条蛇。蛇的腰身逐渐由软变硬。她突然意识到那个东西不好，猛地把它甩开。当她完全醒过来时，发现自己和卫国的身体都赤裸着，卫国压在她身上。她惊叫一声把他推开，从床上一跃而起，赶紧把衣服穿上。这时为时已晚，她感觉下体剧疼，眼泪不由得扑簌簌地掉下来。她流眼泪不是因为肉体的痛苦，而是心中的疼。心中的哥哥刹那间消失了，自己有一种被欺骗和被欺负的感觉。

卫国惊慌失措地穿好衣服跪在她面前，嘴里不住地嘟囔着请她原谅，并发誓一辈子对她好。她感到恶心，推开门跑出去。她漫无目的地在山上走着，思绪很乱，不知道该怎么办。到指挥部去告发他，人家会相信吗？人家会问，你怎么会睡在她床上？她说得清吗？退一万步说，人家就算信了她的话，结果又怎样。强奸女知青不是个小事，卫国可能会被批斗，然后被撵回生产队，或者送公检法治罪。这对她又有什么好处？她同样会名声扫地，被人在背后指指点点，长时间抬不起头来。那天她没有胃口，几乎粒米未沾牙。

在接下来的两三天里，她埋头抢干重活，强迫自己不去想那天发生

的事情，下工后也不到小溪边去，尽量绕着工具库走。她恨卫国，恨他偷走了自己的童贞。奇怪的是，虽说恨他却又忘不了他。到了第五天，她开始反省自己了。其实，一开始她就误解了卫国的意思。卫国是在追求她，这是再明显不过的事情，她却偏偏钻牛角尖，硬把他当成堂哥。到第七天，她开始悄悄怀念在工具库聊天的日子，对卫国的怨恨烟消云散。卫国这几天都到哪里去了，怎么到处都看不见他的影子？

这几天，毕卫国提心吊胆度日如年。他害怕马欣欣到工地领导那里告发自己。每当吉普车出现在指挥部门口，他就心惊肉跳吓出一身冷汗，以为公检法来拘捕他。那天在床上抱着欣欣正要把嘴唇贴过去时，欣欣突然伸手搂住了他的腰。卫国欣喜若狂。这个欣欣表面一本正经，原来心里早已有他。卫国从床上跳起来，不到半分钟便把自己和欣欣的衣服脱掉，然后重新上床，吹响了冲锋号，横刀跃马直插敌后。他没想到，发起冲锋不到一分钟，他便被冷冰冰地抛下马，摔得屁滚尿流。在以后几天里，欣欣杏眼圆睁柳眉倒竖的样子一直浮现在眼前。他每天小心翼翼地绕开欣欣可能经过的地方，尽量避免与她打照面。

正当毕卫国丧魂失魄之时，马欣欣却先恢复了常态。在相继经历了愤怒和反省后，她重新审视自己的处境和与毕卫国的关系。她和许多女知青一样，曾经设想过自己的未来。最好的情况是被招工回城，然后在城里找一个心仪的男人组成家庭，平平淡淡地过一辈子。然而，以自己的家庭成分来看，这个前景实在太渺茫了。次优方案是嫁一位当地城镇职工，过一种相对较稳定的半城市半农村的生活。这是许多农村女孩的梦想。女知青们如今虎落平阳，也不得不考虑这条出路。如果这条路也走不通又该怎么办？这一点她没想过，也不愿去想。现在毕卫国出现了，他能为她带来什么？他在她的两种设想之外，但他作为退伍军人，不排除有招工招干的可能。这一点他本人曾反复地暗示过。即使没有这种可能，与他过一辈子也是值得的。除了毕卫国，欣欣眼里已经没有别的男人了。失去他，她将回到过去的孤独与寂寞中。那个简陋的工具库早已成为她逃避冷漠现实的温馨的港湾。

在事情发生后的第十天傍晚，她悄悄地来到工具库。她见到卫国时

一句话都没说，径直投入他的怀抱。此后，工具库里的那张木床成了她的乐园。她一遍又一遍地聆听卫国的冲锋号，陶醉在两人攻防战中。许多童年时代百思不得其解的事情蓦然得到了答案，譬如说为什么父亲的那张床在夜间总是吱吱嘎嘎响个不停，为什么继母会发出一种恐怖的、窒息般的呻吟声。

她对工棚里的那本《性的知识》产生了浓厚兴趣。她开始在里面寻找自己需要的知识，例如如何测算安全期。但是，她失算了，她不知道，理论上的安全期也并不是绝对安全的。半年之后她怀孕了，她不知所措，她想把肚子里的孩子悄悄打掉。这是许多女孩都做过的事。卫国反对她堕胎，理由是怕她的身体受到伤害。他主张马上结婚。他保证他会承担起丈夫和父亲的责任。欣欣真不想马上结婚。为什么不想，她自己也说不清，也许是不愿意过早地为自己的命运画上句号。但是，不结婚就必须堕胎，而且刻不容缓。怎么堕？找谁帮忙？事后在哪里调养身子？这都是问题。万般无奈下，她只能答应结婚。

结婚后，她迁到了毕卫国的生产队。毕卫国也回生产队了。他的目的达到了，没有必要再待在工地。目的达到后，他也没有必要再戴着面具。他恢复了他的本来面目——懒惰、粗暴、刚愎、傲慢。他去水库之后，队长把村里的磨房交给了别人。他不愿意干农活，白天就在家里睡觉，晚上到队长家软泡硬磨，要求再次接管磨房。队长拗不过他，只能又把他换上去。这事引起村里很多社员不满。家务事毕卫国从不沾手，马欣欣从地里回来，还要挺着大肚子浇菜园、做饭。卫国整天捧着半导体听样板戏，开饭时间稍晚了一点就甩脸子。马欣欣吃惊地发现，原来和善、体贴、勤快的大哥哥突然变成了一头大灰狼，经常对她龇牙咧嘴。

卫国与马欣欣结婚后，十里八乡都在议论，卫国新媳妇是个城里来的美人，比前妻彩霞强多了。卫国心里美滋滋的，现在彩霞心里该难受了，他尝到了胜利的滋味。不料，一年之后风向又发生了变化。省城来了一份公函，将魏鹏凯和黄彩霞双双招工进城。于是，十里八乡的舆论又转了向，转过头来嘲笑毕卫国本事不济，最后还是斗不过黄彩霞。毕卫国江郎才尽了。事实上，招工提干对他是根本不可能的事。这一点马

欣欣后来也知道了。原来毕卫国从小爱贪小便宜，手脚不干净。在部队服役时，连队战友的钱物经常失窃。领导把他列为重点嫌疑人，但一直没找到证据。后来他在炊事班当班长，利用在集市上买菜开不出正式发票，采取少买多报的方式贪污菜金，东窗事发后被记大过一次。带着这个污点退伍，县复转军人办公室无法安排他工作，他只能回家种田。在战备仓库当临时工时，他故态复萌，盗卖仓库的铜线，被仓库退回生产队。结婚后，马欣欣在家里发现了许多机械上的铜质零件，她认出那些都是水库上的东西，毕卫国还没来得及出手。马欣欣后悔了，肠子都悔青了。

黄彩霞一家进了省城，嫉火万丈的毕卫国把气全撒在马欣欣身上。过去气不顺时，他对欣欣还只是骂骂咧咧，现在稍有不满便拳脚相向。以前毕卫国从不敢对黄彩霞动手，因为彩霞娘家就在附近，彩霞动辄就往娘家跑，事情闹大了娘家兄弟还会登门问罪。欣欣不同，她没有退路。她既没有娘家也没有兄弟。欣欣有时也会还嘴，甚至抄起棍子要跟他玩命。每当这时，卫国就会上纲上线，呵斥她"反攻倒算""阶级报复"。这戳到欣欣的软肋，她只能偃旗息鼓，忍气吞声地躲到一边。

幸好，命运关掉她的大门时，又为她开启了一扇窗户。十一届三中全会后，从城里下来的知识青年掀起了返城潮。那些与农民子女结了婚的知青面临着残酷的选择，要小家还是要返城。县里做出一个紧急决定，将已在农村"扎根"的知青全部招到县城工作。马欣欣也被县里招工了，在国营商场当售货员。她终于逃离苦海。她从家里搬到县城，从此躲开那张可憎的脸，也可以从从容容地考虑离婚的问题了。

但是，她没有离成婚，她舍不得儿子。她进城后，儿子还留在村里，公婆不让她带走。如果她为此与公婆发生冲突，全村人都会站在公婆一边，因为按照农村的观念，祖权高于母权，儿子毕竟姓毕而不姓马。退一万步来说，即便公婆允许她带走儿子，她也没有这个能力，因为她没有自己的住房，在相当长的时间里她还不得不住在单位的集体宿舍里。她只能在周末与儿子见一面。

她每个月都会给公婆留下儿子生活费，每个学期还会省出儿子的

学费。公婆对她还算客气，卫国也不再申斥她。但她对卫国的感情早已灰飞烟灭。最初，每次回家卫国要与她"练兵"，她还半推半就地顺了他。虽然她对他早已没有感情，但生理上还有这个需要。她权当他是一个用具，就像那辆破自行车，虽然不喜欢，但还得将就着用下去。后来，她在城里有了相好，再回家就连卧室都懒得迈进去了。

儿子很争气，初中毕业后在省城上中专，学电脑维修技术，毕业后就在省城修电脑，开始替别人打工，后来自己开了家小店，既修电脑又卖电脑。那时卖电脑利润高，几年后他就买了房。自从儿子到省城上学后，村里的家对欣欣就不再有意义了，除了儿子回去过节过年，她基本上没再踏进毕家的门槛。

儿子在上初中之前在村里与父亲和祖父母一起生活，感情上一度与她疏离。幸好，儿子在县城读初中时与她住在一起，母了朝夕相处，感情得到巩固。儿子自知无法弥合父母的矛盾，但他强烈反对他们离婚。马欣欣知道，如果她提出离婚，儿子有可能与她反目。因此，在离婚的问题上她一直犹豫不决，与老毕不离不即的关系便一年一年地拖下去了。

儿子买房后，卫国就搬进了省城，替儿子做饭，帮儿子打理店里的事。从右江河谷返城的知青有时会光顾他们的小店，修修电脑或者聊聊天。从他们口中得知，黄彩霞与魏鹏凯早已离婚，他们的儿子跟了鹏凯。当初黄彩霞与魏鹏凯结婚的真实动机是司马昭之心路人皆知，只有鹏凯一人蒙在鼓里。鹏凯后来得知自己只不过是黄彩霞与毕卫国斗气的工具后一直耿耿于怀。彩霞与婆婆都是强势女人，冰炭难同器，未等正式离婚彩霞就搬出去了。鹏凯再婚后又生了一个女儿。彩霞一直自己过着，生活似乎并不惬意。

卫国现在与彩霞都住在省城。据说两人至今从未碰过面。世界不大，城市很小，两人相遇是早晚的事，也许在大街上，也许在商场里。我设想过他们相遇的情景。以他们两人的性格，他们会对视几秒钟，然后各自默默地走开。他们的PK可以结束了。PK的结果没有胜负。他们分手后都攀上了城里来的知青，两人又先后脱离了农村，成了城里人，两人都成功了。然而，两人的第二次婚姻又都失败了，双双又成了孤家

寡人。两个人的成功和失败都产生于同一原因，那就是要在二次婚姻胜过对方的强烈愿望。虽然他们的再婚计划都按部就班地取得成功，但最后又都惨遭崩溃，原因是斗气的婚姻缺乏诚意和感情基础。

当然，两人的得失还是有差别的。彩霞获得了城市户口而卫国没有，卫国身边有个孝顺的儿子而彩霞没有，但这些个差别已经没有意义了。右江河谷原来那拨看客早成鸟兽散，已没有人再来关注他们之间的胜与败了。

2013 年 9 月 12 日于威海滨海新区

大自然的召唤

　　新世纪的第二个蛇年早春三月，网络上出现的一则消息吸引了百万网民的关注。事情缘于一场赌局。著名股评人 A 先生与投资人 P 先生打了个赌，两人以沪指 2400 点和 2200 点为赌约标的，如果沪指在 30 日内跨上 2400 点则股评人 A 先生赢，如果跌破 2200 点则投资人 P 先生胜。无独有偶，上一年某房地产公司老总 G 先生向另一房地产老总 R 先生提出赌约恰好在这个月有了结果。上一年 12 月他们提出赌约，标的是这个月的房价走势。G 先生对这一年 3 月份的房价看跌，而 R 先生则看涨。这两个赌局的赌注令人大跌眼镜。他们赌的不是钱，也不是房产，而是裸奔。A 先生与 P 先生的赌注是输方在证监会门前裸奔五分钟，而 G 先生与 R 先生的赌注是输方在长安街上裸奔一小时。

　　以裸奔为筹码的赌局在北京史无前例，而且两个赌局交集在同一个月。试想一下，一个月之内有两个人在万人瞩目下赤条条地在北京街头奔跑会出现什么后果？毫无疑问，后果一定很雷人，且不说本来就十分拥堵的交通可能会出现局部瘫痪，更重要的是一向循规蹈矩、目不斜视的首都市民将蒙受严重视觉侵蚀，国人的纲常伦理将受到剧烈震撼。

　　两对名人的裸奔赌局是肉身浪潮对主流观念的再次冲击。说是"再次"，是因为裸奔的吁请和实践在国内别的城市已屡有先例。七年前郑州某烟酒商人曾打出广告发起一次大规模裸奔，以抵制白酒过度包装。发起人希望通过人体的"零包装"来推动白酒包装"减负"，以减少浪费和保护环境，同时使消费者得到实惠。那次动议闹出了不小的动静，程序几乎进展到向警方提出了申请的地步。

裸奔的原创地在欧洲。记得多年前在英国观看过一场足球赛，那火热的场面至今历历在目。看台上的球迷为自己的球队呐喊助威，高举双手站立欢呼，但他们不是同时站立，而是顺时针方向依次站起。于是欢呼的声音与高举的双手形成一个一个的波浪，在看台上翻滚，那景象煞是壮观。有位妙龄女郎觉得这种呐喊方式仍不足以抒发自己激动的心情，突然脱光衣服冲下看台，双手高举球衣绕场奔跑，为自己追捧的球队加油。双方球员一时目瞪口呆，那只本来满场飞舞的足球立刻受到冷落，孤独地停留在球场外。比赛戛然停止，直到赤身女子被警察追上，用衣服裹着送出场外。

裸裎不仅是西方人表达狂喜的方式，同时也是宣泄怒气的手段。媒体上不时传出这样的报道：西班牙动物保护组织成员裸卧在马路上抗议斗牛表演，用肉身撼动本国国粹；英国女子以瑜伽姿势裸身端坐出租车顶，呼吁政府从阿富汗撤军；德国加油站老板赤身裸体地为顾客服务，表达对油价上涨的愤怒；法兰克福市民脱光衣服进入机场大厅，高举着"我们什么都没穿还用安检吗"的标语牌，抗议 X 光安检仪侵犯旅客隐私；数百名环保组织成员裸体迎面阿尔卑斯的太阳，希望以此刹住冰川消融的进程；巴西大学生举行校园裸体游行，要求校方惩治某个裙子穿得太短的女生，等等。用裸裎表达对社会和体制的不满有诸多好处：柔软的曲线和白皙的肌肤最能抓住公众的眼球；一丝不挂证明抗议的透明性和和平性；赤身裸体让人碰不敢碰，揪不好揪，警察还必须小心呵护着你。这是防止遭受粗暴镇压的最佳策略。于是乎，裸奔成了西方政治生活的一道风景线。

裸奔之所以屡见不鲜还有一个主观的原因，那就是它能满足行为者违章在闹市区裸一把的欲望。虽然这种裸裎可能只能进行十几分钟甚至仅仅几分钟，在警察到来之前也算过了一把瘾。过往的行人对此见多不怪，最多扔下一句："哦，又是这些 FKK 们！"FKK 指的是欧美国家的一个群体，他们对赤身裸体情有独钟、甘之如饴和乐此不疲。他们不仅在做家务、看电视和敲打键盘时将衣服脱得精光，还不分男女老少地聚在公园、树林里或沙滩上举行集体裸裎、游泳、打球、举行自行车

赛。这个活动蔚然成风，形成一个社会运动，还成立了自己的组织。公众把这个脱衣族简称为 FKK。世界各国脱衣族的纲领五花八门，但基本诉求是一样的，便是回归自然。他们把这种活动称为 Naturism，即"自然主义活动"。国内早期的追随者把它称为"天体运动"。这个运动还有很多不同的称呼，譬如"裸体主义"（nudism）、"社会裸体"（social nudity）等，最简略的称呼是 FKK，这是德文 Freikörperkultur 的缩写。这个国际化的称呼之所以来自德文，有文献称是因为这个运动发端于魏玛时代的德国。我对这个说法存疑。

初中时期我读过俄罗斯作家阿列克谢·托尔斯泰的《两姐妹》，天体运动就是从那本书中听说的。小说中的主人公达莎秉承父命来到黑海边的疗养胜地克里米亚，企图劝说姐夫尼古拉·伊万诺维奇与姐姐卡佳重归于好。尼古拉不接卡佳的话题，却热衷于介绍他们在海滨推动的"反对浴衣协会"的运动：

> 你想吧——在海滩上洗了一个月的浴，比用一个月的人工去擦抹，会使身体上吸收更多的碘质。而且，你还可以吸收阳光，和灼热沙地上的暖气。我们男人只穿一条短裤，那还不坏，可是女人们就差不多遮住了三分之二的身体。我们已经发起一项反对这种旧习俗的运动……下星期天，我们还要发表一篇关于这个问题的演说。

从小说中的情节发生在一战爆发前夕，准确地说发生在奥国皇太子在萨拉热窝遇刺的前几天。由此可以推测，天体运动出现在俄罗斯的时间至少可以追溯到 1914 年，比魏玛共和国的出现还早八九年。

《两姐妹》中的尼古拉·伊万诺维奇解读了天体运动最本源的意义，即增进人类的健康。羞耻心及维护社会地位的诉求驱使人们用衣服将身体包裹起来，这种包裹阻断了肌肤与阳光、空气、海水的直接接触。天体运动就是要弱化人的社会性，去除身体的包装，藉此摆脱世俗的桎梏与束缚，使人们重新返回大自然的怀抱。

　　"天人合一"是中国古代哲学理念，那"回归自然"不过是"天人合一"的翻版，但中国人从来没有裸程的传统。我在巴伦西亚大学时和西班牙朋友米盖尔探讨过这个问题。他是天体运动的忠实追随者。他告诉我，他们认为"回归大自然"不是一句空洞的哲学口号，只有道内的人才能体会它的意义。"什么样的意义？"我刨根问底。"一种无拘无束的轻松，"他说，"以及身上每一寸肌肤与阳光、空气、树林、草地或沙滩等自然风物自由对话的快乐。"他的话勾起我一个久远的记忆。我似乎有点明白他的意思了。脱光衣服便能获得人体的自由，难怪德国人把天体运动叫做 Freikörperkultur。那个词的词根拆分后便是"自由 + 身体 + 文化"的意思。

　　米盖尔向我展示国际天体运动联合会的章程。章程声称该运动是一种"新的生活方式"，其目的除了"拥抱自然"外，还有"推动相互尊重、自尊、素食、禁酒、禁烟、瑜伽、体育、反战和建立平等和谐世界"。裸体还能建立和谐社会？米盖尔解释道：衣服是阶级的标签，而阶级差异是社会凝聚的鸿沟，当人们脱光了衣服时，等于摘掉了阶级标签，穷人和富人的距离便能缩短。这话不无道理，当人们脱得一丝不挂时确实看不出谁是白领谁是蓝领，谁是老板谁是雇工，便于坦诚相见。

　　天体运动还有深远的美学意义。古希腊人崇尚人体美。如今保存在欧洲各国历史博物馆中的出土文物传递着这种审美观。卢浮宫中珍藏着许多以人体为题材的古希腊艺术品，如大理石雕塑"男子上身像""鲍尔热的斗士""马尔瑟鲁像""阿波罗神"，青铜像"竞技者"和"葡萄酒神"等等。这些艺术品以精细的刀工刻画了古希腊男子健美的身躯。同时代的"阿芙罗迪""维纳斯"和"蹲着的阿芙罗迪"将古希腊女子的袅娜身段体现得栩栩如生。经过文艺复兴运动的发扬光大，这种审美观成为泛欧洲的艺术传统。如今在巴黎、罗马、柏林、圣彼得堡尤其是奥斯陆的公园、广场和街头随处可见以人体为题材的大理石雕像和浮雕。那男女的胳臂、大腿，以及身体的各个隐秘的部位都堂而皇之地展现在光天化日之下。

　　在这种文化氛围熏陶下的欧洲人自然地把人体当成审美对象。人体

各个部分的比例、五官的分布、男性腹部及四肢肌肉的张弛度，女性胸部、腰部和臀部的曲率、肌肤的光滑程度，都作为重要参数纳入审美评价体系。长此以往，在西方人的眼中，人体本身就是造物主创造的艺术品。当附着在上面的审视障碍——人的社会性以及由社会性带来的羞耻心和体面感——逐渐淡化后，人们人体审美的对象便从他体转移到自体上，把自己的身体当成艺术品，自我审视或供他人审视。当自己的身材受到同性的羡慕和异性的钦慕时，心中就会产生巨大的满足感。西方的球迷们和抗议者们动辄脱衣，其实是一种自体审美冲动的体现。当路人为抗议者的裸露感到面红耳赤时，当事人自己却沉浸在肌肤的舒悦和心灵的满足中。这就是人与人在认知和感觉上的反差。

然而，基督教会强烈反对裸裎，认为裸裎产生的性诱惑是罪恶的源泉。社会的多数成员对在公共场所赤身裸体也持否定态度，除了担心对未成年人的成长不利外，也担心文明社会约定俗成的视觉标准受到冲击。这个标准维护着社会的体面、个人的尊严和大众的心理宁静。裸裎会使旁人产生幻觉，似乎他人的裸露其实也是自己身体隐秘的泄露。有人把衣着装束视为文明的坐标，认为男士的西装革履和女士的红衣绿裙不仅提供了视觉的愉悦，也营造了上流社会的氛围。一旦赤身裸体的男女闯入他们的视野，他们便觉得文明的大厦在黑猩猩金刚的撼动下摇摇欲坠。

天体运动者、公众和教会的主张都有合理的成分。法律采取折中路线，允许裸体爱好者在指定的地段满足他们的曝露癖好。这些区域一般是沙滩、林地和公园等远离城市中心的地方。脱衣族与社会取得和解，裸体运动结束无政府状态，从苍凉的江湖回到体制温暖的怀抱。只有少数不安分分子不时借着抗议的名义在闹市区进行裸裎，挑战社会和法律的底线。

欧洲有两个法定的脱衣族家园名闻遐迩，一个是英国的布莱顿的公爵丘（Duke's Mound），另一个是德国慕尼黑的英国公园（English Garden）。布莱顿是伦敦正南方的一个海滨城市，那里的海滩是英国为数不多的夏季游泳场所之一。英国的天体运动组织出资在公共海滩旁开

辟了一块自己的领地，在荒滩上铺上卵石和沙子。每逢夏季最炎热的时候，成百上千的天体运动爱好者从英国各地和欧洲大陆来到这里。他们脱掉衣服，在皮肤上抹上橄榄油，然后下海游泳或躺在沙滩上晒太阳。欧洲的海滨沙滩有三种，一种是不允许裸体的，一种是可裸可不裸的，还有一种是必须裸体的。布莱顿的公爵丘是一个"无织物沙滩"，意思就是出现在这里的人身上不仅不能穿衣服，而且不能带一丁点布片。当然，如果你一定要穿着衣服进来，在赤身裸体的人群中走来走去，即便没人拦住你，你自己也会觉得无趣，因为所有的人都会对你视而不见，既没有微笑，也没人和你打招呼。他们用冷漠来拒斥拒不尊重场地规矩的人。

英国公园在慕尼黑市中心，里面有大片树林和草坪，还有一个名叫"中国塔"的建筑。一条小河从树林和草坪中穿过，河的两边便是天体运动者们最喜欢的聚集地。慕尼黑的平均气温比布莱顿高，天体运动者们每年可以在这里活动五个月。从晚春到初秋，只要天气晴朗，裸体运动者们就会三三两两地来到这里，在草地上铺上毛巾，然后脱掉衣服，以仰卧或俯卧的姿势在毛巾上进行日光浴、阅读、打坐、练习瑜伽，同时吸取新鲜空气和紫外线。公园是公众休闲的地方，因此这里不是一个非裸不可的场所。每天有许多"非组织"的游人出现在公园里。他们对天体运动者们投射着好奇的目光。这里的某些天体运动者，尤其初入道的女性，把全裸改成半裸，或者将自己活动的地点移至草坪深处远离道路的地方。

20世纪中后期，当行为艺术的巨蟒刚刚问世，便与裸体主义怪兽建立了亲密联盟。那些艺术家中的曝露癖者和裸体运动中的艺术狂人，用自己的赤裸的肉身在街头、广场、沙滩，或大厦内厅搭建自己的作品，表达某种哲学理念、艺术追求，或政治诉求，有时甚至没有明确的主题，仅仅追求参与者的规模，以便刷新吉尼斯的纪录而名垂青史。这项活动的狂热组织者正在向七百这个数字冲刺。在他们的动员下，近七百具赤裸的身躯在海滩摆出了一个怪诞的造型。这个艺术狂飙也刮到中国。四川某艺术院校的41名男女学生在一个高尔夫球场排出了一个

"@"字的造型，用自己的肉身为数码时代高唱颂歌。

天体运动之所以能够茁壮发展，是因为行为者严格遵循道内的规矩，即避免长久地凝视别人的身体，严禁对别人评头品足，即便是夫妻也不可发生亲昵行为。这些规矩深入人心，越轨者极为罕见。西方美学崇尚人体美，进入裸体运动者的营地，才知道并非所有的人体都是美的。那些全身赘肉的，或者形销骨立的身体其实也乏善可陈，无美感可言。但是，在天体运动者的家园里，裸裎者无论身体匀称健美还是虚胖或佝偻，皆能不傲不辱泰然相处。那里见不到妖姬荡子，也无淫言猥语者。他们要么在"自尊互尊"戒律的锤打下百炼成钢，要么对人体产生了审美疲劳，要么他们中的猥琐轻薄之辈早被清洗出局。中国古人柳下惠因坐怀不乱而倍受褒扬，在这里你会发现人人都是柳下惠。

早期天体运动的涟漪也一度波及中国。在魏玛时代结束前后，中国的华东和华南某些海滨也出现过裸泳沙滩，但规模不大，延续的时间也很短，昙花一现便再无踪影。这个运动在中国找不到松软的土壤。中国奉行孔孟之道，讲究礼义廉耻，裸奔与此道南辕北辙。万世师表孔子教导弟子要"克己复礼"，那克己的具体措施便是"非礼勿视，非礼勿听，非礼勿言，非礼勿动"，目的是防止"见物思淫"，以守住男女之大防。任何涉裸的图形和文字都在禁止之列，更何况男女之肌肤焉？

然而，中国古代哲学中又有天人合一，回归自然的思想。庄子曰："有人，天也；有天，亦天也。"意思是天是自然的一部分，人也是自然的一部分。天人本是合一的，但社会制定的各种典章制度和道德规范使人背离了自己的自然本性，与自然失调。社会成了自然的对立物。老子提出的"绝圣弃智"和"见素抱朴"隐含着废弃病态律法束缚和返璞归真、回归自然的主张。

赤身拥抱自然是人类的天性，这种天性遭到文明的镇压。但在边陲乡村孔孟之道的贯彻被打了折扣，人们不同程度地保留着这种天性。那里的人们每天傍晚从农田里回来，不分男女都要在河里浸泡一下，洗掉一天的汗渍和疲劳。这种天浴的优点不仅仅省却了将沐浴用水从河里运到家里的麻烦，而且满足了人们亲近自然的天性。河水、山坡、草木、

庄稼甚至路边的每一块石头都是村民自幼相伴的景物，在村民眼里它们都是有灵性的东西，它们懂人，能与人进行心灵交流。它们坦诚地裸露在村民面前，似乎希望村民与它们坦诚相见。村民们领悟这点，也渴望与它们发生肌肤接触，哪怕一天里只有半个时辰。河里的洗涤便成了亲近自然的天浴。

这里不知希腊不闻罗马，没人体审美的感悟。乡民把身体视为陋物，尤其以在异性面前呈露身体为耻，因此乡村的天浴是按性别分河段进行的。女性专用的河段一般会划定在较偏僻较隐蔽的地方，严禁男性村民靠近。这一禁令成为乡规民约被大家严格遵守。20 世纪 80 年代有一部叫做《青春祭》的影片告诉我们，云南的一些少数民族就有天浴的习俗。我在插队落户时就见识了那充满山野气息的天浴，时间比《青春祭》的问世还早十余年。

我下乡的右江河谷地区是个粮食产区。那里依托着一个体量宏大的水库和横贯几个公社的灌溉干渠实现了旱涝保收的目标。那水渠建成后还未砌上水泥护壁便投入使用。那护壁还是不可或缺的，没有它流经水渠的灌溉水便有四分之一损失在渗漏中。县水利局便把那修砌护壁的任务按受益面积比例分派到各个公社，公社又将任务分解后派给各个生产大队，各生产大队又照猫画虎地按段分配到各个生产队。这个任务不紧不慢，每个生产队每年要砌筑三到五米，修个五到八年便大功告成。生产队长见缝插针地在夏闲的两个月安排青年突击组到山里备石，冬闲时再派上有泥水技术的老把式去垒石砌墙。

那年，我跟随青年组到山里备石。那山里其实并不是真正的山区，而是十里开外河谷边沿的村队。那里依山傍水，河里有大量的鹅卵石，而且距离我们负责的水渠工段不远。我们的任务是采集河里的卵石。卵石采集上来后先堆在岸上，日后再用牛车运到水渠工段上。任务很简单，没有任何技术难度。我们四个小伙和三个女孩，一人背着一个篓子，在河滩上捡起卵石来。

其实河滩上早就没有什么可捡的卵石了。我们几个小伙就挽起裤腿下了河，弯腰摸起河底的石头。三个女孩在河滩上捡不着石头，也跟着

下了河。农村的女孩都当男孩养，家里家外干活都是好手，能进青年组的姑娘大都是争强好胜的假小子。那河里的形势与岸上不分上下，浅处的卵石早已被别人捡走。我们摸着河底越走越深。开始水只没过膝盖，后来不知不觉地就没过了臀部，脑袋必须钻到水里才能够着河底的石头，不知不觉衣裤都湿透了。四个小伙早把上衣脱掉，光着膀子干。再看看那三个女孩，全身的衣服湿漉漉地贴在身上，身体曲线暴露无遗。女孩们不好意思，直揪着衣服往外扯。

河谷是一个经济发达的地区，乡村青年都很注重自己的形象，尤其是女孩们，无论多炎热的季节都要把自己裹得严严实实，唯恐皮肤被热风吹皱了，被太阳晒黑了。除了爱美的原因，也有维护尊严的诉求，那狭窄的袖口一直遮到手腕，那藕段般的胳臂从不轻易袒露出来。那个年代农村姑娘时兴穿传统的大襟衫，一排布扣从领子一直扣到右腋下。衣服剪裁得特别紧身，恰到好处地托出了女子婀娜的体态。那细细的袖子裹在胳臂上，也根本挽不起来。下水的女孩仅仅摘掉了斗笠和包脸的毛巾。

傍晚时分，河边堆起了一大堆卵石。回村之前我们把篓子和工具藏在草丛里，准备次日再用，然后拧巴拧巴身上的湿衣裳，好让它干得快一些。女孩们也要把身上的衣服脱下来拧拧干，于是钻到远处的芦苇里。当这三个女孩鱼贯地从芦苇里出来时，竟然一个个花容失色。组长以为她们遇到了蟒蛇。她们摇头不语。好一会，我们才从一个女孩口中吞吞吐吐释放的信息中还原了她们的经历。她们在小河下游找到一处芦苇丛，刚钻进去脱衣服，突然透过芦苇缝隙发现对岸有一群赤条条的男人在洗澡，于是面红耳赤地跑出来，往更远的河岸寻摸过去。那远处的对岸出现的景象使她们更加惊愕——一大群女人一丝不挂地在河里进进出出，光天化日之下任由身体上的挂件甩来甩去。三个女孩羞红了脸。她们觉得周围的每一棵树，每一根草似乎都是眼睛，而曝露在这些眼睛面前的不是别人，而是她们自己的身体。

后来在田里劳作时，有人提起了这件事。农民在田里劳作喜欢说点段子解闷。那肚子里段子最多的人被戏称为"校长"。"校长"说：

"那算什么！想开眼到山里去，山里的女人洗澡不避人。"他说的山里指的是距河谷几十里外的深山村寨，那里生活着另一个民族。"不过，你万不能一个人去，小心她们'锅'了你。"那"锅"字是火锅的锅，在当地方言里可转义为及物动词，意即"围坐一起将某物涮锅吃了"，此处应理解为"分享"。以我低下的智商和贫乏的阅历，我想不出一群女人如何操作才能把一个男人"分享"掉。听到"锅"字，我脑子里浮现出密林深处一群江洋大盗围坐篝火烹煮牛头的景象。

那时正是大兴水利的年头。水库建设需要投入大量动力，而当时我们的国家距离工业文明尚有相当的距离，因此人力成为工程依赖的主要动力。好在当时处于"一大二公"的体制下。在那个体制下，不仅水库受惠地区理所当然地要出人出力，从工程中得不到半点红利的地区也要义无反顾地伸手支援。这是一个公平的机制，今天你慷慨助人，明天你修建水库时，别人也会投桃报李。在这个体制下，工程所需的劳动力将层层分解，最后落实到生产队。谁去谁不去，先自愿报名，最后由队长挑选。身强力壮没有家累的年轻人是外派的首选，在水库工地上的每个劳动日按最高等级工分考勤。由于这些原因，水库工地是知青扎堆的地方。

我在插队的几年里参加过三个水库的建设。我修的最后一个水库位于邻县的北部山区。我们介入这个水库建设时工程已完成过半。那是初春时节，第一场春雨过后，大坝的景色焕然一新——阳光下一泓碧水波光潋滟，水库初见雏形。然而，这美丽的湖光山色在水利人眼里却隐伏着杀机。它预示着这个稚嫩水坝正面临着一场危机。大坝尚未提升到设计标高，而泄洪道又未探及图纸要求的深度，一旦春洪暴发，洪水将无渠可排而漫过坝顶。尚不足月又缺失混凝土铠甲保护的大坝毫无抵御洪水冲刷的能力，高达三十米的土坝将化作一堆黄泥顷刻解体。这个体量巨大的水利工程马上化身为灾难的源头，水库里上亿立方米的蓄水将一泻十里奔腾而下，山谷中数十个村庄将遭灭顶之灾。

春雨连绵不断。县政府发出紧急动员令，我们作为抢险队被招到水库工地。工程运转提速进行，一天8小时的工作日程改为三班制，24小

时连轴转。大坝坝体的堆填和泄洪道的开凿同时提速进行。我们连队的任务是突击开挖泄洪道。泄洪道的作用是将水库中多余的水排泄到指定的渠道中去，以免它漫过坝顶将大坝冲垮，或者流到它不该去的地方惹是生非。有了泄洪道等于给水坝装了保险闸。图纸上水库的泄洪道穿过一段沉积岩。这个设计有着技术上的考虑。沉积岩的抗冲刷性比土壤强数十倍，开凿好的泄洪道即便来不及浇注混凝土护壁也能马上发挥作用。但是，在沉积岩上开凿泄洪道弊端也同样明显，那就是凿岩的难度比挖掘土壤大得多。

上岗后的第一个班次安排在下半夜。我们的工具是钢钎和榔头，两人一组开凿炮眼。一人扶钎一人挥榔头，榔头每砸一下，钢钎旋转九十度，每砸五六下，就要停下来掏一次炮眼里的碎石，每半小时两人换一次手。八公斤的榔头一人一晚要挥舞上百次，两人要完成六个炮眼。榔头的手柄用两根竹片做成。竹片极富弹性，有利于缓解榔头工作时产生的冲击力，保护掌心虎口不被震裂。挥舞榔头最大的收获是练出了优美的胸肌、发达的三头肌和肱二头肌，水库把我们打造成铁臂金刚，终生受用。今天工地上的榔头钢钎被空气锤取代，优美的叮当声没有了，铁臂金刚没有了，工作变成了一种"突突突突"的噪音折磨。

雨淅沥沥地下着，任何雨具都已失效，干脆扔掉。身上湿淋淋的，有雨水也有汗水。光溜溜的肩上只搭着一条湿透的毛巾，它唯一的用途是抹掉挡住视线的雨水。吸饱了水的裤子贴在腿上，已经感觉不到它带来的不适，因为一件更困扰的事情转移了我们的注意力。那就是脚下的碎石片裹着泥浆钻进鞋里，正用它锋利的边缘划开我们的脚板。鲜血流到地面，与雨水一道渗到碎石中。凌晨雨停了，榔头和钢钎歇了下来。七点前所有的炮眼填上了炸药，七点半准时点火爆破，八点钟换班前完成最后的程序——清点炮眼，排除哑炮。抢险的生活进入程式化。

船迟偏遇顶头风，屋漏又遭连夜雨。通往县城的临时公路在雨水的浸泡下多处塌方。这条路是工地唯　的给养线。工程材料和粮食还有几天的储备，但新鲜蔬菜必须每天一运。工地抽调人手抢修塌方的道路，但暴雨丝毫没有停下来的迹象，旧的塌方清除后新的塌方又出现。工地

一个星期没进过一辆车，开始两天碗里还有点干菜，后来就只能用酱油蘸饭度日。那时候的群众朴实得很，虽然因缺失营养眼冒金星，但还是夜以继日地累土聚沙。

人海战术成效明显，大坝在迅速升高。工程进展虽快但架不住湖水涨得更猛。在连日的暴雨下水库的水位与坝顶的距离逐日缩小：20米、10米、3米、1米、50厘米、30厘米、20厘米、15厘米……就在千钧一发之际，泄洪道凿通了。那天清晨，随着最后一排炮响，湖水涌进了泄洪道，我们终于挽狂澜于既倒。水库安全地度过汛期。

农历五月初五，生产队宰了一口猪分给社员过端午节，每户的肉钱要在年终分红中扣除。队长挑选了15斤好肉，再加上一坛酒，准备送到水库工地，犒劳栉风沐雨叩石垦壤的子弟。这肉和酒是慰劳品，不扣钱。队长捎话把我叫回村，要我把肉和酒带去工地。我找了根扁担，一头挂肉，一头挂酒，一步一颠地上了路。

从村里去水库工地抄近路40里地，其中30里是山路，要翻越十来个山头，涉过十几条溪流，一路上都是羊肠小道，偶尔路过村寨才会走上一段牛车路。山里的村民是用黑巾缠头的民族。他们热情好客，知道你是进山的水库客，转身从路边掰一根甘蔗塞给你。那里的山涧溪水清纯甘甜，路过总要掬起一捧解解渴。那水中可能有细菌，但绝对没有重金属，没有甲醛，没有苯类化合物，喝那样的水比喝今天的自来水还宽心。

爬到山顶回眸远眺，河谷平原早已退出视野，身后的青山一峰又一峰直到天边尽头。在山里独行并不寂寞，耳朵里灌满了虫鸣鸟叫的声音。那长长的"知——呀，知——呀"是知了，那"咕——呱，咕——呱"是青蛙，那"咕咕咕"的声音是鹧鸪，那"布谷布谷"是布谷鸟。最有意思的是杜鹃，发出的声音是"达慕达，姐姐"，用当地方言解读是"得不得都谢谢！"但那叫声总在前方，人走近叫声就没了。再走走，前面又出现了"达慕达，姐姐"。

山谷中，一片碧浪横在眼前。这是一路上唯一达到河流级别的水系。旱季时这条河仅宽十来米，水深不过膝，雨季时就不好说了。我们

初赴工地时，这河水刚没过臀部。大队人马男女混杂，众人只能衣冠楚楚地涉水过河，然后穿着湿淋淋的裤子走完余下的十里山路。这些天雨季刚过，河面宽度扩大到三十多米，水深我估计要没到胸部。我看看四周，满世界里就我一人，没有必要再做一回落汤鸡。我做出一个重大的决策——裸渡。

我再一次环顾左右，树林、灌木、草丛以及对岸山上阒无一人。小河的下游不远处传来几声狗吠，那儿应该有个村寨，此刻也人寂烟歇。只是河滩上湿漉漉的，四周出奇的宁静，我觉得哪儿有点不对劲，但又说不上来。我迟疑了一会，慢慢地脱掉衣服，一件一件叠好，放在岸上。然后，先把酒缸顶在头上送到对岸，又回来把猪肉篓子送过去，最后一次回来取衣服。

我举着衣服涉水过河。河里的小鱼啄着我的肚脐、大腿和臀部，我突然觉得赤裸的感觉真好，仿佛回到了童年。我上了岸，仰望天空，第一次感觉到大自然是这样的亲切。青山在眨眼，树木在招手，流水在欢笑，微风轻抚着我的身体。我的每一个毛孔都舒张开来，深深地呁吸着清新的空气。我在沙滩上一连做了几个侧身翻。没有衣服的束缚，动作格外敏捷轻松。待身体上的水珠被风吹干后，我才穿上衣服继续赶路。

河的这边是一条长达百米的上坡路。刚走出几十米，身后的水里好像有动静，还有人在嬉笑。待我爬到坡顶，放下负重回过头时，对岸出现了八个赤条条的女子，小的不过十四五，最大的也不过十七八岁。她们捧着衣服从丛林中跑出来，两人已经跳进了水中。刚才的疑惑烟消云散——我的贸然闯入了打断了一场天浴。河里的八只天鹅在我的惊扰下躲到丛林中。这就是为什么河滩上会留下一汪水，为什么四周蛙不鸣鸟不叫寂静无声。

一个妹子见我回头，呵呵地高喊："喔——喂！"那喊声是得意，是调皮，潜台词是"嗨，我们看见你了，你却没发现我们！"另一个妹子还模仿我在沙滩上做了一个侧身翻，动作青涩，雪白的躯体在空中只画了小半个圆弧。小天鹅们在我的目光下落落大方地撩水嬉戏，不时地向我投来一个斜睨。

山里妹子天浴时容许异性在场，但他们只能欣赏，不能耻笑，只可"临渊羡鱼"，不可"退而结网"。那些图谋不轨的男人可能会遭到她们以众暴寡的惩罚。这种原始的惩戒方式在山寨中被认为具有无可置疑的正义性。它是保护天浴这种原生态文化历久不衰的重要铠甲。山外传得沸沸扬扬的"锅人"说不过是这种惩戒方式以讹传讹的版本之一。其实，山里女娃们的天浴也避人，她们避的是不黯深山风情的山外人。络绎不绝穿行于山寨的水库客给她们带来困扰。她们怕外乡人少见多怪，怕他们过河不敢赤身，因此经常主动退避。

好一幅赏心悦目的出水芙蓉图。在这远离尘嚣的地方，人与自然竟是如此圆融和谐亲密无间。多少年后回顾这一幕时，深感社会进化的悖论。随着工业化、城市化、现代化如火如荼地进行，人类日益亲昵着文明，却不断疏远着自然。人们享受着越来越多的物质，却失去了最重要的东西——那"无拘无束的轻松，以及身上每一寸肌肤与阳光、空气、树林、草地或沙滩等自然风物自由对话的快乐"。这就是后工业化时代"回归自然"的呼声响彻云霄的原因。

中国的股市很不争气，在蛇年的 2 月 24 日再度失守 2200 点底线。股评人投资人的赌局以股评人 A 先生败北告终。A 先生欣然履行他裸奔的诺言。不过，裸奔的地点不是证监会门口，而是在互联网上。他精心制作了一个视频挂在网上。视频中他在原地踏着步，在经过慢镜头处理后，那踏步貌似在奔跑。网民们没有看到他赤裸的身体，他身上披着一条橘红色的斗篷，遮住他那虚胖的身躯。最醒目的是他头上那对硕大的水牛角，他希望借助这顶牛头帽召唤中国牛市的回归。中国网民宽宏大度地接受了这个象征性的裸奔。他们所期盼的，不是见到他的裸体，而是中国熊市的结束。

2013 年 5 月 27 日于北京天通苑

同志情绵绵

上高中时，语文课本中有一篇课文叫《葫芦僧乱判葫芦案》。那篇选自《红楼梦》第四回的课文虽然经过简化改编，有些细节我们还是不甚了了。文中说到贾雨村补授应天府，下车伊始便接到一桩人命案，金陵豪门薛蟠为争夺一婢女将当地的小乡宦冯渊殴打致死。应天府中的门子向贾雨村介绍死者冯渊，说他"酷爱男风，不好女色"（红文原为"最厌女子"）。当年的中学生虽不如今天的孩子成熟，但也知道"好色"不是个善行。以我们的智力推断，那"不好女色"便应是个好品性，但语文老师对冯渊却并不认可，对其"酷爱男风"大加鞑伐，斥之为恶习。然此习恶在何处，他欲言又止。那"男风"一词便化作问号挂在我的脑海里，一挂便是二十年。

我上中学那个城市流传着"十大姐"的故事。那十位"大姐"其实上是本城十位男子。他们以举止女性化著称。我在不同场所偶遇过其中几位。他们说话尖声尖气，动作扭扭捏捏，经常和别的男性相聚玩耍，吟唱戏曲。他们喜欢着女装，唱女角，用上海人的话说就是有"娘娘腔"。据说派出所曾以流氓行为把他们请到局子里，但教育效果不佳，出去后依然故我积习难改。可能民警觉得他们对治安并无大碍，最后也撒手不管了。

20 年后，我才知道，他们就是所谓的同性恋族，亦即《红楼梦》中的"酷爱男风"者。在现代网络语言中，"同性恋"一词被一系列鲜亮雅致的名称取代，如女性被称为"蕾丝边"（Lesbian）或者"拉拉"（Les）。这个称谓源于古希腊的一个名叫蕾丝博（Lesbo）的小岛。该岛

因出了一位名叫萨福的同性恋女诗人而闻名。于是，七拐八拐，"蕾丝博岛民"（Lesbian）便成了女同性恋者的别名。男同性恋者被称为"基友"。这个称谓源于英、美男同性恋者对自己的称呼 Gay。BL 是男同性恋的另一个隐喻，它出自日本动漫中的 Boys' Love。BL 又衍生出男同的另一个绰号"玻璃"。男女同性恋者的统一称呼则为"同志"或者"C 货"。

20 世纪 80 年代，同志话题骤然升温，媒体频频传出相关新闻，如某国某地举行同性恋大游行，某城市举办同性恋狂欢，某位"拉拉"当选议员、某个"基友"荣任市长，某某国家同性恋婚姻写入法律。这些新闻给我们留下的印象是：这些国家正不可救药地堕入腐朽和没落的深渊，幸好中国还是一片净土。

若干年后我到了荷兰。那是一个以民风前卫著称的国家，不仅独树安乐死合法化的大旗，还首开同性恋婚姻之先河。有一次，我和老板约恩教授讨论课题时，不知怎么提到荷兰同性恋婚姻立法的话题。我表示有一事不解，不知为何同性恋者在中国寥若晨星，而在荷兰却比比皆是。约恩教授不以为然地说："三十年前我们也觉得荷兰的同性恋很少，其实是因为那时他们不愿浮出水面；你觉得中国的同性恋少，说明你们至今对他们还不够包容。"一句话如猛掌击背，我幡然醒悟。约恩一走，我径直奔向图书馆，临渴掘井地恶补人文知识。

古今中外同性恋者在人口中的比例基本恒定，在 5% 上下。人口绝大多数是异性恋者。他们遵循"同性相斥，异性相吸"的审美原则，男人迷恋女性的花容月貌、袅娜身段，而女性倾慕男性器宇轩昂、玉树临风。同性恋者的性美学截然相反。女性对男性反应冷淡，却欣赏其他女性的明目皓齿、婀娜多姿、秀美三围，甚至对丰乳肥臀怦然心动。男性对女性兴趣索然，而对其他男性的魁梧身材、发达的肌肉、英俊或者是阴柔的容貌心醉神迷。与异性恋一样，同性恋的性行为也是寻求性感官刺激，包括拥抱、亲吻、耳鬓厮磨、肌肤接触等，除了最后环节外，几乎与异性恋者一般无二。对这个族群来说，"同性相吸"的力量是无法抗拒的，无论环境阻力有多大都磨灭不了他们寻找

和结识同性伴侣的决心。

在荷兰辨识同性恋者并不难。那里的同志族大多不隐瞒自己的身份。我经常悄悄观察他们。我认定他们身上有某种体质人类学的特征，譬如在眉宇之间、鼻梁或者下巴的某处隐藏着某种与异性恋者相区别的"硬符号"。这种符号是同性恋族识别自己的同志的依据。后来得知一部叫做《同性雷达》（Gaydar）的美国电影，才知道那种"硬符号"并不存在，因为同志族们也在苦苦探寻修炼识别同类慧眼而不得。经过长期内修外练，这个"慧眼"被我获得。我发现他们的特征不在身体"硬符号"上，也不在性格表征上。"娘娘腔"和"男人婆"（Tom Boy）只是 BL 和拉拉中的一部分，况且并不是所有"娘娘腔"和"男人婆"都是同志族。同志族的特征表现在"软符号"上，即对异性和同性的目光做山的反应。

异性恋女子对男性的目光反应敏感。如果对对方抱有好感，或被对方容貌气质所吸引，她会释放出羞涩的神情或勾魂的眼色。如果感觉对方容颜丑陋行为粗鄙，对方的凝视就会使她感到尴尬、不快，甚至被视为色侵，从而露出警惕或厌烦的表情。异性恋族的男子与陌生女子邂逅，会本能地多关注一下，把对方放在内心的标尺上量一量。如果对方是他心仪的类型，他会多欣赏两眼，或者躲躲闪闪掩饰自己的窥视。如果对方的容貌达不到他的审美底线，他会迅速缩短审视时间，并在最后一瞥中打出一个低分。这个分数只有阅历丰富的女性才读得出来。男女双方的目光交换如果顺利贯通便被称为"过电"。

而同性恋族对异性投来的目光反应迟钝，缺乏热敏感应功能。他们投向异性的目光也短促而冷淡。如果会面的情景需要延长对对方的注视，他们也好像在凝视着一座雕像。同性恋族与同性别的陌生人邂逅时情况完全不同，他们的目光会充满柔情、试探和与对方沟通的期盼。他们就像飘落在雁群之外的孤鹜，渴望找到自己的同类。他们的目光一旦得到对方认同，便会迸发出耀眼的火花。

我在读研究生时，茶余饭后常到阅览室里翻阅轶闻闲篇。记得有一位名叫约翰逊的秃顶老头经常在《新闻周刊》上发表专栏文章。这位约

翰逊和他的太太都是美国著名性学专家。他们通过观察发现，同性恋者的性生活通常比异性恋者更完美，因为异性恋者的性行为终极目标性太强，往往奏完序曲便迫不及待地直奔终曲，而同性恋者更倾向于循序渐进地演奏好每一个音符和每一个乐章，最后在高潮中结束整个乐曲。约翰逊夫妇的结论是：异性恋者应该以同性恋者为楷模，使自己的人生更完美。

有性便有情，有情便有爱。同性恋者的爱情究竟有多深？我从莎士比亚的作品中寻找启示。爱情故事充斥着他作品的许多篇幅，男女主人公都爱得如醉如痴、死去活来。他擅长通过对主人公内心细微活动的刻画来凸显情爱的烈度。譬如，罗密欧得知自己的杀人死罪被亲王改为放逐时，他没有因此感到庆幸，反而发出痛苦的悲鸣：

> 这是酷刑，不是恩典。朱丽叶所在的地方就是天堂；这儿的每一只猫、每一只狗、每一只小小的老鼠，都生活在天堂里，都可以瞻仰到她的容颜，可是罗密欧却看不见她。污秽的苍蝇都可以接触亲爱的朱丽叶的皎洁的玉手，从她的嘴唇上偷取天堂中的幸福，那两片嘴唇是这样的纯洁贞淑，永远含着娇羞，好像觉得它们自身的相吻也是一种罪恶；苍蝇可以这样做，我却必须远走高飞，它们是自由人，我却是一个放逐的流徒。你还说放逐不是死吗？难道你没有配好的毒药、锋锐的刀子或者无论什么致命的利器，而必须用"放逐"两个字把我杀害吗？放逐！啊，神父！只有沉沦在地狱里的鬼魂才会用到这两个字，伴着凄厉的呼号；你是一个教士，一个替人忏罪的神父，又是我的朋友，怎么忍心用"放逐"这两个字来寸磔我呢？

罗密欧把自己被放逐而与朱丽叶的分离看成是"寸磔"，因而羡慕能够生活在朱丽叶身边的猫、狗和老鼠，男女间的深情厚爱跃然纸上。莎氏的另一部作品《奥瑟罗》第五幕有一段奥瑟罗面对睡梦中的苔丝狄

梦娜的独白：

　　……融融的灯光啊，我把你吹熄以后，要是我心生后悔，仍旧可以把你重新点亮；可是你，造化最精美的形象啊，你的火焰一旦熄灭，我不知道什么地方有那天上的神火，能够燃起你的原来的光彩！我摘下了蔷薇，就不能再给它已失的生机，只好让它枯萎凋谢；当它还在枝头的时候，我要嗅一嗅它的芳香。（吻苔丝狄蒙娜）啊，甘美的气息！你几乎诱动公道的心，使她折断她的利剑了！再一个吻，再一个吻。愿你到死都是这样；我要杀死你，然后再爱你。再一个吻，这是最后的一吻了；这样销魂，却又是这样无比的惨痛！我必须哭泣，然而这些是无情的眼泪。这　阵阵悲伤是神圣的，因为它要惩罚的正是它最疼爱的。

　　这段独白刻画奥瑟罗弑妻前内心的挣扎——由爱生嫉，由嫉而生杀意，动手之前痛吻爱妻，不忍下手，令人肝肠寸断。

　　莎士比亚对爱情文学驾轻就熟，痴男怨女在他笔下呼之欲出。然而，作为同性恋者的莎士比亚为何能对男女之间的情爱了如指掌呢？这是一个令莎翁研究者感到万般纠结的问题。他们最后的结论是，莎翁在写作中采取了"移情"的技巧，将自己体验过的同性爱移植到作品中的异性情中。这一点说易不易，说难也不难。同性恋与异性恋只是行为的主客体性质不同，他们的爱是相同的。相互吸引和对零距离接触的渴望，灵与肉的结合产生倾心、关怀和迷恋，异性恋者如此，同性恋者亦如是。莎翁只是将同性恋爱情的外壳剥开，取出其中的内核，然后置于异性恋的爱情故事中。后人推断，他笔下男女间的干柴烈火般的感情，都是他与自己的同性伴侣实践过的。莎剧中那些曾经令无数痴男怨女潸然泪下的爱情故事竟然是用移花接木的手法炮制出来的。我们在惊诧被莎翁忽悠了两百年的同时，也顿悟同性恋族爱情的烈度不在异性恋之下。

同性恋族幽婉深切的爱情从中国古代帝王身上也可略窥一二。《汉书·董贤传》："贤宠爱日甚……贵震朝廷。常与上卧起。尝昼寝，偏藉上袖，上欲起，贤未觉，不欲动贤，乃断袖而起。其恩爱至此。"此处说的是西汉的汉哀帝，他也是一位同性恋者。他与他的同性爱人董贤终日厮守相伴，朝廷上下都为他们的缠绵悱恻的情愫慨叹。一天午寝后哀帝起床，却发现自己的衣袖压在董贤身下。哀帝不忍心惊醒董贤，就将自己的袖子剪断。贵为皇帝的哀帝对同性情人如此关怀，可见情爱之深。此事传为佳话世代流传。这便是成语"断袖之癖"的来源。

《韩非子·说难》中也有一个典故。"昔者弥子瑕有宠于卫君……异日，与君游于果园，食桃而甘，不尽，以其半啖君，君曰：'爱我哉，忘其口味，以啖寡人。'"春秋时期的弥子瑕得到卫灵公宠爱。两人有一天在果园游玩。弥子瑕尝到一个特别甜的桃子，舍不得吃完，将剩下的半个给卫灵公。卫灵公很感动，说："你将甜桃献给我吃，表明你爱我至深"。成语"断袖余桃"便源自这两个故事，作为同性恋的隐喻。

莎士比亚的同志身份是被他的十四行诗泄露的。那些诗暴露了他钟情于另一位男性的秘密。后人考证，他在 22 岁到 49 岁的壮年期身边一直没有女性陪伴，期间有几年是在一位贵族的庄园度过的。从他的诗作来看，这段日子是他一生中最快乐的时光。这位贵族便是南安普顿郡三世伯爵亨利·里奥谢思利。莎翁的许多十四行诗便写于这个时期。诗中毫无掩饰地赞美一位男子的秀美容貌，有人据此推论该男子便是南安普顿伯爵。与他一同度过了几年幸福时光的同性恋人应该是他。莎翁的 154 首十四行诗中的第 20 首有着这样不同寻常的描述：

> 你有副女人的脸，由造化亲手 / 塑就，你，我热爱的情妇兼情郎；/ 有颗女人的温婉的心，但没有 / 反复和变幻，像女人的假心肠；/ 眼睛比她明媚，又不那么造作，/ 流盼把一切事物都镀上黄金；/ 绝世的美色，驾御着一切美色，/ 既使男人晕眩，又使女人震惊。/ 开头原是把你当女人来创造：/ 但

造化塑造你时，不觉着了迷，／误加给你一件东西，这就剥掉／我的权利——这东西对我毫无意义。／但造化造你专为女人愉快，／让我占有，而她们享受，你的爱。

这首诗将 BL 对同性爱人容貌的赞美和迷恋袒露得淋漓尽致，同性恋者常面临的两男一女的三角关系在这里也若隐若现。

但是，莎士比亚毕竟与他的妻子生活了四年，并且育有三个子女。这说明他可能是一个双性恋者，即同时兼具同性审美欲望和异性审美欲望的人。我借用印刷色彩学中的术语"色域"来解析这个现象。在此处这个术语描述一个人分别对异性和同性持有的性兴趣的程度，三七开、二八开或者五五开。五五开的就是典型的双性恋者。性学家也发现，同性恋者的色域具有游移性，他们对同性和异性的迷恋度可能发生此消彼长的变化。某个色域为 8 ：2 的亲异恋倾向若干年后可能游移成 2 ：8 的亲同恋倾向，甚至转变为 0 ：10 的纯同性恋倾向。

在新世纪的第十个年头将国家从金融破产的危机中解救出来的冰岛女总理约翰娜·西于尔扎多蒂就是一位拉拉。当同性婚姻法案在冰岛生效后，她与她多年的同性伴侣乔尼娜·莱奥斯多提尔高调步入同性婚礼殿堂。她们年轻时都有过丈夫，并且生育过孩子。这说明她们可能曾是双性恋者，也可能一直是纯拉拉。许多同性恋者年轻时对自己的性取向缺乏认识，仅仅因为从众心理而步入婚姻殿堂。

英国斯图亚特王朝詹姆斯二世的女儿玛丽也是一位拉拉。她在做姑娘时曾经疯狂追求王家鹰苑管理员的女儿弗兰西丝·阿斯普利。她在写给弗兰西丝的情意绵绵的信中将对方称为"丈夫"，把自己称作对方"酥胸上的跳蚤"。她在给弗兰西丝的信中表达了自己受虐狂倾向般的恋情："我是你卑微的仆人，我愿亲吻你走过的土地，我愿做一只狗被你牵在手里，我愿做你的笼中鸟、网中鱼。为了你，我愿做一条恭顺的鳟鱼。"后来她嫁给了荷兰执政官威廉三世，"光荣革命"后登上英国王位，史称玛丽二世。她与威廉的婚姻虽然是父亲一手包办的，但婚后夫妻关系还算融洽，她还有过三次孕育史。这说明她的性取向有着足够

的协调空间。

　　莎士比亚也是一个值得细细咀嚼的例子。他 1582 年 11 月 28 日与安妮结婚时年仅 18 岁，而安妮已 26 岁。他们的第一个女儿苏珊娜在婚后不到 5 个月便降临人世。这说明他们是奉子成婚。有人认为，莎士比亚是被动地与安妮结婚的。这个观点相当可信。安妮足足比他大 8 岁。莎翁在婚后第四年便独自去了伦敦，在他离开家乡的 27 年里，他的妻子从来没有试图前往伦敦与他团聚。这暗示着他们之间存在着某种不可逾越的鸿沟。是感情缺失还是性取向差异？从他的叙事诗《维纳斯与阿都尼》中可以找到解开这个谜的钥匙。

　　　　……维纳斯偏把单思害，急急忙忙，紧紧随定，/ 拼却女儿羞容，凭厚颜，要演出一出凤求凰。/……另一只胳臂把那嫩孩子紧紧夹定。/ 只见他又红脸，又撅嘴，老那么心硬，似木石无灵，不懂什么叫男女风情。/ 她脸又红，心又热，似一团炭火，熊熊融融，/ 他脸也红，心却冷，只羞似霞烘，俨如霜凝。/……空腹的苍鹰，饿得眼疾心急，馋涎欲滴，/ 抓住小鸟，用利喙把毛、肉、骨头一齐撕。/……她就这样，把他的额、腮、下颏吻个不已，/ 因为吻完一遍，又从头开始吻起。/……你曾见过小鸟落入网罗，无法逃脱？/ 阿都尼在她怀里，就像小鸟落入了网罗。/ 他懊恼，半因羞涩，半因不敢强挣硬夺。

　　我们如果把诗中的场景想象成是一个 26 岁的熟女对一个 18 岁生男的色诱过程，每一个细节都严丝合缝分毫不差。这首诗是莎士比亚专为南安普顿伯爵亨利·里奥谢思利创作的。莎士比亚很可能是想借这首诗告诉他的同性恋人，他与安妮的婚姻是某种软性绑架的结果。

　　莎士比亚不是误入婚姻牢笼的唯一同性恋名人。在他离世的两百多年后，柴可夫斯基也踏入婚姻陷阱并为此付出了巨大的代价。这位 19 世纪俄罗斯最伟大的音乐家在 37 岁时与一位 28 岁的妇女安东尼娜·米留

料娃结婚。如果说莎士比亚的婚姻是一场悲剧的话，柴可夫斯基的婚姻便是一场灾难，还在蜜月期间两人就因互不协调而发生激烈冲突。柴可夫斯基精神完全崩溃，并企图投河自杀，后因忍受不了河水的寒冷而湿漉漉地爬上岸。这对新婚夫妇在一起只待了两个半月。他的哥哥安纳托里在圣彼得堡车站见到他时，几乎没把他认出来。出现在安纳托里面前的是一个满脸憔悴、精神错乱、站立不稳的男子。安纳托甲马上把他送进医院。他在癔病发作了一阵后陷入昏迷，两天后才苏醒过来。

　　他们两个半月蜜月的细节无人知晓，但我们不难通过想象还原这段场景。柴可夫斯基显然不如莎士比亚幸运。莎士比亚婚后还与妻子生活了四年。他虽不一定能完全满足妻子的性要求，但两人好歹还生了三个孩子。至于柴可夫斯基，他对于夫妻生活完全没有心理准备，甚至可能根本不知道丈夫对妻子必须担负的生理责任。而比他小 9 岁的安东尼娜对夫妻双方扮演的角色心明如镜，并且毫不含糊地伸张妻子的权利。我们从故事的结局不难推断：柴可夫斯基的色域远比莎士比业狭窄，他甚至无法强迫自己勉强迎合安东尼娜的需求。安东尼娜偏偏心直口快，婚后的性压抑使她万般失望，因此口不择言地斥责丈夫的无能。作为一个在彬彬有礼的贵族氛围中成长起来的艺术家，柴可夫斯基的性格敏感而自尊，缺乏抵御语言利剑的心理铠甲，在精神彻底崩溃后，他企图以死来逃避妻子的羞辱。

　　柴可夫斯基为什么会踏入婚姻陷阱？后人为他找到了两个很有说服力的原因。第一个原因，自称曾是他的学生的安东尼娜以大量情书向他求爱，扬言非他不嫁，甚至以死要挟。柴可夫斯基对这个超级粉丝的追求很难置之不理。第二个原因，柴可夫斯基当时正在将普希金的长诗《叶甫根尼•奥涅金》改编为歌剧。作品中有一个情节深深触动了他。贵族子弟叶甫根尼年轻时轻率地拒绝了乡村女子达吉亚娜的求爱。这一错误使他悔恨终身。若干年后，叶甫根尼跪在已成为公爵夫人的达吉亚娜面前，倾诉对她的思念和爱恋，但一切都无可挽回。

　　　　这一刻，在公爵夫人的身上，/ 谁还认不出以前的村姑——

/ 那可怜的达妮亚·叶甫根尼 / 满腔的悔恨，跪在她脚前。/ 她全身颤抖，两眼注视着 / 葡萄的奥涅金，默默无言，/ 既不惊诧，也没有怨怒…… / 他那憔悴的失神的眼，/ 那恳求的样子，默默的责难，/ 她怎能看不见？在她心里 / 以前的梦想，逝去的种种，/ 重又唤醒了那单纯的少女。

这一幕令人印象深刻。被这个故事打动了的柴可夫斯基把自己当成了叶甫根尼·奥涅金。他入戏太深，害怕自己重蹈主人公终身悔恨的覆辙，于是接受了安东尼娜的追求。心路历程常常影响着人的行为模式，心灵的偶然触动可能会成为某个重大决策的缘由。虽说这个理由具有很大的偶然性，但也在逻辑的范围之中。

这两个理由力图证明柴可夫斯基步入婚姻歧途完全出于善良的愿望，虽然婚姻给双方带来不幸，但他却是无辜的。我不否认柴可夫斯基的善良，但如果了解他之前的感情经历，便可知他与安东尼娜结婚并非完全没有利己的动机。1876 年末，也就是他与安东尼娜结婚之前，他刚刚遭遇了两次失恋的打击。其中一次，是与他保持了十年关系的同性恋人弗拉基米尔·施洛夫斯基突然与一位女士结婚。同性爱人突然结婚，如同一将军阵前反水，令友邻部队阵脚大乱。另一次失恋的对象是他以前的学生，但那位学生不是女性，而是一位名叫约瑟夫·科特克的男性，他与老师交往的同时又迷恋上另一位男性。失恋对于同性恋者的打击是巨大的，因为同性恋族在人群中的比例太低，寻找新恋人要比异性恋族困难得多。

另一方面，同性恋者与异性的婚姻也会对他的同性伴侣产生诱导作用。施洛夫斯基投向异性的怀抱再次燃起了柴可夫斯基结婚的念头。早在九年前，柴可夫斯基曾经对在莫斯科演出的意大利巡回歌剧团中的比利时籍女歌手狄希耶·雅朵抱有好感，两人甚至订了婚。柴可夫斯基曾多次与父亲讨论过结婚的计划。后来狄希耶·雅朵突然嫁给了同团的男中音歌手，拟议中的婚姻陡然夭折。

柴可夫斯基结婚的愿望来自于父亲愿望和社会习俗的压力，与他的

生理需求毫无关系。他的父亲对他的性取向毫不知情，一直希望他娶妻生子。他本人的心理则是复杂的。他既不想改变自己的性取向，又要维护个人的体面和亲属的名誉，同时又希望有一个稳定的家庭港湾，更重要的要为自己戴上"正常人"的面具。根据俄罗斯帝国法律，同性恋者要被投入监狱，剥夺政治权利，甚至被驱逐出省或驱逐出帝国。出于畏惧被社会拒斥，他太需要一个婚姻来粉饰自己。

然而，与安东尼娜的婚姻没有给他带来期盼中的庇护所，反而将他推入更深的渊薮。他的余生在恐惧中度过。他时时刻刻都在担心安东尼娜将他的性取向泄露出去。他的哥哥安纳托里曾与安东尼娜进行过磋商，希望她同意离婚，并对外宣称离婚的原因是柴可夫斯基"有外遇"。虽然婚外情与贵族身份不符，但仍不失为一个选项，因为它正好可以掩盖柴可夫斯基的同性恋倾向。安东尼娜断然拒绝离婚，连这个下策也成了柴可夫斯基无法企及的奢望。分居后柴可夫斯基继续提供安东尼娜的生活费，两人仍不时地见面，但每一次见面对他都是一次折磨。安东尼娜骂他是"骗子"，"用结婚来掩盖自己的本性"，指责他"每天都在折磨"她，"罪恶令人发指"。他在战栗中完成每一次痛苦的会面。

柴可夫斯基谋求的"形式婚姻"并不是个案。这种婚姻成为许多 BL 乔装打扮的羽毛。网络上流传着大量男同性恋者妻子们的悲剧故事。她们像安东尼娜一样承受着"守活寡"的痛苦。许多"同妻"在互联网讨论群中发出绝望的叹息："每天他都等我上了床再睡觉。睡觉时还把被子压得死死的，怕我碰他。""谎言像泡沫一样一个个被戳破。他开始说没和同性发生关系，后来又承认有。他说要改，实际上没法改。""我总觉得他没有激情。我用女性温柔与他交流，他却更加反感。我的心情很糟，朋友还以为我得了产后抑郁症"。许多"同妻"选择了离婚，也有一些"同妻"为了孩子的成长勉强维持着伪夫妻的关系。有些夫妻引进一名男双性恋者来满足双方的性需求，用一种更复杂的结构支撑着摇摇欲坠的家庭。形式婚姻中最极端的结果发生在成都一位女博士身上。她忍受不了伪婚姻和性压抑从高楼上跳下，用自己的生命为这个群体发出最悲壮的呐喊。

安东尼娜一直没有与柴可夫斯基离婚。后来她与别人生了三个孩子，再后来她疯了，但她始终没有揭穿丈夫的秘密。虽然如此，柴可夫斯基还是没有躲过厄运。他的性取向终于使他命丧黄泉。1893年，一位名叫斯坦博克·图尔莫尔的公爵写了一封言辞愤慨的控告信，揭发柴可夫斯基引诱他的侄子搞同性恋。他委托帝国参议院总检察长雅科比将信转交给沙皇亚历山大三世。雅科比揣着这封信，心中十分为难。

如果柴可夫斯基是一个普通的俄罗斯公民，"同性恋罪"最多将他投入监狱或流放边陲。不幸的是，他不是一般的百姓，他是俄罗斯最伟大的作曲家，而且正处于他艺术生涯的巅峰。沙皇亲自授予他圣弗拉基米尔勋章，给予他宫廷首席作曲家的待遇和终身年金；他被选为俄罗斯音乐家协会莫斯科分会的会长。事发前两年他在纽约指挥演出自己的作品并获得巨大成功，事发前一年被选为法兰西艺术院的院士，事发的当年被授予剑桥大学荣誉博士学位。他是沙皇最宠爱的音乐家，是俄罗斯的骄傲。他如果被公开审判，蒙羞的不仅是他本人，而且还有沙皇和俄罗斯艺术。帝国的光荣将一落千丈。那些发出耀眼光芒的俄罗斯音乐瑰宝《罗密欧与朱丽叶》《序曲1812》，歌剧《叶甫根尼·奥涅金》《黑桃皇后》，芭蕾舞剧《天鹅湖》《胡桃夹子》《睡美人》等都将因为作曲家身败名裂而蒙上尘土，最后埋没在故纸堆中。他在美国、法国、英国、意大利为俄罗斯赢得的荣誉都将归零。俄罗斯不能承受这样的损失，挽救的办法就是让当事人体面消失。

一个没有获得官方授权的法庭秘密组成。成员大多是帝国知名的法官和检察官，而且都是音乐家年轻时在法学院的同窗。柴可夫斯基为自己进行了五个小时的辩护，法庭最后还是要求他自行终结自己的性命。法官们把这个法庭叫做"荣誉法庭"，把判决的结果称为被判决者的"良心发现"，以此掩盖判决的私刑本质。柴可夫斯基选择了服毒，操作方式是每天服用微量的砒霜，直到最后离开人世。欧洲人早就学会用这种方式杀人，其优点是受害者不用承受太大的痛苦而且死后面容较为安详。此前英国人在圣赫勒拿岛上用这种方式弄死过拿破仑。如果当年西门庆和潘金莲掌握了这门技巧，或许就能瞒天过海，不至于被武松拼

死追杀。

帝国在圣彼得堡的喀山大教堂为因"霍乱"辞世的柴可夫斯基举行隆重的葬礼和盛大的追思会。第六交响曲《悲怆》成了他的挽歌。他刚刚写完这部乐曲并在九天前亲自指挥了它的首演式。俄罗斯举国上下为巨星的陨落而悲恸。精英们策划的谋杀捍卫了帝国的尊严和俄罗斯的艺术地位,也保住了被谋杀者的颜面。作曲家获得了莫大的荣哀。这对国家、民族和死者本人都是最好的结局。所有的知情人都松了一口气。俄罗斯精英主义价值体系经受了一场严峻的考验。危机过去后,帝国官员们小心翼翼地抹去有关音乐家性取向的所有痕迹,被销毁的文本包括音乐家亲友的回忆录、信件乃至日记。这个工作一直延续到苏联时期。

柴可夫斯基死后两年,他的悲剧在欧洲另一位文化名人身上重现。那位名人是与萧伯纳齐名的英国唯美主义作家、诗人和剧作家奥斯卡·王尔德。在他的事业巅峰期,伦敦曾一度同时上演他的三部剧作。他遭到贵族昆斯贝理侯爵的斥责,原因是他的儿子受剧作家勾引搞同性恋。年轻气盛的王尔德没有走妥协路线,而是向法院起诉侯爵毁坏他的名誉。官司以他败诉告终,法院判处他两年苦役。英国法律对同性恋的拒斥甚至严于大陆国家。王尔德蚍蜉撼树地叫板法律和社会习俗,最后身败名裂并祸及家室。妻子与他离婚,携两个儿子改名换姓移居意大利。他出狱后也流落海外。伦敦容不下他,英国容不下他。三年后这位才华横溢的剧作家客死异乡,时年仅 46 岁。

柴可夫斯基死亡之谜 87 年后大白于天下。1980 年,研究柴可夫斯基的苏联女学者奥尔洛娃移民美国,公布了这位音乐家被迫自杀的真相。同性恋身份的曝光并没有使柴可夫斯基的名字以及他的作品贬值。他的乐曲依然与日月同辉,在世界各个顶级音乐殿堂甚至诺贝尔颁奖典礼上奏响。这时欧洲的人文语境与 80 年前截然不同了,科学的进步使人类对自身的认知进入到更细微的层面。在奥尔洛娃踏上美国的土地之前,美国心理学协会和美国精神医学会便将同性恋从精神疾病的清单中剔除。生理学解开了同性恋之谜:这个群体的细胞染色体天生与异性恋

者不同，因此同性恋是一种生理现象，而不是心理现象。至于同性恋产生的原因。有人认为与遗传基因有关，也有人认为与出生顺序有关。无论出于哪种原因，有一点可以肯定，那就是人的性取向是不可选择的，同性恋者对自己的性取向没有责任。

按照主流性学家的统计，同性恋族只占人口的5%，而拥有双性恋倾向，或在极度缺乏异性的环境中偶然表现出同性倾向的人不属于同性恋族。而同性恋族自己对人类性倾向有着不同的划分模式。他们认为，人群中铁杆异性恋者和铁杆同性恋者都分别只占10%，而其余80%的人处于中间地带。他们既可能被异性的吸引，也可能接受同性的诱惑，或者在两个群体间游弋。按照这种解读，同性恋更像是一种文化，可供大众选择。

同性恋形成的原因是科学问题，而社会对待同性恋者的态度却是观念问题。尽管许多国家实现了同性恋者非罪化，同性恋族群不再被投入监狱，不再被流放，不再被送进毒气室或绞刑架，但人们还是像拒绝瘟疫一样拒绝他们，最常见的是职场的歧视，社交圈的排斥。因此，他们要么戴上异性恋者的面具伪装成"正常人"，要么谨言慎行，避免与人发生口角，害怕被"揭短"而遭到羞辱。他们的家人也被累及，父母及兄弟姐妹被人指指点点，成为茶余饭后的谈资。他们不得不背负着原罪的十字架，隐忍着内心的煎熬。因此，同志族的性格大多敏感、内向和低调。

歧同文化很大程度源于主流意识对同志族的性审美和性行为的厌恶。

几十年前一幅获奖的电影海报曾被公认为摄影美学的典范。海报的画面是罗密欧拥吻朱丽叶。英俊的罗密欧右手搂着朱丽叶，左手食指轻轻勾起她的下巴，两人半闭着眼睛，嘴唇若即若离。这个画面引起无限遐思。行人在海报前驻足观看，心猿意马流连忘返。我们设想一下，如果把海报上忘情拥吻的两人换成一对花容月貌的女子，或者换成两个胡子拉碴的男人，效果又会怎样？说实话，大多数人会觉得不爽甚至恶心，但是同志族会有不同的反应。版本A会让拉拉们着迷，版本B会使

BL们心旌摇荡。而面对罗密欧和朱丽叶之吻，同志族尽管沉默不语，其实内心并不欣赏，甚至也会觉得反胃。

当我们偶尔听说同志族"磨镜"和"后庭花"的床帏秘闻时更是反感，鄙薄之心油然而生。反过来，同性恋者又会怎样看待异性恋的性行为呢？我们无从体验，但是可以推测。从柴可夫斯基蜜月对妻子的性要求拼死不从乃至蜜月投河，以及"同妻"们抱怨守活寡来看，同性恋者对异性间的性行为也是本能拒斥的。

舆论谴责那些"同妻"的伪丈夫，他们牺牲别人幸福来达到掩护自己的性取向和传宗接代的目的。的确，"同妻"家庭是一种畸变的社会细胞，伪丈夫们对他们的妻子的痛苦负有责任，但问题的根子在社会的歧同文化上。同性恋族渴望享有平等的地位，渴望同爱权受到尊重，渴望拥有同爱的家庭。当诉求遭到社会婉拒后，他们不得不维持着双重人格，承受着双重生活的煎熬。

一些民风前卫的国家立法认可同性恋伴侣的民事关系，保障他们对财产的相互继承权，允许同性恋伴侣收养子女，还有一些国家承认同性婚姻，使同性恋群体获得了灵肉一致的家庭港湾。境内同志族的声音太微弱，他们只能临渊羡鱼地遥视远方，耐心等待天上掉下人文关怀的馅饼。

不过，社会毕竟在变化。正当主流意识坚守着原有的立场，市场资本主义却对同志族率先露出亲切的笑容。市场营销哲学创造性地推出中性路线。曾几何时，一些著名的温泉度假村打出了"风侣天堂"的广告，发廊的男侍应生的扮相刻意去阳刚化，用模糊性别特征的策略提高自身形象审美的广谱性。娱乐界紧随其后，青春女歌手中性化气质使她们的性取向充满神秘感，在稳住了男性粉丝阵地的同时将大量女性粉丝也囊括在自己麾下。而著名男歌星比女性还甜美的歌声受到亿万观众的追捧，他的名气裹挟着他的类同志风格被公众欣然接受。形而上的固步自封堤坝在形而下的暗流冲刷下出现了微妙的松动。

1998年，伦敦特拉法尔加广场附近的阿德莱德街竖起了一座雕像。那雕像便是奥斯卡·王尔德。不列颠终于张开双臂，迎回被自己遗弃了

101 年的儿子。雕像上刻着作家的一句语录："我们都处在沟中，但是其中一些人在仰望着天空中的星星。" 这是他被引用得最多的一句话，但它的含义今天才被人真正读懂。

2013 年 1 月 28 日于北京天通苑

蓝血孽缘

晴朗的夏日，莱斯河畔露天酒吧里人头攒动。一辆童车靠在桌边，年轻的父母在用奶瓶给宝宝喂奶，孩子的爷爷和奶奶喝着啤酒，与邻桌的老人聊着什么。一群青年男女坐在河沿上，向河面驶过的游船招手。游船上的乘客纷纷举起相机拍摄古城的风光。圣米切尔大桥横跨河面。越过古桥的上空，是一群哥特式的尖塔。它们勾勒出这个城市中世纪的轮廓。这一群古建筑是圣尼古拉教堂、圣巴夫教堂、钟塔和伯爵城堡。这是比利时根特市夏季一景。

六百年前的根特城是勃艮第公国的首都，也是欧洲仅次于巴黎的最繁华的都市。那时候这个地区盛产羊毛，纺织业便成了这个地区的支柱产业。这个城市一度是欧洲最大的毛呢交易中心。那时候棉布交易大厅里人头攒动，货柜上陈列着各路商家的毛呢，粗大的指头搓揉着毛料，细察着它们的成色和品相。商人们经过讨价还价后拍板成交，鼓鼓囊囊的钱袋从这只手递到那只手上。与棉布市场的毗邻还有小麦市场、奶酪市场、葡萄酒市场和珠宝市场。公爵手下的税务官每日穿行于这些市场，向日进斗金的商人们征收税款。日复一日，勃艮第公国便成为欧洲的巨富。正因为有强大的经济实力做后盾，根特的历代大公们才敢于与母国法兰西分庭抗礼。

来到根特，我立刻想起电影《疯女胡安娜》。那部电影在千禧年之初曾风靡一时。影片里的主人公便是勃艮第公国的大公腓力。故事讲述了腓力大公与西班牙公主胡安娜的悲喜姻缘。这个具有童话般诗意的故事最后以悲剧告终。胡安娜与"美男子"腓力的婚姻是一桩政治联姻，

但两人有过一段柔情蜜意的生活。然而，腓力其实是个喜欢拈花惹草的哥儿，他的行径给胡安娜带来巨大痛苦。这个浪荡子最后从马背上摔下不治身亡，沉迷在深爱之中的胡安娜却一直以为他处于沉睡中，将产下的遗腹女放在他的遗体旁。

这是一个真实的故事。历史上的胡安娜带着深宫怨妇的戚容退缩到历史的烟尘中，而她的儿子走上了历史前台，成为欧洲叱咤风云的人物。她的儿子名叫查理，与早生于他八百年的卡罗维王朝的查理大帝同名，史称查理一世。与查理大帝一样，查理一世统治的疆土也覆盖了半个欧洲。如今，在他的故乡根特还保留着他出生的房子。那里距离查理大帝的出生地亚琛不过一百公里。

查理一世是中世纪王室联姻最丰硕的成果。他的祖父母和外祖父母代表了欧洲四个最显赫的家族：哈布斯堡王朝、勃艮第大公、阿拉贡王国和卡斯蒂利亚王国。当他的先辈们先后离世后，他继承了一长串高贵的头衔：卡斯蒂利亚国王、莱昂国王、阿拉贡国王、奥地利皇帝、勃艮第大公、西西里国王，以及那不勒斯国王等。他得以戴上这么多顶王冠，应该感谢他的祖父奥地利皇帝马克西米连一世。他策划了他父母的婚姻。那桩婚姻几乎将西班牙王国和奥地利帝国及属下的所有领地都囊括到他的麾下。

这还得从他祖辈说起。15 世纪后半叶，西班牙半岛分裂成四个王国，其中阿拉贡王国的王储费迪南娶了卡斯蒂利亚王国的公主伊莎贝拉（他们就是查理一世的外祖父母）。这个婚姻将半岛上两个最富有的王国结合在一起，成为西地中海最强大的势力。在一旁观望的奥地利皇帝马克西米连（他就是查理一世的祖父）对此垂涎三尺。他要涉足这个富庶的地区，最好的办法是与这个家庭联姻。于是，他派出特使前往西班牙提亲。经过多次谈判，两个王室终于达成一个套餐式的姻缘。这个套餐式的姻缘包括两桩婚事：马克西米连的女儿玛格丽特嫁给了伊莎贝拉和费迪南的儿子胡安，而他儿子腓力迎娶了胡安的妹妹胡安娜（他们就是查理的父母）。哈布斯堡王朝与西班牙结成了双重亲家。

如果仅仅要在奥地利和西班牙之间锻造一个国际战略联盟来对付它

们共同的敌人法兰西，两家之间缔结一桩婚事就够了。两个王室之所以要缔结双重亲家，出自一个双方共有的心照不宣的动机。马克西米连除了希望这次联姻能够积攒起打败法国的力量，内心深处还有一个更大的期盼，那就是某一天能将西班牙王位收入哈布斯堡家族囊中。他心思缜密神机妙算，他的亲家翁费迪南和伊莎贝拉内心又莫不如此。这是一个公平的游戏——我的儿子娶了你的女儿，你的儿子也娶了我的女儿，双方在这场游戏中都有二分之一的胜算。对于哈布斯堡家族来说，如果西班牙王储胡安突然亡故，他的妹妹胡安娜就能继承王位。按照中世纪欧洲的传统，女性君主天性柔弱，其夫君可作为共治王辅佐她的统治。也就是说，在西班牙王储胡安先行去世的情况下，马克西米连的儿子腓力便有可能戴上西班牙王冠，哈布斯堡王朝便能在这场冒险中取胜。如果情况恰恰相反，腓力先于胡安去世，那么奥地利的王权则落入西班牙王室手中。两个家族展开了一场以婚姻为筹码的赌局。

这场赌局一开始便向着对奥地利有利的方向展川。在这场游戏中第一个死去的相关人物是西班牙两王国的王储胡安。他的故去使他的妹妹胡安娜擢升为卡斯蒂利亚和阿拉贡两王国的双重继承人。这场游戏中的第二个亡故者的是卡斯蒂利亚的女王伊莎贝拉，于是胡安娜正式继承了卡斯蒂利亚女王的王位。哈布斯堡家族在赌局中取得初步胜利，奥地利皇帝马克西米连的儿子腓力将以女王丈夫的身份担任卡斯蒂利亚王国的共治君主，把胡安娜的父亲费迪南排除在卡斯蒂利亚王国权力圈外。这是因为，伊莎贝拉与费迪南结婚时有一个协议，好比我们今天的婚前财产公证一样。这个协议约定两人结婚后，他们麾下的两王国并不合并，夫妻仍然分别是各自王国的君主。当夫妻一方去世，逝者的王位不是传给配偶，而是直接传给子女中的继承人。由于法律规定女性不能独立执政，胡安娜不能独立执政，必须有一名男性亲属辅佐她统治她从母亲那里继承的卡斯蒂利亚王国。如果她尚未出嫁，便由她的父亲担任辅佐她的共治王，但这时胡安娜已经出嫁，共治王便落入她的丈夫腓力手中。

接下来的故事跌宕起伏险象环生。得知伊莎贝拉女王仙逝，腓力立刻携胡安娜启程赶往西班牙，准备接收伊莎贝拉的王冠。在这紧急

关头，费迪南果断宣布，由于此前腓力曾残忍地将妻子胡安娜关进疯人院，他对妻子的共治权应予剥夺，因此他作为胡安娜的父亲将接管卡斯蒂利亚王国的共治权。一时间，翁婿之间剑拔弩张。腓力带来的勃艮第军队做好了武力夺权的准备，西班牙上空阴云密布。就在此时，那位野心勃勃的女婿突然神秘毙命，有人说他坠马而死，有人说他是殁于伤寒，也有人说他死于中毒。不管死因如何，一场战祸暂时得以避免。

然而，西、奥两国之间的王权博弈并没有就此结束。费迪南二世只比他的妻子伊莎贝拉多活了12年。当他于1516年去世时，他本人旗下的阿拉贡王国也落到女儿胡安娜的名下。按照法律，在女性君主失去父亲和丈夫的情况下，将由儿子接管共治权。这与中国传统中的"三从四德"颇有点相像。"疯女"胡安娜那个伟大的儿子查理便是这样登上了历史舞台。那年他年仅16岁。

查理自幼丧父，母亲罹患精神分裂症，因此这位勃艮第大公是在姑姑的照料下长大的。抚养他的姑姑就是当年哈布斯堡家族与西班牙王室结成双重亲家的另一位主角，史称"奥地利的玛格丽特"。她不仅是查理的监护人，而且以查理大公的摄政王的身份长期治理着勃艮第。她是一位杰出的女政治家和外交家。20世纪60年代，比利时中央银行把她的半身像印在五百比郎的钞票背面，以纪念她的历史功绩。

得知外祖父去世，查理便立刻前往托雷多接管西班牙共治王的权杖。由于他的母亲胡安娜一直罹患精神疾病无法干政，他实际上将是两王国唯一的统治者。查理登上王位，成为了西班牙历史上最强势的国王之一。哈布斯堡王朝对西班牙的吞并终于大功告成。

经过一段时间的抵制，西班牙议会最后接受了来自哈布斯堡家族的查理，条件之一是他必须学会西班牙语。他经过努力学会了这种语言，并且熟悉了西班牙人对他的称呼——卡洛斯一世。他后来还学会了德语，接受了奥地利人对他的另一个称呼——卡尔一世。再后来，他谋得了又一个法号——神圣罗马帝国皇帝查理五世。这是一顶分量很重的金冠。他一生大多数时间在欧洲各地打仗——与法国国王弗朗西斯打，与奥斯曼皇帝苏莱曼打，与支持新教运动的德意志王公们打，因此40年

的国王生涯里他只在西班牙待了 16 个春秋。西班牙臣民对他的评价毁多誉少。

与他的仇敌弗朗西斯一世一样，他是文艺复兴运动的忠实拥趸者，是极具"雅骨"的人。如今在西班牙南部名城格拉纳达的阿萨比加山上可以看到一座高 17 米的宏伟建筑。这是他为自己荣任神圣罗马帝国皇帝而修建的王宫，人们把它叫做"查理宫"。根据他的要求，建筑师将文艺复兴的艺术风格和乡村土义结合起来，用方形巨石做宫殿外墙的下半部，上半部装点着人字形的窗户和艾奥尼亚式的廊柱，使宫殿尽显托斯卡纳风格的大气和豪放。这个设计使得这个宫殿成为那个时代建筑艺术的先驱，即便在今天仍不失为欧洲古典主义的典范。

阿拉伯建筑是伊比利亚半岛的一道风景线。众多的阿拉伯建筑在西班牙完好地保留至今，查理一世功不可没。阿拉伯人在统治西班牙的八百年里，建造了一大批精美的清真寺和宫殿。他们将科尔多巴城建成仅次于巴格达和伊斯坦布尔的世界第三大伊斯兰文明中心。查理虽然生与伊斯兰教为敌，但他却非常珍视阿拉伯文化和艺术。他尤其赞赏凝结着阿拉伯建筑艺术精华的阿尔罕布拉宫，正是由于这个原因他将查理宫建在阿尔罕布拉宫的城堡里。

15 世纪西班牙的基督徒完成驱赶阿拉伯人的"光复运动"后，曾经将一些清真寺改建成教堂。查理一时不慎在科尔多巴大清真寺的改造计划书上签了字，事后他对此懊悔不已。他后来颁布了一道敕令，对拆除或改建清真寺者杀无赦斩立决。有赖于那项敕令，一大批西班牙的清真寺被完好地保存到今天。

他留给西班牙臣民最恶劣的印象是横征暴敛。他黩武好战，将国库耗费一空。他在 27 岁那年，因贿选神圣罗马帝国皇帝欠下银行一大笔债，此后多年为归还这笔贷款和支撑他一个又一个的宏大战役，他不得不提高税赋，使人民怨声载道。沉重的赋税也同样落在他统治的奥地利臣民以及他的勃艮第乡亲身上。根特城的父老乡亲揭竿而起，反对他的暴政，也遭到他毫不留情的镇压。

多年来有一件事使查理忧心忡忡，就是担心在自己死后，西班牙和

奥地利的王权会因跨国联姻落到外国王室的手里。

王室联姻在中世纪的欧洲是一种常态性的政治文化，其初衷是巩固盟邦或化敌为友，创造稳定与和平，但结果常常适得其反。跨国联姻使王位的继承系列蔓延到国外，反而提升了战争的概率。王室联姻滋生了僭取他国王权的丑恶动机，王室子弟们都怀揣一个梦想，那就是坐享其成地收纳别国君王打下的天下，攫取他国人民创造的财富。这是一群国际"啃老族"。他们"啃老"的手段是"借妻谋王"，攀着外国公主的裙裾，窃取老泰山打下的江山。

这种事在西班牙乃至欧洲并不罕见。他本人就是一个鲜活的例子。他父母的联姻使他这个奥地利和勃艮第的杂种占据了西班牙的王位。在他父母之前一百多年，卡斯蒂利亚王国便险些落到英国冒险家约翰·冈特的手中。约翰·冈特为了谋取卡斯蒂利亚的王位，娶西班牙流亡公主康斯坦丝为妻，随后以康斯坦丝的名义声索继承权为由出兵西班牙，与西班牙国王胡安一世争夺王位。大敌当前，胡安提出与堂姐康斯坦丝结为儿女亲家让子女分享王国君权，才平息这场战祸。他们的儿女便是著名的伊莎贝拉女王的祖父母。这个胡安一世本人也不是善类。他差点也当了国际"啃老族"。他成为鳏夫后娶了葡萄牙王国10岁的公主毕蒂丝为妻，随即率军入侵葡萄牙，企图以妻子的名义谋取葡萄牙王位。这是题外话了。

查理与发妻伊莎贝拉生了一男一女，最让他牵肠挂肚的是女儿玛丽亚的婚嫁。玛丽亚总有一天要嫁人，把她嫁给谁好呢？欧洲王室子弟借妻谋权的恶行一直是他心头挥之不去的梦魇，万一儿子腓力先于女儿去世，这个梦魇就会成为事实。一个难题压在心头——如何防止哈布斯堡家族的祖业落入外国王室手中。经过几年苦苦思索，查理作出了一个匪夷所思的决定：将女儿嫁给自己亲弟弟费迪南的儿子马克西米连。这样一来，王权无论如何流转，都会留在哈布斯堡家族手中。将女儿的婚事安排好后，查理在55岁那年退位。他将西班牙王国和勃艮第公国交给儿子腓力统治，而将奥地利皇帝及神圣罗马帝国皇帝一职让给弟弟费迪南。兄弟结为了亲家，哈布斯堡家族从此再无王权外流之虞。

在中国古代，虽然姨表亲家和姑舅亲家司空见惯，但叔伯联姻是绝对禁止的。中国的伦理道德禁止同宗婚姻，甚至对同姓婚姻也颇有非议。从现代优生学的观点来看，不出五服的姨表婚姻和姑舅表婚姻导致遗传疾病的几率与叔伯亲婚姻的几率是一样的。然而，对同宗婚姻的严格禁止，使中国历代皇室遗传疾病的发病率大大降低。中世纪欧洲人对近亲婚姻生物危害性的认知程度虽然落后于中国人，但对亲兄弟间的儿女联姻仍有忌讳。为了阻断王权外泄的通道，查理竟然冒天下之大不韪与弟弟结成儿女亲家。不幸的是，此例一开竟成了哈布斯堡家族的世代铁律，西班牙王室子女只能在奥地利皇室中寻找配偶。兄弟成为亲家，王权锁进了保险柜，但埋下的祸根却带来了毁灭性的后果，最后竟然因此改写了西班牙的王朝史。

在此后的170年里，西班牙的王权都稳稳当当地握在哈布斯堡家族手中。在查理一世之后的三代西班牙王位都凑巧落在名叫腓力的王子手中，因此这祖孙三代的法号分别叫做腓力二世、腓力三世和腓力四世。他们都遵循老祖宗查理一世开创的先例，娶奥地利皇室的姑娘为妻。然而百密终有一疏，在腓力三世朝内西班牙王室终于混入了一个法国王公。这个闪失修改了西班牙王室的遗传密码，西班牙哈布斯堡家族的根基受到强烈的撼动。

这个事故的责任人是腓力三世。他的失误与外部形势的变化有关。那年，西班牙的世敌法国国王亨利四世驾崩，亨利四世的寡妻玛丽代幼子路易摄政。玛丽来自意大利美蒂奇家族。这个家族与西班牙世代交好。玛丽升格为摄政太后之后决定与西班牙化敌为友。两个王室经过协商，决定通过儿女联姻来打造法西两国新关系。在玛丽太后和腓力三世的包办下，玛丽14岁的长子路易迎娶腓力14岁的长女儿安娜，而玛丽12岁的女儿伊丽莎白则嫁给腓力10岁的儿子小腓力。波旁王室与西班牙王室结为双重亲家。这个迎娶法国妻子的小腓力就是后来的西班牙国王腓力四世。

西班牙王室婚配传统被打破，哈布斯堡家族混入了波旁王室的血统。不过这次违例的联姻只是一次偶然的战略选择。16年后哈布斯堡家

族的另一桩婚姻再次回到传统路线上。这一次，腓力三世的二女儿玛丽亚嫁给了哈布斯堡王朝皇帝费迪南三世。这是一桩远房堂兄妹之间的婚姻。费迪南三世是查理一世弟弟费迪南一世的重孙。这桩婚姻有着一个明确无误的意图，即稀释西班牙王族血管中因上一次婚姻渗入的法国血统，力图将王室的法系后代逐出继承人系列。

腓力四世与他的法国妻子伊丽莎白产下了 7 个孩子，其中四个女儿和两个儿子都未能活到成年。硕果仅存的子嗣只有小女儿玛丽亚·特雷萨。作为法国公主的女儿，她一出生就成了波旁王朝国际战略的重要筹码。在路易十三和伊丽莎白兄妹俩生前安排下，路易十三的儿子路易十四迎娶了这位西班牙公主，也就是他的表妹玛丽亚·特雷萨。这是法国波旁血统对西班牙王权进行的第二次渗透。

对哈布斯堡家族的利好消息是，伊丽莎白 41 岁时便与世长辞。这样，腓力四世便有了再婚的机会，可以纠正上辈人在他的婚配上犯下的政治性错误。这一次他重新与奥地利王室续上姻缘。他娶了奥地利公主玛丽亚·安娜。这次婚姻虽然维护了哈布斯堡家族的王权利益，但从人类优生学的角度看更加离谱，这是后话。

玛丽亚·安娜为腓力四世产下三男两女，最后只有一女一子存活下来。侥幸活下来的儿子卡洛斯是一个典型的近亲繁殖恶性后果的样本。他先天不足，浑身都是病，短促的一生都在死亡线上挣扎。在他诸多的遗传疾病中的一种给哈布斯堡王朝带来毁灭性的打击，那就是他的不育症。雪上加霜的是，他的父亲腓力四世在他 5 岁时便撒手人寰。这向世人宣告了一个悲惨的现实——西班牙王室将在卡洛斯这一代绝嗣。而他那个嫁给法王路易十四的同父异母的姐姐玛丽亚·特雷萨却子嗣丰腴。这引起了奥地利王室的极度恐慌——西班牙王位将很可能落入法国波旁王室手中。为了避免这个灾难性前景变成现实，奥地利皇帝利奥波德一世亡羊补牢地娶了卡洛斯的另一个姐姐 15 岁的玛格丽塔·特雷萨，以便取得声索西班牙王位的权力。法国秃鹫在天空盘旋，虎视眈眈地跟踪着荒原上走投无路的麋鹿，奥地利兀鹰腾空而起，准备与法国秃鹫争夺这只猎物。

这时的西班牙正走向衰落，但它仍然是个庞大的殖民帝国。其版图涵盖西西里、拿坡里、米兰、伦巴第、萨丁和勃艮第，在亚洲还统治着菲律宾，尤其令人嫉妒的是，它在美洲的殖民地比本国领土大好几倍。这只病弱的麋鹿还保持着巨大的体量，翱翔的鹰隼对它垂涎欲滴。

当时欧洲有三位青年才俊与西班牙王室脉系最接近，成为竞争王位继承权的最有实力的旁系选手。第一位是路易十四的孙子安茹大公腓力，另一位是利奥波德一世的外孙巴伐利亚大公约瑟夫·费迪南，第三位是利奥波德一世的次子卡尔大公。他们对西班牙王位都觊觎已久并且志在必得。

（本文附图一是笔者制作的安茹大公声索西班牙王位的血缘依据图。附图二是约瑟夫·费迪南和卡尔大公声索西班牙王位的血缘依据图。欧洲人的姓名库十分有限，姓名重复者众多，图中出现了好几个"玛格丽特"和"玛丽亚·安娜"，令中国读者看着有些头晕。其实不用强记，就把它当做人物代号就行。）

图一，安茹大公继承权声索依据图

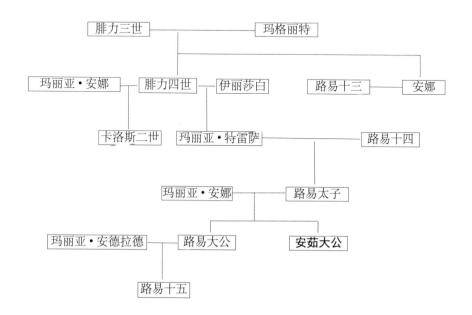

路易十四力推他的孙子安茹大公作西班牙王位的继承人。安茹大公的父亲是王太子，哥哥是法国王太孙。他不是长子长孙，对法国王位没有直接继承权，因此他只能把自己的命运押在西班牙的王位上。他有三条血缘脉系直通西班牙王室。第一条血缘脉系来自祖母路易十四的妻子玛丽亚·特雷萨。她是西班牙国王腓力四世的女儿，因此安茹公爵是腓力四世的重孙。从这条脉系考察，安茹大公也是腓力三世的曾外孙。第二条血缘线直通被继承人卡洛斯二世。祖母路易十四的妻子玛丽亚·特雷萨卡洛斯二世的大姐，因此安茹大公是卡洛斯二世的孙外甥，应该算是被继承人卡洛斯二世的后代。然而，他的祖母玛丽亚·特雷萨当初在嫁给路易十四时已经宣布放弃西班牙王位继承权，这是她与路易十四结婚的前提条件，因此这两条血缘线的有效性存疑。然而，安茹大公还有第三条血缘脉系可作为声索西班牙王位继承权的依据。这条血缘线绕过祖母玛丽亚·特雷萨，直接通过他的祖父路易十四追溯到腓力三世。由于路易十四的母亲安娜·玛丽亚是腓力三世的长女，因此安茹大公是腓力三世的曾外孙。

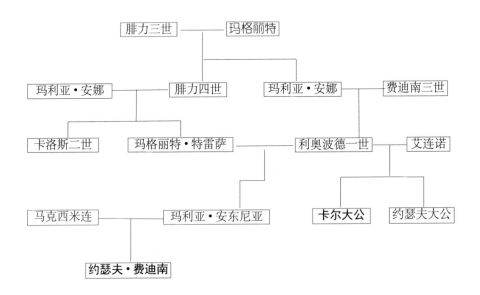

图二，约瑟夫·费迪南与卡尔大公声索权依据

巴伐利亚大公约瑟夫·费迪南声索西班牙王位继承权的依据也很充分。他有两条血缘脉系连接西班牙王室。第一条血缘线来自他的祖母玛格丽特。玛格丽特是卡洛斯二世的二姐，因此约瑟夫也是被继承人卡洛斯二世的孙外甥。第二条血缘线来自他的外祖父利奥波德皇帝（利奥波德一世）。利奥波德的母亲玛丽亚·安娜是腓力三世的女儿，因此腓力三世是利奥波德的外祖父，也是约瑟夫的高外祖父。

卡尔大公声索西班牙的继承权也来自利奥波德皇帝，即他的父亲。利奥波德一世是卡洛斯二世的二姐玛格丽特的丈夫，但卡尔并非玛格丽特所生，因此他无法作为卡洛斯二世的甥孙声索继承权。卡尔是奥波德一世与他的第二任妻子艾连诺的儿子，而利奥波德一世是腓力三世的外孙，因此卡尔作为腓力三世的曾外孙仍然可以声索西班牙的王位继承权。

当时的法国的势力正处于巅峰状态。路易十四对西班牙王权志在必得，一时得意忘形地高呼："比利牛斯山从此将不再存在！"这个阴森森的呼声在欧洲的上空回荡，使许多国家受到惊吓。法国如果获得西班牙继承权，以路易十四的性格，完全可能将西班牙并入法兰西。两国一旦合并，将成为欧洲最强的超级大国，欧洲的权力平衡将被打破。这是欧洲政治舞台上最忌讳的事。英国、荷兰、日耳曼多数公国、萨沃伊、葡萄牙和加泰罗尼亚都不能坐视路易十四坐大，强烈反对安茹大公继承西班牙王位。各国就西班牙王位继承权的问题展开磋商。磋商过程一波三折。

与西班牙王室继承权毫无关系的英国和荷兰强行介入西班牙继承权的谈判。它们背着当事国奥地利与法国在海牙签订了一个协议。但这个协议被奥地利皇帝利奥波德否决了。第二年，卡洛斯二世立下了他的第一份遗嘱。遗嘱指定的西班牙王位继承人为约瑟夫·费迪南大公。各方还未来得及对这个遗嘱作出反应，这位无故受宠的继承人却突然死去。英国与荷兰又与法国炮制了另一个条约，但奥地利仍然拒绝接受那个条约。场外调解失败，欧洲只能屏住呼吸等待西班牙国王卡洛斯二世的第

二份遗嘱。

遗嘱的签署人是卡洛斯二世，但起草人却是把持着议会的西班牙贵族。贵族们对于本国王室的血脉属性毫无兴趣，他们关切的是西班牙殖民帝国的完整性。他们可以接受任何血统的继承人，前提是保持西班牙帝国尽可能不受肢解。这是最符合西班牙利益的方案。这份遗嘱最后出炉，它无视英国和荷兰的立场，指定法国的安茹公爵为王位继承人。这个遗嘱会得罪奥地利，也会激怒英国和荷兰，它们决不会善罢甘休，但强大的法兰西会欢迎这个方案并替他们扛着。为了西班牙的利益，让列强们打去吧。

卡洛斯在贵族们拟定的遗嘱上签字时放声大哭，这份遗嘱表明西班牙王室的哈布斯堡脉系将在他身上结束。他悲叹道："这是上帝给予又夺走的帝国！"17 世纪的最后一年，卡洛斯二世蹒跚地走完了 38 年的人生，拖着病残的躯体离开人世。

卡洛斯遗嘱使路易十四欣喜若狂，一切都回到他主张的起点。他不顾英国和荷兰的强烈反对，立刻将孙子安茹大公推上西班牙王位，给他戴上"腓力五世"的王冠。怒不可遏的奥地利、英国、荷兰立刻向法国宣战。站到他们的阵营里的还有葡萄牙、日耳曼国家、萨沃伊、加泰罗尼亚。欧洲史上最惨烈的王位继承权争夺战打响了。战争从地中海打到大西洋，从海上打到陆地，由意大利半岛打到德意志，又从德意志打到西班牙。反法联军数度攻入马德里，法国与巴伐利亚联军一度逼近莱茵河。开战 11 年，数十万人命丧黄泉。各国在耗尽了国库的银两后，不得不坐下来议和。

两大阵营于 1713 年签订了《乌特列支条约》，战争正式结束。除了各国资源耗尽，无力再支撑这场战争外，还有一个偶然因素改变了欧洲的利益格局。那个偶然因素是有一个人死了。他的死亡引起了连锁反应。那个人就是西班牙王位继承权的三位声索者之一的卡尔大公的哥哥。他的哥哥是哈布斯堡王储，本应继承奥地利皇位的人。他的亡故使卡尔意外地当上了奥地利皇帝。面对这个变化这场战争重要的参与者英国和荷兰改变了立场。它们当初之所以站在奥地利一边反对法国，是

不愿意看到两顶王冠都戴在同一个法国人头上。现在他们不再支持奥地利，因为他们更不愿意看到两顶王冠都戴在同一个奥地利人头上。于是它们反过来支持法国的安茹大公登上西班牙王位，但这个转变有一个前提条件。那就是安茹大公必须永远放弃法国王位继承权。法国和西班牙的王冠仍然不能戴在同一个人头上，以摒除法国和西班牙合并的可能性。筋疲力尽的法国接受了这个条件。

这场战争之所以能够结束，是因为各个参战国的利益都多少分到了一杯羹。《乌特列支条约》将原来属于西班牙的那不勒斯、米兰和萨丁以及西属尼德兰割让奥地利，将西西里和部分米兰割让萨沃伊，将直布罗陀和米诺佳割让给英国，这样参战的各国都得到适当的安抚。

西班牙的历史被改写，延续了137年的哈布斯堡脉系大换血。西班牙王室从此姓了波旁。三百年来时过境迁，虽然这个来自法国的家族在马德里王宫中繁衍至今，但《乌特列支条约》绘制的政治地图却早已面目全非。被奥地利和萨伏依瓜分走的那不勒斯、米兰和西西里拼凑成现代的意大利国家，奥属勃艮第嬗变成比利时，撒丁岛并入了法兰西。那场战争在今天的地图上留下的唯一痕迹，是扼守着地中海出口的直布罗陀。它至今被紧紧地握在英国手中，成为英国和西班牙争吵不休的话题。

王室联姻本来是为国际和平搭建的桥梁，后来却变成了阴谋和战争的温床。查理一世和费迪南一世兄弟意识到这点，未雨绸缪地采取严防措施。他们用兄弟联姻的策略打造了一个坚实的外壳维护西班牙王权的哈布斯堡属性。然而，这个外壳最终还是被波旁王室的利剑刺穿。

然而，仔细想一想，波旁血统的渗透只是这场灾难的外因，而内因却是西班牙王室自身龙脉不续。如果卡洛斯二世子嗣丰腴的话，波旁王室再强大也绝无空子可钻。追根溯源，责任还是在查理兄弟身上。卡洛斯二世绝嗣正是查理兄弟倡导的近亲联姻的结果。（本文的附图三是卡洛斯二世上溯八代的血缘图。从这张图我们可以看出这个家族近亲通婚到了何等荒谬的地步。）

图三，西班牙王朝世系图

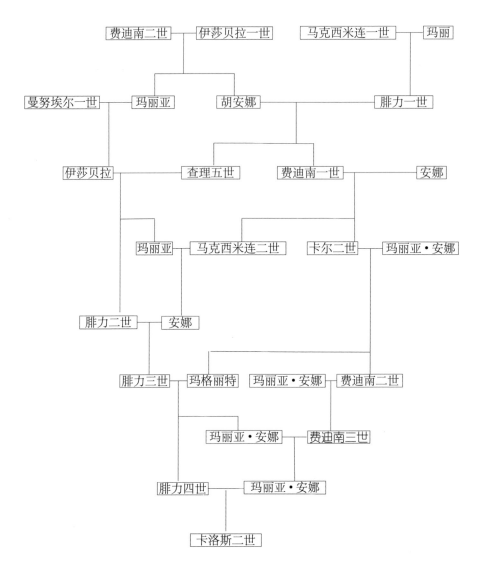

我们先从查理和费迪南兄弟的祖母伊莎贝拉说起。前面说过，伊莎贝拉女王的祖父母胡安一世和康斯坦丝就是堂兄妹，因此他们身上已有近亲血缘。而伊莎贝拉女王的孙子查理的妻子葡萄牙的伊莎贝拉公主是他亲姨妈的女儿，亦即他的亲表妹。这个家族在他这一代再次融入近亲的血液。他的女儿玛丽亚嫁给了弟弟费迪南的儿子马克西米连二世。亲

堂兄妹联姻，近亲血缘再次恶性叠加。这一对堂兄妹生下一个女儿名叫安娜。她的婚姻尤其荒唐。这个安娜竟然嫁给了她自己的亲舅舅，也就是查理的儿子腓力二世。

　　舅舅与外甥女结婚在中国的皇族史中并非没有先例。西汉的孝惠帝在母亲吕雉的包办下，迎娶了自己亲姐姐的女儿做皇后，但那毕竟是公元前194年的事情。要换在与哈布斯堡王朝同时代的明代中叶，这种舅甥婚配已被斥为"乱伦"和"造孽"。那"造孽"的"孽"字是泛神学意义的罪恶，它在英文里的对应单词是"sin"。那"sin"或者"孽"不一定会受到世俗法律的追究，但会受到佛祖、上帝或神的惩罚。哈布斯堡家族对舅甥婚姻从未有"造孽"的感觉。相反，腓力二世与安娜的感情很好。他们的婚姻在当时还被认为是幸福和谐美满的天作之合。

　　腓力二世与外甥女安娜生了四男三女，其中三男三女均在7岁前夭折，只有一个儿子存活下来。这个家族竟然没有觉察到六个子女的早亡是上帝对他们发出的最后警告。他们唯一活下来的儿子腓力三世在继承祖业的同时，不幸也承继了这个家族的婚姻模式，娶了奥地利公主玛格丽特为妻。这个玛格丽特是费迪南一世的亲孙女，也就是他本人的远房堂妹。这对堂兄妹的儿子腓力四世结了两次婚。他的第二个妻子竟然又是他的外甥女，他亲妹妹的女儿玛丽亚·安娜。

　　舅甥婚姻如此泛滥，不知是因为哈布斯堡家族内部配偶库存日趋匮乏，还是王公贵族的择偶情趣发生了畸变。总而言之，乱伦主义在哈布斯堡王族内甚嚣尘上锐不可当。当上帝的惩罚在步步逼近时，近亲通婚的陋习仍在如火如荼地进行中。

　　腓力四世的子嗣照样没有逃脱集体夭折的模式。他两次婚姻一共产下了7个女儿和5个儿子，最后只有两个女儿和一个儿子活到成年。在没能活下来的9个孩子中，5个在一至几个月内夭折，2个在3岁前早亡。唯一活下来的男性后嗣就是后来的卡洛斯二世。这个幸存的儿子基本上是个怪胎。他的下颚过于巨大而无法咀嚼，他的巨大的舌头得使他讲的话难以听懂。他5岁断奶，10岁才学会走路。总之，先祖们连续六代的近亲婚姻使卡洛斯二世生理和心理都极不正常。他举止怪异，时而

精神过敏，时而思维不清，成年后头发掉光，耳朵失聪，眼睛几乎什么都看不见，牙齿所剩无几，并且患有严重的癫痫。

对于家族和王室来说，卡洛斯最具灾难性的疾病还是性无能。在他18岁时王室为他迎娶了路易十四17岁的侄女玛丽·露易丝。王室广求名医为他治疗生殖系统疾病，期待这个婚姻为西班牙哈布斯堡王朝绵延香火。然而，所有努力均付之东流。10年后，他的娇妻玛丽·露易丝在万念俱灰中香消玉殒。这枝高贵的蓝玫瑰从未沐浴过一滴雨露，最后在酷旱中枯萎凋零。为了社稷的昌盛，王室又为卡洛斯续娶了普法尔茨-诺伊堡的公主玛丽亚·安娜。第二次婚姻仍然徒劳无功。这位君王始终未能在王室的田园里播下一粒龙种，而他的健康每况愈下，在生命走到尽头前不得不忍痛将王位让给外姓旁人。

一个人的上辈血亲有父母两人，父母亲的上辈血亲是四人。以此类推，一个人的直系血亲先辈人数以两倍逐级递增，呈倒金字塔结构状。如果往上推到高祖父一辈，一个人的直系先辈血亲一共是30人。由于上辈连续近亲通婚，他的先祖中便频繁出现角色重叠的现象。以刚才这位绝嗣的卡洛斯二世为例，他的高祖父母同时又是他的高外祖母的父母，他的祖父母又是他的外祖母的父母，他的祖父的外祖父母同时又是他曾外祖父的祖父母，他的外祖母的外祖父母同时又是他的外祖父的祖父母。这样，在他的上溯五代的先祖链条中至少比正常人少了8个环节。这种现象导致了他的遗传基因链的缺损。由于缺乏外来新鲜基因的修补，家族疾病纷纷从隐性变为显性。卡洛斯悲剧的根子在他的高祖父查理和外高祖父费迪南身上。170年前查理兄弟的做出的家族内联姻的决策最后导致西班牙哈布斯堡王朝的终结，蓝血族的孽缘遭到最无情的报应。

据谱系学家称，19世纪英国女王维多利亚是欧洲的老祖母，欧洲每一个王室都找得到他的后代，例如德国皇帝威廉二世是她的亲外孙，俄国末代沙皇尼古拉二世是他的外孙女婿。在她之前的400年前，欧洲还出现过另一个老祖母。她就是西班牙的伊莎贝拉女王。据说，在21世纪的今天，欧洲所有仍然在位的君主和他们的子女身上都有她的血脉。王

族们享受着至高无上的尊荣，但却终生处于血友病的威胁下。丑陋的封建帝王文化将神奇化为了腐朽。

根特市的莱斯河面上游船如梭，掀起了一条条长长的涟漪。船上的红男绿女不时发出欢快的笑声。孩子们亚麻色的头发在阳光的照射下如金丝一般，他们挥动着粗壮的胳膊向岸上的人群招手。他们的血管里流着勃艮第人、罗马人、日耳曼人、罗曼人、盎格鲁的血液。男孩们玉树临风，女孩们袅娜娉婷，活泼而健康。这些市井欧洲人与宫廷欧洲人形成鲜明对比，他们是健康的人。

2013 年 4 月 13 日于北京天通苑

贵族的荣誉

　　20世纪70年代有一本名叫《鹰从天降》的小说风靡一时。这本书杜撰了一个以二战为背景的故事。一支德国的伞兵突击队潜入英国一个名叫斯塔德利的小村庄，企图绑架在这里度周末的英国首相丘吉尔。这支德军化妆成波兰伞兵在村子里佯装演习，等待丘吉尔的到来。意外事件发生了，一名在旁嬉戏的女孩不慎跌入水渠被水冲走。德军中士斯特姆不假思索地跳入水中向孩子游去。孩子得救，救人的德军中士却被水车轮叶轧死。斯特姆被捞上来时，伪装服的领子里赫然露出德国军服。这伙乔装军人的真实身份暴露无遗，战斗被迫提前打响。英军紧急赶到这个村子，与这支德国突击队交火。战斗的结局是，德军被包围在教堂里，最后被全部歼灭。在做最后顽抗前他们释放了被他们扣作人质的村民。

　　德军的尸体中没有队长施泰纳，他漏网了。他离开了他的队伍，只身潜入丘吉尔居住的别墅，并用手枪对准了首相的脑袋。在这千钧一发之际，英军少校哈里·凯恩赶到现场并击毙了施泰纳。施泰纳本来有几秒钟时间对丘吉尔扣动扳机的，但是他迟疑了。此刻他突然想起他的母亲。他的母亲与丘吉尔的母亲一样都是美国人。一念之差使他送了命。村民们埋葬了这些德国兵，并悄悄地为他们刻制了一个墓碑。他们仇恨纳粹德国，但感念这些德国军人舍身救儿童的行为。他们将墓碑和心中的怀念作为全村人的秘密隐藏起来。

　　这部作品刻意告诉我们，人性像是一颗精心打磨的钻石，它的不同侧面可以反射出不同的色与光。它为文学家的才情喷发开辟了广阔的空

间。人性论的精髓便是在好人身上找缺点，在坏人身上挖优点。美国作家杰克·希金斯正是掌握了这个秘诀，使作品明暗相济，获得立体感。这部小说因此被译成多种文字，创造了 5000 万册的销售业绩。

一名执行秘密使命的士兵在目睹一名敌国女孩落水时，竟然将自己的军事使命置于脑后，奋不顾身地跳入水中救援。这种行为我们一般称之为"见义勇为"。用当今网络的时髦的语言来说，它会被解读为"贵族精神"。这个词汇更高雅、更有魅力、指向性更明确、含义更丰富。"贵族精神"往往被诠释为"荣誉、责任、勇气、自律"。"荣誉"是对自己高尚人格得到公众承认和敬仰的诉求。"责任"是担当精神，是对公众乃至社会做出贡献的承诺，最醒目的是对弱者的扶持，尤其是对老人与妇孺的保护。"勇气"是迎难而上和不畏强敌的品质。这是一切成功的基本条件。"自律"是一种教养。它不仅意味着对一切社会契约的遵守，而且表现在为人谦虚、低调、公平待人的举止上。《鹰从天降》中的德国士兵抢救英国女孩的行为是对妇孺的保护，符合"贵族精神"的责任感和担当精神。

网络上几乎所有弘扬"贵族精神"的文字都会援引两个历史实例。一个是法国末代国王路易十六的妻子玛丽·安托瓦内特王后在走上断头台时不小心踩了刽子手的脚，她随即下意识地说了声："对不起！"即将被砍掉脑袋的妇女对刽子手道"对不起"，这种优雅风度折射出的是一种深入骨髓的文明教化。另一个例子是一张曾经广为流传的新闻照片：二战期间英国国王爱德华八世视察伦敦的贫民窟时，在一个倾颓的房子门前对一贫如洗的老太太说："我可以进来吗？"这张照片将贵族精神的谦恭、亲切和俯身而下的美德烘托到无以复加的地步。

网络也没有忘记中国历史上的贵族。受到追襄的中国贵族第一例是战国时期的宋襄公。《韩非子》载，公元前 638 年，宋国与楚国在泓水交战。宋军先到达泓水，并完成布阵。宋襄公的副手子鱼建议乘楚军在渡河之机对他们发起进攻。襄公断然拒绝。楚军渡过泓水后，子鱼又建议乘楚军列阵未毕之际发动攻击，但襄公仍未采纳。一直等到楚军布阵完毕，一切准备就绪之后，宋襄公这才击鼓向楚军进攻。宋襄公的理由

是："君子不重伤，不禽二毛，不以阻隘，不鼓不成列"，意即君子不伤害已受伤的敌人，不捕捉白发老兵，不阻敌人于险隘取胜，不攻击尚未列好阵势的敌人。据说这是商周以来的不成文的作战规则。结果，宋国战败，宋襄公因箭伤不愈于翌年去世。宋襄公严格遵守战争规则，把战争看成是君子之间的正大光明的博弈，不欺不诈，被后人嘲为迂腐。网络文章厉声斥责宋襄公的耻笑者。他们认为，自秦皇统一中国后，封建社会退出历史舞台，中国不再有真正的贵族，而后人对襄公的嘲笑，恰恰证明了贵族精神在中国的断裂。

读过这些故事，"贵族精神"的轮廓开始清晰起来，并且发出一圈耀眼的光芒。那圣洁的光环笼罩着一个非凡的群体。他们不仅豪壮奇崛、傲骨嶙峋，而且侠肝义胆、古道热肠，脸上挂着彬彬有礼的微笑。这群人便是拥有那种神圣精神的贵族。那群人来自何方？

翻开历史书，我们发现贵族最早产生于奴隶制时代。在那个时代因权力、财产高于其他阶级的人，包括军事首领、宗教首领和世俗的权贵都属于贵族。到了封建社会，贵族有了成熟和严格的界定。他们是因为血统、分封和战功而获得恩封的群体。血统贵族主要由国王的亲戚组成。譬如，国王的弟弟妹妹等血亲生而高贵，他们成年后便受封为亲王、公爵或郡主。他们的长子可以继承他们的爵位，成为亲王、公爵或伯爵。分封贵族是地方上具有一定号召力的部落首领，他们效忠国王并且为国王效力因此获得采邑和爵位。功封贵族是在为国王出征打仗时立下汗马功劳而获得采邑和爵位的人。

我们就拿丘吉尔当话头，追寻贵族的来历。

《鹰从天降》是一个杜撰的故事，丘吉尔不可能在与海滨近在咫尺的地方度周末。那战争期间他究竟在哪里度周末呢？丘吉尔有一处乡间庄园，位于伦敦以南的肯特郡，叫做恰特韦尔庄园。那座庄园坐落在海拔650英尺的高地上。从庄园高处远眺，肯特郡广袤的原野尽收眼底，因此丘吉尔对那座庄园十分钟爱。但是，那里距法国海岸不到一百公里，太容易遭到德国飞机或军舰袭击，因此二战期间丘吉尔基本上没在那里住过。

对于丘吉尔战争期间度周末的地方，我们可以从他自己撰写的《二战回忆录》中找到蛛丝马迹。在那几年，丘吉尔如果不在唐宁街战时内阁的地下室运筹帷幄，便是蛰伏在一个叫做迪奇利的庄园里养精蓄锐。那个庄园是丘吉尔的密友罗纳德·特里议员的私产。那里远离尘嚣，十分隐秘，因此成了丘吉尔在二战期间最重要的栖息地。

丘吉尔之所以常到迪奇利庄园度周末还有另一个原因，那就是那里距离与他有着密切关系的地方很近，仅有 4 英里。那里不仅是丘吉尔出生地，并且还留下了他青少年时代的许多记忆。那个地方是一个私人园林，而且是英国最大的私人园林，不仅历史悠久，规模和豪华程度也不亚于英国任何一座王宫。由于那里过于招摇，容易引起德国情报机关注意，所以丘吉尔只能从相邻的迪奇利庄园遥望那里，回忆自己的家庭往事。那个地方叫做布伦姆庄园。

如今布伦姆庄园是英国著名旅游景点。一条小河穿过绿茵茵的草地和树林，在一座水坝前汇成一个湖泊。一座桥将湖面分成两个湖区。庄园中心的建筑群被精致的花园簇拥着。花园布局方圆有序。园中的花卉和灌木修剪成各种几何造型。主建筑的西侧有一个阶梯式的意大利水景园。两个美丽的喷泉是仿罗马贝尔尼尼的河神喷泉。

庄园的最光彩耀眼的地方是位于园林中心的宫殿，它是英国的第一座巴洛克式建筑。宫殿的东西两侧是带柱廊的侧楼。宫殿建筑群的四个角的屋顶分别有四个楼亭，正面楼亭的四角是四个高耸的尖塔。大厦内有前后两个主厅、几十个房间，里面陈设着大量挂毯、油画、雕塑和精美的家具，其恢弘的气势与王宫一般无二。宫殿最大的亮点是东侧长达 55 公尺的图书馆长廊。

这个豪宅最早的主人名叫约翰·丘吉尔，是温斯顿·丘吉尔的十一世先祖。他曾为斯图亚特王朝四代君主效过力。他最初在查理二世手下当听差，后来在詹姆斯二世麾下当龙骑兵团长，在威廉三世与玛丽二世共治时期被擢升为英军统帅。安妮女士当政时是他人生的巅峰。在西班牙王位继承战期间他两次受命渡海与法军作战。第一次他率领联军先后攻下列日、科隆和波恩几个要塞，一夜之间成为英国家喻户晓的英雄。

安妮女王授予他马尔伯罗公爵爵位。第二次渡海作战，他率领英奥联军在巴伐利亚大败法军，并生擒法军元帅塔拉尔德。安妮女王欣喜若狂，将伍德斯托克的两千英亩王室猎场赏赐给他，议会拨款为他修建庄园。这个庄园被命名为布兰姆庄园，以纪念他在巴伐利亚的布兰姆村大获全胜的那一场战争。

布兰姆庄园的修建工程时断时续地拖了 17 年。公爵本人没有活到宫殿落成的那一天。这个工程久拖不竣，皆因修建款项没有按时拨付到位。约翰虽贵为公爵，庄园的修建经费也不得不仰仗政府的拨款。如果他早生三百年，情况将完全不一样。

在三百年前的 1485 年，红白玫瑰战争进行了最后一战——博斯沃思战役。那个战役是英国历史的分水岭。它标志着封建制度在英国的结束。在那之后，国王虽然继续为贵族授勋封爵，但受封者不再享有封建贵族的种种特权。如果约翰·丘吉尔生活在玫瑰战争之前，作为公爵他将获得一片叫做采邑的封地。他将不仅拥有采邑的产品收益，还可以向采邑的居民征税，对在封地上触犯刑律的人征收罚款。那时的采邑对于贵族来说是永不枯竭的聚宝盆，比国王赏赐的几万英镑实惠得多。

说起采邑制，英国不是它的发源地。欧洲的采邑最早发端于法兰克人的克洛维王朝。克洛维国王没有设常规军，每当国家进入战争状态，国王便临时召集各部落的人马前来助战。各部落的领主也没有自己的常备武装，他们也只能征召下一级领主助战。领主们便率领他们的隶农和佃户前来听候国王调遣。西元 8 世纪 40 年代克洛维王朝的宫相查理·马特定出一个规矩，那就是获得国王分封的封臣必须向国王宣誓效忠，并履行兵役义务。换句话说，如果再发生战事，封臣有义务带领人马奔赴战场为国王作战。封臣和领主终生拥有采邑的管辖权和收益权。他们死后采邑归还赐予者。赐予者可以视情况将采邑继续封给已故封臣的子嗣。封臣和领主根据他们获封的采邑规模形成不同的贵族等级。这些等级大致为公爵、侯爵、伯爵、子爵和男爵五种。后来在男爵之下还形成了一个新的等级——骑士。

综上所述我们得知，贵族是这么一个族群，他们因为享有采邑的

收入而坐拥较多的财富；他们无须日出而作日落而归而掌握较多的闲暇时间；他们因为拥有财富和时间而可能受到良好的教育；他们因为受过良好的教育因而举止文雅谈吐风趣，他们因为担负了采邑的管理责任而培养出一定的担当精神。而这些要素必然使他们滋生出令人肃然起敬的"贵族精神"吗？综观中外历史上的贵族，纵然不乏高雅结绮众口铄金之士，但将他们进行整体考察时，这个群体的道德面目便变得模糊起来。

我们如果翻开史书，寻找欧洲最具文化素养的贵族，有一个人会赫然映入我们的眼帘。他就是16世纪的法国国王弗朗索瓦一世。说起这个国王，当今的法国人对他依然崇敬备至。是他大兴土木，把巴黎从一个中世纪军事城堡改造成了艺术之都，法国人民才拥有今天这个典雅、宏伟、气贯长虹的巴黎。弗朗索瓦的"雅骨"不是凭空而生的。他是法王查理五世的玄孙，萨伏伊公爵菲力二世的外孙，但他的艺术素养不是来自他的血统，而是来自他自幼受到的贵族教育。贵族教育不仅仅传授知识、教习礼仪，还要灌输伦理观念，以培育治国安邦的能力。他的母亲请来法国最著名的学者指导他的学业。他从小学习算术、地理、历史、语言学和文学。稍大一些后还学习哲学、百科、神学的课程。宫廷还为他开设音乐、舞蹈和网球课程。他能讲希伯来语、意大利语、拉丁语和西班牙语，并谙熟骑马、射箭、搏击、摔跤和剑术。这种教育规格是王室子弟专有的，目的就是锻造他们的贵族精神和资质，使他们掌握治理国家的能力并成为国民的楷模。弗朗索瓦当了父亲后也以同样的规格教育自己的子女。

母亲安排的贵族式教育没有白费，弗朗索瓦后来成了卓尔不群的君王、杰出的军事统帅、著名的人文主义者、文艺复兴运动的支持者及艺术的赞助者。但是，贵族教育没有使他成为完美的贵族。他伟岸的身影下面裹藏着缺损的人格，他戎马倥偬的生涯中穿插着粗鄙的私生活。这位人文主义者一只眼睛盯着艺术品时，另一只眼睛追逐着进入他视野的女性。他对每一位稍有姿色的女人都不会放过。上过他的龙床的女人不计其数。他公开的情妇中就有福瓦女伯爵、皮赛略女公爵，以及英王亨利八世第二个妻子安妮·博林的妹妹玛丽·博林，至于名不见经传的姘

头则不计其数。不知其中的哪一位最后把梅毒传给了他，使他的龙体忍受着难以启齿的痛苦。

他的子女们也没有在他安排的贵族教育下成为高尚的人。他的儿子在继承他王位的同时也承袭了他不端的品行。他的第三个儿子亨利二世长大成人后成了脂腻粉渍之辈。他娶了意大利美第奇家族的凯瑟琳公主为妻但仍然混迹于青楼翠袖之间。他尤其偏好大龄美妇。他最迷恋的情妇戴安娜在年龄上几乎可以做他的母亲。戴安娜也不把自己当外人，竟然公开出没于后宫，甚至与凯瑟琳称姐道妹。凯瑟琳虽有王后的名分，但自知在魅力上望尘莫及，对喧宾夺主的戴安娜只能忍气吞声。

法国宫廷的淫荡风气代代相传。两百年后巴黎的宫廷艳史中出现了另一个明星，他就是路易十五。路易十五的妻子玛丽来自波兰王室。玛丽在婚后的 10 年里为他产下过 10 个孩子。当他们的第八个孩子出生后，路易十五开始培养起倚红偎绿的嗜好。他在凡尔赛置备了一个秘密春宫，收纳他秘不示众的情人。他的众多情妇中曾经出现过一家四姐妹。四姐妹争风吃醋钩心斗角，把宫廷闹得乌烟瘴气。再后来，路易十五取消了春宫密室，在宫中公开蓄养情妇。他的情人榜上有权倾朝野的蓬巴杜夫人和出身青楼的杜巴丽夫人。由于他在情妇身上花光所有的积蓄，以至于他的六个女儿中竟有五个因筹不出嫁妆而终身未能出阁。这是一个对国家和家庭极度缺乏担当的贵族。

奢靡淫荡是欧洲贵族的通病。在这方面奥匈帝国皇帝弗兰兹一世与路易十五不相上下，无论皇后玛丽亚·特蕾西亚如何设防也拦不住他满天摘星处处猎艳。他设置了多处密室金屋藏娇。他在与多位宫廷命妇保持着暧昧关系的同时，又追逐着歌剧院里的女演员。他与比他小 30 岁的奥尔斯佩格公主之间的风流韵事在维也纳传得沸沸扬扬。在皇帝的示范下，淫荡之风席卷了奥地利的上流社会。以音乐之都闻名于世的维也纳被外国游客揶揄为"自由偷情之城"。特蕾西亚皇后和贵族夫人们决心整肃这种风气。她们成立了一个制止道德败坏组织——"贞洁委员会"。在皇后的策动下，风纪警察遍布全国。他们潜入剧院、宴会大厅，甚至私人住宅里进行侦察。落入"委员会"手里的浪荡子会受到了严厉的惩

罚——外国人被驱逐出境，本国人则被锁在城门旁的柱子上示众，一锁便是几天或几个月。贵妇们的所作所为是为了警告她们的丈夫。这后来成了欧洲的一大笑话。

基督教严格实行一夫一妻制，不仅视重婚为罪孽，而且强烈反对婚外性关系。基督教徒的"十诫"中的第七条戒律便是"不可奸淫"。这里所说的"奸淫"泛指非合法配偶间发生的性关系。欧洲历史上有名有姓的贵族们，无论尊为君主还是爵爷，能严守这条戒律者寥若晨星。这一条暴露了他们高贵的身份中伪基督徒的一面。

我之前提到过的许多欧洲君主的人格中都有着伪基督徒的一面。他们都有一个共同的特点，即除了合法的后代外，还留下了数目不等的私生子女。例如，先前提到过的声名显赫的艺术守望者西班牙国王查理一世兼神圣罗帝国皇帝查理五世，膝下除了三名合法子女外，也有一个私生子和一个私生女。查理一世的儿女亲家，英国都铎王朝的亨利八世，前后娶了六个妻子，其中有四位是从他众多的情妇中遴选出来加以扶正的。由于他的婚姻关系盘根错节，他的两个女儿——后来的玛丽一世和伊丽莎白一世——相互指责对方是私生女。约翰·根特是英国历史上的著名贵族。他是亨利四世的父亲，亨利五世的祖父和亨利六世的曾祖父，他的子女中也有三个私生子和一个私生女。

英国斯图加特王朝的查理二世国王一生最大的憾事，是他的王后没有替他留下一儿半女，因此他死后只能将王位传给了弟弟詹姆士。其实，他并非没有亲生骨肉。他有 14 个亲生子女，可惜这些子女都是他的与情妇们偷情的结果，因此没有一个具有接班的资格。

"查理二世窘境"在英国王朝史上并非个案。汉诺威王朝的乔治四世和他的弟弟威廉四世也受困于相同的窘境。乔治四世死后无嗣，王位传给弟弟威廉，即威廉四世。威廉四世婚后总算产下了一个女儿夏乐蒂，但这个独苗苗却在 22 岁时死于难产，王位只能传给侄女。其实乔治四世和威廉四世两兄弟并非真正无嗣。哥俩一共有 56 个亲生骨肉，只是这 56 个血亲子嗣都是非婚生子女。他们年轻时奢侈淫逸，将自己旺盛的精力悉数耗费在数不清的女人身上，直到中老年才倦鸟投林地进入婚姻

的港湾。正当百姓翘首企盼他们为社稷江山生产下一代国君时，他们却雄风不再，辜负了国民的厚望。

欧洲的贵族自幼接受人文主义教育，除了无所不在的基督精神，柏拉图、苏格拉底、卢梭、孟德斯鸠等大师们的人文主义思想的雨露甘霖无时不刻地滋润着他们。即便贵族教育无法压制人类淫荡的欲念，至少应该将仁慈博爱的理念植入他们的心中，然而现实中形而上的哲学理想总是在形而下的历史演进面前相形见绌。

英国贵族约翰·根特聘请英国最著名的学者和思想家指导其子女的血液。其中，福利亚·约翰为他们讲授自然科学，让·弗罗伊萨特教授诗赋，约翰·威克里夫教授哲学和神学，还请来最优秀的语言大师教授希腊文和拉丁文，使他们能够直接阅读希腊和罗马学者的作品。即便这样，也没把他的后代培养成仁慈宽容的人。他的儿子亨利登上王位后，成为金雀花王朝第一位国王亨利四世。他登基后三个月国内就发生了叛乱。他在平息叛乱后竟将叛军头目的尸体剁成碎块装进麻袋运回伦敦。

前面提到的王太后凯瑟琳·德·美第奇的小女儿名叫玛格丽特，昵称玛戈。据记载玛戈雍容华贵美艳无比。在母亲的安排下，玛戈在豆蔻年华便嫁给了波旁家族的青年亨利。玛戈的性格放荡不羁。她对一个又一个情人投怀送抱。母亲和哥哥亨利三世担心她的风流韵事会影响她的婚姻。这桩婚姻是王室与波旁家族的政治结盟。王室承受不起这个政治联盟的破裂。于是，他们秘密监视玛戈的一举一动，对所有与她同席共枕的男人进行无情地捕杀。第一个牺牲品是一个名叫约瑟夫的男人。他在与玛戈秘密约会后不久就被投入监狱，并遭受了非人的折磨。他的指甲全部被拔掉，浑身多处骨头被打断，最后被砍掉了脑袋。他的罪名是"阴谋反对国王"。

为了防止玛戈再次红杏出墙，母亲和哥哥把她软禁在一个叫做阿让的小城里。一名不知深浅的军官奥比雅克对玛戈一见钟情。他在相思中喃喃自语："如能一亲芳泽，就是上绞架也毫不遗憾！"他不幸一语成谶，这两个愿景后来都变成了现实。奥比雅克帮助玛戈逃出小城。玛戈对他以身相许。青年军官为短暂的艳福付出了惨痛的代价。他也未能逃

脱王家卫队的掌心。凯瑟琳太后签发懿旨对他处以绞刑，而且命令玛戈到场观看行刑过程。奥比雅克被当众倒吊起来，还没有咽气就被扔进土坑里活埋了。

被残酷处死的约瑟夫和奥比雅克不是王朝的政敌，而仅仅是王室规矩的冒犯者。虐杀这样的小人物，说明在贵族的伦理天平上人文主义只不过是从属于王道的二级价值。

说起欧洲的贵族，还有一个支系不应遗忘，那就是俄罗斯的贵族。19 世纪俄罗斯作家伊凡·谢尔盖耶维奇·屠格涅夫的作品为我们近距离地观察这个群体提供了一个窗口。他的作品《村吏》中有一个名叫阿尔卡季·帕夫雷奇·佩诺奇金的贵族地主。他家的宅子是照法国建筑师的设计盖的。他家的仆人穿的是英国式服装。他订阅法国的书刊、画册和报纸，言谈中总是把"Mon cher"挂在嘴边。那是法语"我亲爱的"的意思。这说明他相当崇拜法国文化。这符合俄罗斯贵族的时尚。这个时尚是叶卡捷琳娜女王开创的。她崇尚伏尔泰思想，崇尚人文主义。佩诺奇金待客亲切热情，笑声洪亮而爽朗，那双明亮的褐色眼睛和蔼地眯缝着。他高兴的时候便自称是伊壁鸠鲁的崇拜者。当这位彬彬有礼、举止文明，受过贵族教育的地主发现仆人端上来招待客人的酒是凉的，于是微笑着招来了管家，吩咐道："费多尔的事……去处理一下吧。"管家应声退下。因为没有把酒烫好，仆人被管家"处理"了。那"处理"就是鞭打的意思。这是俄罗斯贵族调教农奴的方式。俄罗斯贵族们进化成彬彬有礼的群体时也并未中断他们鞭笞家仆的传统。

欧洲的贵族还有一种陋习，那就是决斗。这种产生于中古时期的仪式最初只是民法中的一个补充程序。当被告和原告各执一词，法官难以做出判断时，决斗成为最后裁决的手段。决斗的结果得到双方的认可，因为人们认为它是上帝的意志。这个荒谬的程序后来被司法官放弃，但被贵族们承袭下来，用以解决他们之间的荣誉纠纷。

贵族自诩珍视个人荣誉。他们把荣誉感置于"贵族精神"四要素中的首位。当荣誉感与贵族特有的孤傲矜持和唯我独尊结合起来时便发生畸变。一旦个人荣誉受到伤害，他们即诉诸武器与人拼命，以示与毁其

名誉者不共戴天。决斗的形式中有宫廷文化的影子。当发生纠纷时，贵族们扬弃了市井小民粗鄙的斗殴和谩骂，代之以特有的礼仪和复杂的规则。即便是拼个你死我活，程序也要符合绅士身份。决斗就是一种符合高雅风范的拼命方式。

英雄情结也是贵族圈内决斗盛行的推手。当决斗旨在维护某个女人的名誉时，当事人便能成为贵族妇女眼中的英雄。贵族们对追逐女性乐此不疲，动辄拜倒在某个女性的石榴裙下，流言蜚语自然在所难免。决斗不仅是当事人反击流言的武器，也是他以英雄情怀换取女性青睐的手段。一位社会名媛一生中如果没有一个男人为她决过斗，就会感到枉活一世人。

决斗中发出挑战的一方向对方扔出手套，捡起手套便表明对方接受挑战。双方必须向对手和自己的见证人起誓，保证遵守决斗规则和服从裁判指挥、保守秘密、不下暗手报复。双方礼貌相待，并通过书信商议决斗的时间、地点、使用的武器和程序规则。在会面时互相问候和致敬。

贵族们的决斗尽管程序高雅仍然掩盖不了它的野蛮性。将个人的荣誉置于他人的生命之上，暴露了贵族们的自私和狭隘。决斗还成为罪恶的华丽外衣，不少贵族假借决斗的名义实施对仇人的谋杀。决斗对社会最大的危害，表现在它无端地夺走了许多青年才俊和社会精英的性命。欧洲的君主们看到了这种陋习的危害性，很早就下令禁止决斗。英国最先颁布法令禁止决斗。詹姆士一世、克伦威尔、查理二世以及安妮女王等都强烈谴责决斗并下令禁止，但是他们的法令都没有取得明显效果。贵族仍然动辄拔剑相向解决他们之间的纠纷和政见分歧。

上面提到的丘吉尔的先祖马尔伯罗公爵因为政见不同，于1712年向伯勒特勋爵发起决斗挑战，使得自光荣革命后被压下去的陋习死灰复燃。销声匿迹近30年的决斗之风在英国卷土重来。在乔治三世朝期间决斗达到巅峰状态，59年里发生了170多起，许多德高望重的贵族都卷入进来，其中包括约克公爵、诺福克公爵、里奇蒙公爵、威灵顿公爵，以及谢尔本、劳德代尔、汤森、卡迈尔福、马尔登、帕吉特、伦敦德里、卡瑟尔累、贝尔格雷夫勋爵等。

贵族们热衷于决斗，是因为没有更好的方法来解决他们之间的冲突。他们身份高贵，与人发生纠纷时不能詈骂，不能拳脚相向，只能彬彬有礼地向对方扔出手套，由上帝来做出判决。决斗者是用自己的生命做抵押捍卫荣誉，他们的行为即便受到国王的惩罚，也会在贵族圈里传为美谈。

英国历史上最受赞赏的决斗发生在 1829 年，即乔治四世在位期间。时任首相的威灵顿公爵顺应潮流推行宗教自由政策，在政治上容纳天主教徒，遭到新教狂热派的强烈反对。温奇尔西勋爵在上院厉声斥责公爵向罗马教廷屈膝投降。首相怒火填膺，一向反对决斗的他向温奇尔西勋爵发出决斗挑战，勋爵欣然接受。在决斗场上，一人向天开枪，一人朝地开枪。决斗结束，两人握手言和。决斗虽然真戏假作，但双方既展示了勇气又避免了杀戮，获得朝野交口称赞。

英国最臭名昭著的一场决斗发生在拜伦勋爵和查沃斯骑士之间。这位拜伦勋爵是英国浪漫诗人乔治·戈登·拜伦的伯祖父。他与查沃斯本是睦邻。在一次关于时政的闲聊中两人意见相左而反目，最后决定用决斗来解决问题。决斗使用的武器是佩剑。拜伦在搏斗中占了上风，他一手扼住查沃斯的脖子，一手用利剑直插查沃斯的要害使其毙命。查沃斯临死前宣布宽恕对手，勋爵得以躲过法律的惩罚，但他从此获得"残酷勋爵"的绰号被世人唾弃。勋爵最后离群索居，背着恶名度过余生。

决斗的陋习在俄罗斯贵族中也非常流行。它给这个国家造成的最大损失是夺走了天才诗人普希金的生命。普希金死的时候年仅 37 岁。如果他能像托尔斯泰那样活到 82 岁的话，无疑会为俄罗斯和全世界留下更多宝贵的诗篇。他的决斗源于彼得堡贵族圈里的一桩丑闻。法国登徒子丹特士疯狂追逐普希金的妻子娜塔莉亚，不利于娜塔莉亚的谣言在彼得堡传得沸沸扬扬，极具侮辱性的匿名信投到普希金家里。普希金不堪受辱向丹特士提出挑战。在决斗中丹特士抢先开枪将普希金击毙。

决斗在俄罗斯军队中尤其盛行，以至于出现在贵族疗养地士兵经常被人怀疑是因决斗被降职的军官。19 世纪俄罗斯作家莱蒙托夫的小说《当代英雄》讲述了一个发生在高加索温泉疗养地的故事。小说描述的

决斗发生在两位下级军官葛鲁式尼茨基和皮却林之间，原因是前者散布了有关后者的流言，流言内容涉及一名贵族妇女。为避免双方的证人受到牵连，决斗在极度保密的情况下进行。双方商定的武器是手枪，地点选择在山上的一处悬崖上。双方轮流开枪，作为靶子的一方必须站在悬崖边的岩石上，这样死者可以给人失足跌入崖下摔死的假象。

经过抽签葛鲁式尼茨基获得开第一枪的机会。距离只有六步。作为一个军人这个距离应该百发百中，可是他却打偏了。这可能是因为心虚，也可能是因为内疚，他的朋友龙骑兵上尉在皮却林的手枪中装上空弹包，决斗被策划成谋杀。这个阴谋在最后一刻被揭穿。轮到葛鲁式尼茨基站到岩石上了，皮却林对他说："如果你现在收回你的诽谤，我可以饶恕你……我们毕竟曾经是朋友。"葛鲁式尼茨基被激怒了，贵族的自尊和傲慢使他不能容忍自己处于被"饶恕"的地位。他喊道："开枪吧……您不打死我我也会在夜间出来把您干掉。我与您不共戴天！"枪响了。当烟雾散去时，岩石上已空无一人。

这是俄罗斯文学作品中描写得最为生动的一场决斗。命运乖舛，小说发表一年后莱蒙托夫本人也死于决斗。更令人惊异的是，决斗过程与他在作品中描写的场景十分相像，只是他本人扮演了葛鲁式尼茨基的角色。他在他最后一部作品中预示了自己死亡的过程。争执发生在一次同学聚会上。莱蒙托夫一个不经意的玩笑激怒了昔日士官学校的同学马丁诺夫。马丁诺夫向他发起挑战。莱蒙托夫无意向自己的同学开枪，而马丁诺夫毫不犹豫地朝他射出了子弹。这位受到列夫·托尔斯泰、别林斯基、契科夫、陀思妥耶夫斯基、舍威廖夫等大师高度赞赏的文学天才死时年仅27岁。

温斯顿·丘吉尔出生在布兰姆庄园。在他出生的房间里摆设着他幼年的照片、他和父母用过的东西、他画的油画和一座他本人的雕像。他青少年时代经常跟随父母到这里度假，在这里写生作画。庄园的花园里有一座典雅的希腊式神庙。那里曾是他向他的妻子克里门蒂娜求婚的地方。庄园现在的主人是他的远亲，将他出生的房间保留下来作为对他的纪念。这位远亲是约翰·丘吉尔的直系后代，因而继承了公爵的头衔和

庄园。温斯顿这一支家族不在长子长孙系列，因此他与马尔伯罗公爵头衔及庄园无缘。

二战结束后，乔治六世国王要授予他勋爵头衔，褒奖他在战争期间做出的杰出贡献，但被他婉言拒绝了。他说他无意在自己的名字上附加别的头衔。他不是英国对贵族身份说"不"的第一人，也不会是最后一人。

2014 年 11 月 30 日于威海滨海新区

婚生还是私生

天气极好，天空瓦蓝瓦蓝的。这里是高纬度地区，尽管阳光如炽，脸上也没有灼热火辣的感觉。

我们站在一个切割得很整齐的斜坡草坪上。斜坡的中心是一组阶梯形的喷水池，喷水池从高到低排列着七组金色的雕像。斜坡的下面有一个半圆形水池，水池中央立着一组高三米的雕塑——一个金色的巨人正在掰开一头狮子的嘴。这是《旧约》中的参孙搏狮图。那万兽之王在参孙粗壮的胳臂下像一只羸弱的苍狗。半圆形水池连着一条笔直的运河。运河的另一端是蔚蓝色的海面，那是波罗的海的芬兰湾。

喷水池的四周人头攒动，五颜六色的裙裾在风中飘拂。这是这里每天上午的景色。上千名来自世界各地的游客在这里耐心地等待着一个时刻——正午十一点。当这一刻来到时，气势磅礴的乐曲刹那间从藏在四周花丛中的音箱里喷薄而出，在花园上空回荡。一个水柱从参孙掰开的狮嘴中涌出，冲向 22 米的高空。阶梯水池所有的喷泉也随之喷水，形成一个靓丽的水柱群。水顺着阶梯水池注入斜坡下的半圆形水池中，又从水池下面的运河径直流入几百米外的芬兰湾。

这里是位于圣彼得堡西南三十公里的夏宫。三百年前，俄罗斯沙皇彼得一世建造了这座花园宫殿以犒赏自己在北方战争中大败瑞典人的功绩。自从路易十四建造了凡尔赛宫，欧洲各国君主竞相模仿，打造本国版的凡尔赛。夏宫虽说是凡尔赛的衍生品，但它的喷水池远远胜过了它的凡尔赛母本。它不仅豪华精美，而且将绝妙的政治隐喻嵌入设计中。参孙按在手下的狮子使人联想到瑞典，瑞典国旗上也有一头雄狮。狮子

比喻瑞典，那参孙自然代表俄罗斯。当人们啧啧赞叹参孙搏狮的英姿时，也就不由自主地为俄罗斯的胜利唱起了颂歌。用艺术绑架感情是这座喷泉的奇妙之处。将喷水池联通芬兰湾的运河是另一个隐喻。它折射出彼得一世对自己打通波罗的海出海口的得意心情。

说起北方战争，那是俄罗斯人民至今对彼得一世心怀崇敬的事情。18世纪以前，波罗的海沿岸都落入北欧霸主瑞典王国的手中，而黑海沿岸又都是奥斯曼帝国的属地。可怜的俄罗斯西不通波罗的海，南不见黑海、里海，东部只抵叶尼塞河，唯一的海岸是濒临北冰洋的一片冻土。18世纪初彼得向瑞典宣战，用了20年的时间赶走了瑞典人，将今天从立陶宛到芬兰的沿海地区收入俄罗斯的版图，为自己的国家打开了经波罗的海通往世界的大门。从此彼得获得了"大帝"的称号。半个世纪后，俄罗斯的另一位"大帝"叶卡捷琳娜二世将土耳其人从克里米亚赶走，使俄罗斯获得黑海的出海门，完成了彼得一世未竟的事业。

彼得一世与叶卡捷琳娜二世创造了俄罗斯帝国最辉煌的时期。说来也巧，这个时期恰好与中国清代的康乾盛世在时间上大致吻合。这四位皇帝在世的时间也大致对应。彼得比康熙晚生22年，而去世的时间比康熙只晚3年。而乾隆比叶卡捷琳娜年长18岁。由于长寿，他离世的时间还比叶氏还晚3年。康熙与乾隆是祖孙关系。乾隆10岁才第一次见到康熙。第一次见面乾隆就博得了爷爷的喜爱。康熙把他接到自己身边养育，亲授书课。乾隆后来的"文治武功"，将大清的国祚发扬光大，有爷爷康熙亲自栽培的原因。

彼得一世与叶卡捷琳娜二世也是祖孙关系。叶卡捷琳娜是彼得的外孙媳妇，但是叶氏与彼得从未谋过面。彼得辞世时，这位原名叫索菲亚的女子还未出生。但是，这两位大帝之间有一个人发挥了承前启后的作用，她就是俄罗斯的另一位女皇叶丽莎维塔。叶丽莎维塔是彼得大帝的女儿，是叶卡捷琳娜二世的"婆婆"。这位"婆婆"登上女皇的宝座不久便开始为自己物色接班人。她指定她妹妹的儿子彼得·费多罗维奇作为她的继承人。叶丽莎维塔不仅把小彼得接进宫，而且还亲自为他挑选皇妃。在众多的候选人中，女皇相中了来自波兰的德国贵族小姐索菲

亚。这个索菲亚就是后来的女皇叶卡捷琳娜大帝。

叶丽莎维塔把外甥从德国接回来当皇储，是因为她自己没有孩子。她没有自己的孩子不是因为她不能生孩子，而是因为她终身未嫁。她终身不嫁又并非是她自己不想嫁，而是嫁不出去。中国有句老话叫做"皇帝女儿不愁嫁"，这句话到了欧洲就不灵验了。叶丽莎维塔是彼得大帝的掌上明珠，彼得一心要为她找一个好婆家，一个门当户对的王族青年。他对此踌躇满志。他首先把眼光投向法国。法国的波旁王室在欧洲是数一数二的显赫家族。那年叶丽莎维塔刚 10 岁，路易十四的曾孙即后来的路易十五当时只有七岁，却已是欧洲各国王室寻亲的目标。俄罗斯是正在崛起的欧洲大国，法王路易十五迎娶俄罗斯公主叶丽莎维塔，于国于己都是绝配。彼得对自己女儿很有信心。他第二次访问欧洲时，亲自向波旁王室提出这门亲事。出乎意料的是，彼得一世的动议遭到了法国的拒绝，原因是波旁王室对叶丽莎维塔的血统和身份抱有歧见。

彼得出身罗曼诺夫家族。他往上追溯的两代先祖都是俄罗斯的沙皇，其血统的高贵性毋庸置疑。令波旁王室耿耿于怀的是叶丽莎维塔母系的血统。叶丽莎维塔的母亲原名玛尔法，早先是立陶宛的一个牧师的女佣。在北方战争中她的主人被俄军俘虏，她也成了俄军的战利品。她先被一名军士占为情人，后来又落入俄军元帅手中，再后来被彼得一世相中，成了彼得的女人。母亲卑微的身份使叶丽莎维塔的身价在波旁王室眼中一落千丈。这还不是她被拒绝的根本理由。波旁王室将她拒之门外还有更重要的原因。

叶丽莎维塔生于 1709 年。这是一个很值得推敲的年份，因为她的母亲在三年之后才被加冕为皇后。这就是说，她出生时她的父母还没有结婚，因此她是一个非婚生的孩子。尽管有资料表明，她的父母曾经在 1707 年举行过秘密婚礼，但她还是难以摆脱私生女的身份。以基督教的观点看，她的出生是一段孽缘的产物，父母事后补办的婚礼也无法洗白她的孽种身份。所以，这位绝代佳人虽贵为皇女也恨嫁。

后来，有一个德国亲王愿意与彼得攀亲。新郎官是霍尔斯坦——戈托普家族的尤廷亲王的儿子卡尔·奥古斯图斯王子。不幸的是，人算不

如天算，新郎官在订婚的几天后便一命呜呼，于是叶丽莎维塔公主又回到待字闺中。彼得一世直到去世都没能把这个宝贝女儿嫁出去。

叶丽莎维塔的"私生女"身份不仅影响了她的婚配，还长期被她的政敌利用，使得她通向女皇宝座之路布满了荆棘。叶丽莎维塔的父亲彼得一世死后，她的母亲玛尔塔继承了皇位，法号叶卡捷琳娜一世。两年后叶卡捷琳娜也撒手人寰，皇位落入父亲与前妻的孙子小彼得手中，史称彼得二世。小彼得在皇位上也只待了三年便英年早逝，享年14岁。这时皇位还是与叶丽莎维塔无缘，因为罗曼罗夫家族中另一个支系一直虎视眈眈地等待着这个时刻。夺得皇位的是彼得一世的同父异母兄长伊凡五世的女儿安娜，史称安娜一世。昏庸无为的安娜在女皇的宝座上耗费了10年光阴后也溘然长逝。她死后皇位传给了她不满一岁的外甥孙伊凡六世。

叶丽莎维塔的父母亲都是沙皇，这在俄罗斯是独一无二的，在欧洲也十分罕见。作为两沙皇的女儿，她的皇族血统具有无可辩驳的纯正性，但仍然被无情地排斥在继承人序列之外。原因不为别的，就为她出生的时间不对，生在母亲被册封为皇后之前。3年的时间差将"私生女"的十字架钉死在她的背上。在父亲去世后的14年里，叶丽莎维塔一直徘徊在权力圈之外。最后，她步了父亲的后尘，发动兵变，靠枪杆子废黜了伊凡六世，登上女皇的宝座。

在欧洲，只有婚生子女才有继承权。一个君王，哪怕你有再多的私生子，只要你的明媒正娶的老婆牛不出儿子，你便被认定为绝嗣，王位将落入别人手中。最典型的例子是英国斯图亚特王朝的查尔斯二世国王。

说起查尔斯二世多数中国读者可能不熟悉，但很多人听说过他父亲查尔斯一世。英国历史上有两位君主被推上断头台。（我在《当东方相遇西方——感受文化的分量》一书中提到过他们。）第一位是苏格兰的玛丽女王，另一位是她的孙子查尔斯一世。此处提到的查尔斯二世便是查尔斯一世的儿子。查尔斯一世因为乾纲独断、藐视国会而被砍掉脑袋。处死他的是民军领袖克伦威尔。克伦威尔自己后来也成了独裁者，并且把国家弄得一团糟。他死后英国长时间地陷入混乱。这使得国会深

感国家不可一日无君。无可奈何之下，国会便将被他们处死的查理一世的儿子小查尔斯从流亡中请了回来，将他拥上国王的宝座。这位幸运的小查尔斯就是查尔斯二世。

查尔斯二世圆滑老到，他将充满冲突和危机的英国牢牢地控制在手中。他最遗憾的是，他的妻子凯瑟琳没有为他留下子嗣，在他最后离世前不得不把王位传给他的弟弟詹姆士。查尔斯并非没有自己的血脉后代。他与他不生育的妻子凯瑟琳感情笃深，并且曾拒绝国会辉格党人要他离婚再娶的建议，但他也不舍弃他的情妇。查理是欧洲王室圈内有名的浪荡子，素有"快乐王"之称。他满天摘星处处猎艳。他的情妇中不仅有大家闺秀，也有小家碧玉，不仅有宫廷命妇，也有青楼妖姬。在他情妇榜单上排在头几位的是：露西·沃尔特、伊丽莎白·吉莉格鲁、凯瑟琳·佩吉、内尔·葛文、路易丝·克罗亚勒、莫尔·戴维斯、霍顿丝·曼奇尼、伊丽莎白·伯克利、香农子爵夫人、芭芭拉·帕尔默女公爵、朴次茅斯女公爵、法尔茅斯伯爵夫人。这些美人们不遗余力地为他生下了 14 个子女，可惜这 14 个孩子都是红杏出墙的果实，所以没有一个人能够从他手中接过国王的权杖。作为君王的亲骨肉，他们自然不甘心被排斥在王权之外。他们不断疾呼，声索自己的权利。他们中最年长者詹姆士·斯科特出世时父亲明媒正娶的王后凯瑟琳还没有迎娶过门，因此他觉得自己最有资格问鼎王位。国会中部分议员也力顶他，建议查理授予他继承权。查理明事知理不糊涂，虽然内心极想将自己的骨肉推上王位，但还是不敢造次。查尔斯死后斯科特登基心切发动武装叛乱，企图从叔叔詹姆士手中夺取王位，事败后丢了小命。

查尔斯二世的私生子女虽然没接上班，但他们的老爸也没有亏待他们，他们大多被封为贵族或者嫁入豪门，让他们过着锦衣玉食使婢唤仆的日子。那位企图谋反夺权的詹姆斯·斯科特被封为第一代蒙默思公爵。他的同父异母的弟弟们也都顶着亮闪闪的贵族头衔，如第一代普利茅斯伯爵、第一代格拉夫顿公爵、第一代诺森伯兰公爵、第一代圣奥尔本斯公爵、第一代里奇蒙公爵、第一代克利夫兰公爵等等。他的同父异母的妹妹们也都戴上了贵族夫人的桂冠，如雅默斯伯爵夫人、萨塞克斯伯爵

夫人、利奇菲尔德伯爵夫人等等。

欧洲的帝王史上几乎找不到没有情妇的国王。像查尔斯二世那样的身后跳蚤成群而龙种短缺的君主也不乏其人。比查尔斯二世晚生 200 年的乔治四世是英国历史上最放荡不羁的国王之一。他挥金如土债台高筑，英国财政部不得不一而再地为他的巨额债务买单。他有数不清的情妇，直到晚年才娶了一个妻子。姗姗来迟的王后没能替他生下一男半女。他死后只能将王位传给他的弟弟，也就是后来的威廉四世。威廉四世的行为一点也不比他的哥哥检点。他一生怀抱过无数女人，可惜她们要么是戏子，要么是交际花，要么是他人之妇，均无法被王室认可。他也是在中年之后才凑凑合合地结了婚。这次婚姻为他带来一个女儿，总算有了一个合法的血亲继承人。不幸的是，这位众望所归的女王储却死于难产，于是威廉四世也绝了后。乔治四世与威廉四世兄弟是大英帝国的不肖子孙，两人虽然一共制造了 56 个私生子女，却没有为英国王位留下一个合法的继承人。他们不务正业，愧对祖宗。

东西方伦理有着天壤之别。欧洲王族血脉继统断于婚姻仪式，这事要以亚细亚的眼光来看绝对荒谬绝伦。欧洲的龙种只有播在皇家御园里才能长出龙子龙孙，要撒在野地里生出来的就是跳蚤。这要换在东方，龙种就是龙种，龙种撒在哪块地里长出来的都是龙子龙孙。中国历史上的龙子龙孙，恐怕有一半都是在野地里播种发芽的。有道是，普天之下莫非皇土，无论哪块土地，只要养育过龙子龙孙，获得皇家园林地位也就是一句话的事。

明神宗朱翊钧 20 岁那年的一天到慈宁宫探望母亲慈圣皇太后时，在卫生间洗手时见身旁一王姓宫女眉清目秀颇有几分姿色，便一时兴起"宠幸"了她。神宗虽然是在帐幔后面与宫女草草成事，但整个过程被藏在暗处的太监和宫女窥视得一清二楚。那"窥视"并非太监的不良癖好，而是他的职责所在。他必须将皇帝的性生活一五一十地记录在《内起居注》中，不得有须臾遗漏。记录的内容包括被"宠幸"者的姓名和"宠幸"发生的始末时间，以便日后查证哪个女人生下的孩子是皇上的亲骨肉。那王姓宫女后来果然怀了孕，于是被册封为恭妃，这个迟到的

册封就是补办结婚手续。那个孩子便是神宗的长子朱常洛，后来的明光宗皇帝。

朱翊钧本人的出身也大致雷同。其母慈圣太后年轻时也是一名宫女，早年在裕王府侍候过裕王朱载垕，也就是后来的明穆宗皇帝。裕王府中的侍女被裕王"宠幸"过的不止一个两个。朱翊钧的母亲李氏算是走运的，以侍女之身产下了朱翊钧，于是被擢升为嫔妃。朱载垕当上皇帝后李氏的嫔妃身份被升格为贵妃，待朱翊钧当上皇帝，她也就成了皇太后。

用《内起居注》记录皇帝播撒龙种详情的制度始于汉朝。这个制度太重要了，它不仅可以避免龙种散佚，也可以防止宫女鱼目混珠用野种冒充龙种。太监如果对皇上的"宠幸"误记或漏记，那便是严重的失职。然而，这个制度也有漏洞。有些龙子龙孙出生时，他们的父亲尚为一方诸侯，因此他们的母亲被"宠幸"的时间可能未被纳入《内起居注》的视野。或许正是由于这样的遗漏，导致了史家对乾隆身世的困惑。

有关乾隆的生母史籍中竟是一片空白。野史版本之一是"宫女宠幸说"。据说某年雍亲王在承德秋狩时射中一头梅花鹿。猎鹿人素有宰鹿喝血的习惯。雍正喝了鹿血，感觉浑身燥热难耐，此时身边恰好没有嫔妃陪伴，情急之下便"宠幸"了山庄中一名李姓宫女。第二年李姓女子在山庄草棚中产下一子，那男孩便是乾隆。事后那李姓女子因出身卑微相貌不佳而未获册封。换句话说，乾隆的父母事前事后都没有办理结婚手续。如此说属实，乾隆皇帝在欧洲人眼里便是一个地地道道的"私生子"。如果清廷按欧洲的规矩剥夺乾隆的继承权，中国将错失一位雄才大略的皇帝，中国近代盛世将缩短一百年。

翻开中国的历史，中国皇帝中像查尔斯二世、乔治四世和威廉四世那样，因为缺少合法后嗣而导致传位危机的事例极为鲜见。元朝继统遵循"兄终弟及，叔侄相传"的惯例，我们且忽略不计。历时289年的唐朝未出现过一次缺嗣危机，历时267年的清朝也仅有过一例。长达319年的宋朝出现过4例，历时400余年的两汉出现了10例。这10例中，有7例属于特殊情况：西汉末的孺子婴在战乱殒命时尚未婚配，东汉的

殇帝刘隆、冲帝刘炳、质帝刘缵均在 8 岁前夭折，汉昭帝刘弗陵和平帝刘衎虽然活到 21 岁和 14 岁，但二人体弱多病，亡故时未及生育。其余 3 例中，东汉桓帝刘志膝下有三女而无一子，属于命不好，西汉的哀帝刘欣是个同志族，性趣不在女人身上，自然无后。他的伯父成帝刘骜择偶不慎，专宠赵飞燕姐妹。二赵自己不能生育，还暗中害死了别的嫔妃为他生的孩子。

汉代频发的缺嗣危机为后世历朝敲响了警钟。中国皇帝后宫素有"佳丽三千"的说法。三千的数字有些夸大，"三宫六院七十二妃"还是比较接近实情。这几十个女人的功能不仅仅是满足皇帝的生理需要，更重要的是保证国家拥有足够数量的皇室继统储备，以维护国家的长治久安。为了便于对皇帝众多配偶进行管理，中国从汉朝起便形成了复杂的后妃等级制度。到西汉末，皇后之下的嫔妃分 14 等，分别是昭仪、婕妤、娙娥、傛华、美人、八子、充依、七子、良人、长使、少使、五官、顺常、舞涓。众多后妃的功能除了为皇帝伴眠和生子，还承担一定的管理和文秘的责任，因此也获得相应的待遇。汉朝的后妃制经过历朝历代的改革和调整，到清代品级精简到 8 个，它们分别是皇后、皇贵妃、贵妃、妃，嫔、贵人、常在和答应。

后妃人数众多，皇帝子嗣自然就丰腴。康熙皇帝前后封过 34 位后妃。这些后妃为他生下了 35 个儿子和 20 个女儿。雍正皇帝的后妃稍少一些，也有 28 位，育有儿子 10 人和女儿 4 人。乾隆皇帝的后妃达 29 人，有儿子 17 人和女儿 10 人。

清点一下查尔斯二世、乔治四世和威廉四世的私生儿女人数得知，欧洲君王的生殖能力不在中国皇帝之下。如果查尔斯二世、乔治四世和威廉四世能够借用中国的规矩把他们的情妇都册封为嫔妃，困扰他们的接班人问题便都迎刃而解，英国的历史轨迹也将笔直得多。这个假设显然荒诞不经。一夫一妻制是基督教中坚如磐石的圭臬，如果这三位国王把他们的情妇都册封为王后，就会遭到重婚罪的指控，这在英国历史上并非没有先例。早他们几百年的亨利八世便深陷重婚罪的困扰。

在欧洲历史上，出生的合法性被利用为权力博弈的武器。要想将某

个王室贵胄拉下马，或者将某个君主的后嗣挡在王权门外，只要能成功地指认他或她是个私生子女，或者证明他或她父母的婚姻不合法即可。某个王室子弟一旦被确认为非婚生子女，其地位便一落千丈，命运将异常悲催。这样的故事在亨利八世的家庭中戏剧性地反复出现过。

亨利八世的历史贡献是为英国生产了三位君主，其中包括两位著名的女王——"血腥女王"玛丽一世和贤明的伊丽莎白一世。他的贡献的原动力是他对女色不倦追求和传宗接代的热切努力。在这个动力的驱使下他一连娶了六个妻子。为了获得一个男性继承人，他一连将两个女儿连同她们的母亲打入冷宫。最后的结局与他的期盼相反，寄托着他最大期望的儿子爱德华只在王座上待了六年便流星般地消失在夜空中，而他极不看好的女儿玛丽和伊丽莎白却轰轰烈烈地叱咤风云，在英国历史上留下久久不能平复的涟漪。

两个女儿的君王生涯跌宕起伏、险象环生，充满刀光剑影。这在某种程度上应当归咎于她们的父亲亨利八世。他将两个女儿推入宗教斗争的漩涡，并使她们先后蒙上私生女的嫌疑。

事情始于亨利八世在与阿拉贡的凯瑟琳的婚姻。他在结婚十余年后突然指认自己的婚姻不合法，向教皇要求解除自己的婚约。亨利的理由是，他的妻子阿拉贡的凯瑟琳当初本来是嫁给他的哥哥阿瑟的，阿瑟病故后才改嫁给他。亨利认为，小叔子娶嫂嫂是一种乱伦行为，有违基督教精神。对这个观点，凯瑟琳表示坚决反对。她的根据是，她在嫁给阿瑟的七个月里从未圆过房，因此她与阿瑟的婚姻并未成为事实。左右为难的罗马教皇最后还是拒绝亨利八世的离婚请求，一是教皇得罪不起凯瑟琳的娘家——强大的西班牙王室；二是先前凯瑟琳的改嫁是教皇批准的，教皇不能出尔反尔，打自己的嘴巴。亨利一怒之下与罗马教廷一刀两断，宣布改立圣公会为英格兰国教。

本来与主张改革的路德教派势不两立的亨利摇身一变成了宗教改革的领袖。宫廷内外不少人反对他脱离天主教，均遭到他的残酷镇压。他原来的密友，那位被后人称为社会主义思想先驱的空想家托马斯·摩尔也被他砍掉了脑袋。一场宫廷男女恩怨官司最后掀起天翻地覆的风暴，

改写了英国的历史。

亨利一休掉凯瑟琳便迫不及待地与宫廷女官安妮·博林结了婚。安妮受过良好的教育，浑身洋溢着贵族名媛的气息。她美貌、睿智并且是宗教改革的热心支持者。有人认为，亨利休妻缘于他喜新厌旧迷恋女色。这种说法并不尽然。亨利如果仅仅迷恋安妮姿色，他完全可以将她与别的情妇一样蓄养起来，不必甘冒离婚和与罗马决裂的风险。亨利坚持休掉凯瑟琳是因为她没有为他产下一个男性继承人。英格兰并不排斥女性继承王位，但女性君主有着明显的弱势，亨利希望自己的继承人是一位像他一样的强势国王，所以一直期盼着上帝为他送来一个儿子。此时的亨利并非没有儿子，但他的儿子里奇蒙伯爵是一个私生子，亨利把他立为王储的动议屡屡遭到议会否决。亨利急切希望有一个合法的儿子作为王位继承人，因此他必须尽快完成离婚和再婚的仪式，以便他与安妮的孩子一出生就拥有合法的身份。

亨利的此举将两个女人同时投入深渊。凯瑟琳失去了王后的尊贵，被打入冷宫。既然她与亨利的婚姻不合法，她的女儿玛丽一夜之间便蜕变成了"私生女"。她的名号立刻从"玛丽公主"降格为"玛丽小姐"。玛丽小姐被派去给她同父异母妹妹伊丽莎白充当女仆，住在伊丽莎白寓所中最小的房间里。每当小伊丽莎白坐在铺着天鹅绒的马车里出行的时候，她被迫随侍在侧，行走在泥泞的路上。用餐的时候，伊丽莎白坐在正席上，她只能偏安一隅。如果有哪个仆人对她稍显怜悯就会马上被打发走，如果有人胆敢鼓励她坚持自己公主身份便会被关进伦敦塔。安妮·博林的姑姑还亲自出马随心所欲地折磨这位前公主。玛丽为自己的公主地位据理力争，暗中请求西班牙大使帮助她逃离英格兰。这些行为激怒了亨利八世。为此，她险些被处死。为了求得不死，她在给父亲亨利八世的信中自称"最卑微的臣民和最孝顺的孩子正无限谦顺地拜倒在您的脚下"。尽管如此，她还是坚决否认自己是私生子，并且拒绝脱离大主教。

这些磨难像熊熊的烈火，烧制出后来那位冷酷暴戾的"血腥玛丽"。苦难成为鉴别忠良的试金石，日后当玛丽登上女王的宝座后，那些在她

落难时对她给予过同情和支持的宫臣和仆人都被得到了提拔和重用，而那些虐待过她，以及支持废黜她母亲的人则被投入监狱或送上火刑架上。

一朝凤凰一朝鸡的命运后来也落到伊丽莎白的身上。她的母亲安妮·博林后来失宠了，再后来被处死。她的罪名是与人私通，"奸夫"中包括一个叫做马克·斯米顿的英俊小生以及她自己的哥哥。有人蓄意陷害王后。这个阴谋的策划者来自西摩爵士家族。亨利迷恋上西摩的女儿简·西摩。只有设法除掉安妮·博林，才能为亨利八世迎娶简·西摩扫清障碍。宫中很多人都知道这是一桩冤案，可是没有人出来说句公道话。飞扬跋扈的安妮·博林当上王后之后得罪了不少人。安妮一死，简·西摩马上成了亨利的第三任王后，并为他生下了他梦寐以求的儿子爱德华。

伊丽莎白的地位一落千丈。弟弟爱德华出世后，伊丽莎白也变成了他的女仆。没人再称呼他"公主"，因为她也变成了"私生女"。她的"私生女"身份有多种解读的版本。天主教会坚持认为凯瑟琳是亨利八世的合法妻子，因此亨利迎娶安妮·博林犯了重婚罪。伊丽莎白是这段伪婚姻的产物，自然便是私生女。天主教会的观点一直延续到21世纪的今天。英国圣公会虽然支持亨利八世与天主教徒凯瑟琳解除婚约，承认亨利与安妮·博林的婚姻合法，但部分新教徒觉得有一个事实不能忽视，那就是伊丽莎白出生时其母安妮·博林被册封为王后仅三个月。这说明，伊丽莎白的问世是一段婚前情的产物，她父母后来补办的结婚手续仍然改变不了她的私生女身份。这一点与两百年后的俄罗斯公主叶丽莎维塔的情况相仿。伊丽莎白的私生女身份还有第三种解读。自从安妮·博林被指控犯了通奸罪后，便有人怀疑伊丽莎白是一个名叫斯密顿的"奸夫"的孽种，她的血管里流淌的不是亨利八世的血。她的姐姐玛丽就经常蔑视地指认她脸上有"斯密顿"的影子。

伊丽莎白真正的厄运不是弟弟的出生，而是姐姐玛丽登上英格兰的王位。弟弟爱德华去世后，玛丽发动政变废黜了接替弟弟仅九天的简·格雷女王，国家的政治生态再次出现重大逆转，国家的宗教图谱也全面改色。父亲和弟弟的爱臣遭到整肃，天主教贵族弹冠相庆。玛丽首

先为自己正名。她宣布，父亲亨利八世与母亲凯瑟琳的婚姻合法有效，父亲后来与安妮·博林的婚姻被废除。由此一来，她本人作为婚生女儿的身份得到恢复，与此同时妹妹伊丽莎白便成了"私生女"。在玛丽当政的五年里，伊丽莎白被逐出王宫，长期遭到监禁，而且数次与死神擦肩而过。

玛丽有太多的除掉妹妹伊丽莎白的理由。英格兰新教徒的起义此起彼伏，起义者呼喊着伊丽莎白的名字，要求推翻玛丽的统治。玛丽要把自己嫁给自己的表外甥西班牙的王子腓力，但遭到朝野的强烈反对。玛丽认为这与伊丽莎白有关，怀疑她暗中与自己作对。更令玛丽寝食不安的是，如果自己没有子女，自己死后王位将落到伊丽莎白手里，届时国家的宗教色谱将再次出现切换——新教将成正朔，天主教成为逆敌。已故父亲亨利八世的婚姻定位将被重新扭转。伊丽莎白无疑将会把为婚生女身份授予自己，而她玛丽·都铎则将再次被追贬为私生女。冰炭不能同器，两姐妹的身份永远处于逆向地位。

这个担心成了玛丽的心病。有两个办法可以阻止这种后果发生，一是她自己生一个孩子。她如果有孩子的话，她的孩子在王位继承序列上排在伊丽莎白之前。但是，随着她年纪增大和身体不断衰弱，这个前景便日薄西山。当她的丈夫西班牙王子腓力离开英格兰后，这个可能性便彻底消失。腓力感兴趣的是英格兰王国驸马的身份，而不是徐娘半老浑身是病的玛丽女王。他返回了西班牙，并且再也不会返回。另一个可能就是除掉伊丽莎白，一旦伊丽莎白命丧黄泉，经玛丽确认的父母的婚姻便夯实了，再不会遭到修改。但是，怎么弄死伊丽莎白？弑亲不仅为世俗法律所不容，在基督教义中也是十恶不赦的重罪。要除掉伊丽莎白就必须找到她参与谋反的确凿证据。玛丽的爪牙一直明里暗里搜索伊丽莎白谋反的证据。伊丽莎白深知姐姐的意图。她自知命悬一线，因此谨言慎行，并佯装"皈依"天主教，始终没让玛丽抓住任何口实。她侥幸活下来。玛丽至死没能除掉妹妹，最后只能抱恨撒手人寰。

玛丽并非不敢杀人。她登上王位后，烧死了240多个新教政敌，获得了"血腥玛丽"的恶名。她大开杀戒，是因为这些新教徒反对罗马

教廷，她以上帝的名义惩处他们。她也并非从未"弑亲"。被她处死的政敌中就有她的侄女——"九日女王"简·格雷，她的罪名是违背亨利八世遗嘱，越位登基。亨利八世在遗嘱中规定的继位顺序是：爱德华第一，玛丽第二，伊丽莎白第三，简·格雷在伊丽莎白之后居第四位。爱德华死后，简·格雷越过玛丽和伊丽莎白抢先登基。这就是"篡位"。犯有"篡位"罪行的简·格雷还拒绝玛丽提出的赦免条件——皈依天主教，因此她死有余辜。玛丽要除掉妹妹伊丽莎白，也必须有坚实的证据，最好是能找到她支持新教徒叛乱的证据，但她派去监视伊丽莎白的心腹向她报告，无论在软禁在庄园期间还是监禁在伦敦塔内，伊丽莎白与外界都没有任何联系。玛丽黔驴技穷。

对于为王者杀人，罪证有那么重要吗？被武则天处死或亲自弄死的人多达93个。其中，她的血亲竟占了23人。她弑亲只需动机，不需证据。她处死她自己的亲孙女永泰公主李仙蕙和孙女婿武延基，只因为他俩私下议论她的面首张易之和张昌宗。她年轻时亲手掐死了襁褓中的女儿，目的是嫁祸于王皇后，以便获得唐高宗李治的专宠。武则天弑亲时无所畏惧，"血腥玛丽"却犹豫不决，不敢下手。我们在这里再次感受到中西方的文化差异。

欧洲历史的每一个页面都晃动着基督的身影，欧洲文化的每一个毛孔都散发着圣经的气息。

莎士比亚名著《王子复仇记》中的克劳迪斯谋害了王兄，篡夺了王位，还娶兄嫂为妻。他首先犯了谋杀罪，他杀的是自己的兄弟，因此他又犯了弑亲罪。他弑兄后篡夺了王位，又犯了篡位罪。他还霸占了哥哥的妻子，因此他又犯了乱伦罪。这四宗罪都是在圣经中屡遭谴责的重罪。十恶不赦的克劳迪斯最后死于哈姆雷特的利剑之下。哈姆雷特之所以获悉叔叔的种种罪行是父亲的亡灵告诉他的。亡灵托梦的情节令人喻指上帝意志的作用。这个故事的结局不啻为一种神谕式的警示：俗世间的任何君王均不可与基督精神背道而驰。

欧洲人笃信"君权神授"。这句话的隐喻是，君权是神授予的，如果冒犯了神，神也可以把它收回去。在基督教中这个神就是上帝。无论

是查尔斯二世、乔治四世、威廉四世，还是亨利八世，无论是玛丽一世还是伊丽莎白一世，在放纵自己膨胀的私欲时，也无时不刻不在提醒着自己，避免触碰那条最后的红线。

中国的历史展现的是完全不同的文化图景。中国流行的是佛教和道教。这两种宗教的精神驾驭力远不能与基督教同日而语。它们羸弱的势力又因为相互竞争而大打折扣。道教的术士和佛教的方丈不过是皇廷的门客。中国的皇帝对它们的兴趣仅限于获取长生不老的秘诀。皇帝们还时不时突发奇想，发起佛、道两教大论争，挑动它们相互诋毁和揭短，让它们斗得两败俱伤。有的皇帝更是不畏天谴，不时发起"灭佛"或"灭道"运动，把僧侣和道士们搞得灰头土脸。

中国人也是虔诚的膜拜者。他们对祖先膜拜的热情超过了对任何宗教神明膜拜的热情。中国的皇帝每年都要祭祀。他们可以不拜佛祖，不拜太上老君，但是一定要拜天拜地，祈求风调雨顺国泰民安。他们自诩"天子"，即"人的儿子"，因此拜人就是膜拜父亲。皇帝们在祭祀中从来没有自省的内容，因为他们知道仁慈宽厚的"父亲"只会保佑他们，不会惩罚他们，况且皇帝是从来不犯错的，自然不必忏悔和祈求宽恕。

欧洲的王权受神权的制约，基督教是贯穿欧洲历史的重要影响力量。古代中国没有这样一个支配皇帝头脑的神权，也没有任何一种稳固的、超自然的精神力量凌驾于皇权之上修改着历史的走向。

从参孙脚下仰望坐落在上花园的大皇宫，金色屋顶在阳光下熠熠生辉。这是彼得花园中最大的宫殿。彼得建造了这座宫殿，三十年后在叶丽莎维塔的主持下扩建了这座宫殿，为它增添了两翼。这座宫殿以及冬宫和斯莫尔尼教堂是她女皇任内的三大政绩工程。

她当初没有嫁给路易十五是对的。成年后的路易十五变成一个对美色贪得无厌的国王。他的情妇有权倾朝野的蓬巴杜夫人和杜巴丽夫人。最早进入他的秘密春宫的是玛奕-内斯莱四位亲姐妹，当她们离开那里时，有的获得了公爵夫人的头衔，有的被投入监狱。

波旁王室没有接纳叶丽莎维塔也是对的。她虽然终身未嫁，但却变

得十分不安分。她的情人榜单中既有贵族、外交官、近卫军军士，也有农民歌唱家。她的品味高而不雅，只要身材魁梧容貌英俊哪怕是宫廷仆人和马车夫都可以登上她的龙床。

　　尽管女皇有过不计其数的情夫，但根据已知的史料，她却从来没有生育。这也许是好事，否则又会制造出一系列的私生子女，承受她经历过的磨难。

2014 年 1 月 1 日完成于威海滨海新区

承诺的分量

马斯特里赫特大学的国际公寓是一座"工"字形的两层楼房。"工"字的四条腿分别是四个走廊。每个走廊里除了大大小小十四个房间外，还有一个公共厨房、两个卫生间、两个淋浴间、一个洗衣房。小房间住一人，大房间住两人，少数特别大的房间住三人。

国内校园的学生宿舍通常分男楼和女楼，或者至少要分男层和女层，否则会感到很不方便。譬如，夏天穿着小衣小裤前往洗漱间，在走廊里与异性迎面相会会顿生尴尬。荷兰的学生公寓不仅楼房不分男女，楼层也不分男女，性别隔离具体落实到房间层面。譬如说，201 室住的是男生，202 室住的可能是女生。男女学生前往淋浴间时，先在自己房间里将衣服脱光，然后用浴巾一裹，将胳肢窝以下和大腿以上部位遮住，便大大方方地穿行于走廊，毫无不便之感。原因有二：一是公寓里住客稀少，一个走廊住满了也不过二十来人，平时穿行走廊难得与人打照面，遇见异性的几率就更低，不像国内学生宿舍一个寝室挤着 6 到 8 人，走廊里人来人往摩肩接踵。二是即便在走廊里裹着浴巾与异性迎面而过也没有什么可大惊小怪的。平时在草坪上日光浴，女生仅穿三点式，男生就穿个小裤衩，裸露的肌肤比这要多得多，因此裹着浴巾见异性，对方也绝不会对你多瞟一眼。这种场面要在国内早就令人瞠目结舌了。这说明，什么事情只要习惯了就好。

刚才说公寓里性别隔离落实到房间层面其实并不准确。男女学生共居一室虽不提倡，但也绝非不可以。西方国家崇尚自由和个性解放，其中也包括性解放。尽管有家长对此不认同，天主教会也持反对态度，但

校园鸳鸯双宿双栖的现象依然比比皆是，谁也不会以此为忤。

玛丽亚是我们公寓里的花蝴蝶。每年春意刚刚褪去，夏季的阳光初吻大地时，她总是第一个穿上泳装，来到门外的草坪上晒太阳。在她的引领下，半裸的青年人如雨后春笋般迅速布满草坪。她身体矫健性格活泼，是校园的劲舞皇后。她那带弗拉明戈韵味的热舞技压群芳。一群男性仰慕者众星捧月般地跟随她辗转于校园各个舞场，以能与她共舞一曲为荣。

玛丽亚与她的西班牙同胞娜塔莉亚同居一室，但娜塔莉亚经常见不着她。她在自己的寝室里过夜的时候不多。这种夜不归宿的情况在学生中并不罕见。有时她即便在自己寝室过夜，也并非让自己撂荒。一天清晨我到厨房热牛奶时，看见娜塔莉亚独自一人坐在饭桌前的椅子上闭目养神，脚边放着手提箱。她显然是外地归来刚下火车。我问她为什么不回房间休息。她向着厨房对过的房门努努嘴。她与玛丽亚的寝室房门紧闭着，门把上挂着一只袜子。那是一只男袜。这是大学宿舍的通用的信号，与酒店客房门口"请勿打扰"的牌子传递的意思相似。酒店客房门把上挂着的"请勿打扰"是向服务员示意"我要多睡一会，请暂勿进来打扫房间"。而这只袜子（有时是领带）是给室友看的，表示室内"有情况"，请暂勿进屋。那个"情况"就是那只男袜的主人此刻正躺在玛丽亚的床上。

当我拿着书包走出公寓前往大学办公室时，一位蓄着络腮胡子青年从我身后赶上来，对我喊了一声"早安！"然后蹬着自行车意气风发地向着教学大楼冲去。他就是那只袜子的主人，名叫罗伯特，玛丽亚目前的情人。他要赶九点钟的课。此时此刻娜塔莉亚应该拖着行李回到寝室，而玛丽亚则正裹着浴巾走进淋浴间。

玛丽亚的上一个男友是德国学生汉斯，一个1.8米的壮汉。玛丽亚与他保持了三个月的关系。现在这位罗伯特是荷兰人，身高1.7米，没有发达的肌肉，却有匀称的身材，虽然长着满嘴胡子，其实才刚满20岁，比玛丽亚还小4岁。罗伯特和汉斯一样，先前都是玛丽亚的舞场粉丝，跟随她出没于校园周末舞会。那支仰慕者队伍其实是玛丽亚的男友

储备队。前一阵罗伯特与玛丽亚开始双双出没于酒吧时，人们就猜测汉斯快要出局，罗伯特就要上场了，玛丽亚又要换口味了。

罗伯特两年前高中毕业，去年才从预科转到本科，这就开始泡妞了。要在国内，这么个毛孩子要泡妞面临的第一考验题是经济实力。两个人泡酒吧和吃饭要花钱，逛游戏场、坐过山车、看电影也要钱。按中国的习俗，这些钱都必须由男孩出。除了吃喝，男孩还要给女孩送花送礼物以示殷勤。因此，家境不富裕的学生要想搞对象，就必须先做做兼职挣点外快，否则承担不起这种花费。在欧美国家却不一样，谈恋爱、约会产生的开支基本实行 AA 制，双方平均分担。这种模式源自于一种平等理念：在交往过程中，双方付出了相同的感情，获得了同样的欢愉，因此产生的费用理应二人均摊。中国的男孩承担恋爱过程产生的大部分成本。这个习俗来源于性别风险和收益差异理念。中国人一般认为，在恋爱过程中，女方面临的风险和潜在损失要大于男方，男方收获的快乐又大于女方。

我们不知道玛丽亚是怎么"劝退"汉斯的，也许是暗示，也许是明示，就说："我对你没兴趣了，咱们分手吧。"汉斯很知趣，见好就收，迅速从玛丽亚身边消失。后来又过了三个月，罗伯特本来应该以汉斯为楷模，欣然向下一位男生让贤，但他却没有。他对玛丽亚的"杯水主义"很不认同。他迷恋上玛丽亚了，或者用他自己的话说，他爱上她不能自拔。他天天晚上来到我们走廊里，不断地轻轻敲着玛丽亚的寝室门，嘴里嘟囔着："玛丽亚，是我。请开门！"后来，玛丽亚消失了，她藏起来了。蓬首垢面衣冠不整的罗伯特在走廊里疯了般地大声嚷嚷："玛丽亚，别躲了，我看见你了！"

罗伯特的父母接到校方的通知，到学校来接罗伯特回去接受心理治疗。大伙觉得罗伯特更需要的可能是精神治疗。两位家长为儿子的行为感到羞愧。他们向走廊里的每一位住户道歉，并且请大家转告玛丽亚，请她原谅罗伯特的不成熟。

这种事如果发生在国内，就会迅速发酵，传得沸沸扬扬，成为校园年度八卦新闻的上榜事件。但在这家欧洲大学里，它几乎连涟漪都没有

掀起。罗伯特被父母接走后，玛丽亚马上回到校园，满面春风地出现在大伙面前，胸无芥蒂地与每一位廊友打招呼。如果在中国，她会脱不了干系。人们会将罗伯特的悲剧归咎于她的"变心"，骂她是"负心女"。而在马斯特里赫特大学的国际公寓里，大家虽然对罗伯特充满怜悯，但谁也没有因此责怪玛丽亚。她没有错，是罗伯特不懂游戏规则。在西方，校园性爱就是一场游戏，这里面没有契约，没有责任，也没有承诺。游戏的参加者必须清楚，你只能求欢于肉体，而不能寄托于精神。这是一种反向的情商，缺乏这种情商就会受到伤害。

在今天的欧美，并不是所有的男女性伴之间都没有感情，至少校园里的那种感情会少一些。这是情窦初开的少男少女们的小试牛刀，没有托付终身的含义。当这种游戏玩过若干年后，年岁也增长了，可能会萌发了生孩子过日子的念头，这才开始寻找长久的伴侣，然后谈婚论嫁。这时候，他们才会经常把"I love you"挂在嘴边。人是一种情感动物，总归是需要爱的。男女之间要建立长久的关系，就不仅要释放欲，也要投入情。爱情是一种互动的行为，感情的投入和获取会相互激励而持续升华，最后酿出日久弥坚的情愫来。但在谈情说爱的阶段，哪怕是山盟海誓，也只表明双方有结合的意向，至于能否长久结合还要取决多种因素。譬如，双方价值观念的契合度、性格磨合的成效、抗拒外部诱惑的能力及决心、双方以及双方亲属之间利益的调和度等等。随着婚龄的推迟以及双方经验的积累，男女在决定分合时，激情的支配力在下降，利益权衡的作用在上升。因此，婚姻之路非坦途，任何一个沟沟坎坎都可能令你半途而废。这种夭折的婚姻会为投入了真挚感情的当事人及其子女带来伤害和痛苦。

美国有一位著名影星名叫亨利·方达。他在与他的第二任妻子弗朗西斯·西摩结婚12年后移情别恋提出离婚，使其本来罹患精神分裂症的妻子因绝望而自杀。这件事使得后来也成为著名影星的女儿简·芳达对父亲充满了恨意，并断绝了与父亲的来往。美国社会对亨利·方达的态度较为宽容，没有过度地责难他。美国人认为，婚姻唯一的原因是爱情，而且必须是两个人相互的爱慕。如果爱情褪去，或者两人中的任一

方不再爱对方了，那么这段婚姻便可以下课，因为勉强或者强迫延续的婚姻是不道德的，甚至比一方对另一方的背负更残忍。这种残酷性已经由一些经典文学作品揭示出来。

英国女作家夏洛蒂·勃朗特的小说《简·爱》里描述了一场教堂婚礼的场景。主持婚礼的牧师在宣布罗切斯特和简·爱结为合法夫妻之前向他们提出一个问题。这个问题使读者心中热盼已久的这场婚礼戛然而止。

　　我要求并告诫你们两人（因为在可怕的最后审判日，所有人内心的秘密都要袒露无遗时，你们也将作出回答），如果你们中的一位知道有什么障碍使你们不能合法地联姻，那就现在供认吧，因为你们要确信，凡是众多没有得到上帝允许而结合的人，都不是上帝结成的夫妇，他们的婚姻是非法的。

　　他按照习惯顿了一下，那句话之后的停顿，什么时候曾被回答所打破呢？不，也许一百年才有一次。所以牧师依然盯着书，并没有抬眼，静默片刻之后又说了下去，他的手已伸向罗切斯特先生，一边张嘴问道，"你愿意娶这个女人为结发妻子吗？"就在这当儿，近处一个清晰的声音响了起来：

　　"婚礼不能继续下去了，我宣布存在着一个障碍。"

　　牧师抬头看了一下说话人，默默地站在那里，执事也一样，罗切斯特先生仿佛觉得地震滚过他脚下，稍稍移动了一下，随之便站稳了脚跟，既没有回头，也没有抬眼，便说，"继续下去。"

　　他用深沉的语调说这句话后，全场一片寂静。沃德先生立即说：

　　"不先对刚才宣布的事调查一下，证明它是真是假，我是无法继续的。"

　　"婚礼中止了，"我们背后的噪音补充道。"我能够证实刚才的断言，这桩婚事存在着难以克服的障碍。"

罗切斯特先生听了置之不理。他顽固而僵直地站着，一动不动，但握住了我的手。他握得多紧！他的手多灼人！他那苍白、坚定的阔脸这时多么像开采下来的大理石！他的眼睛多么有光彩！表面平静警觉，底下却犹如翻江倒海！

沃德先生似乎不知所措，"是哪一类性质的障碍？"他问。"说不定可以排除——能够解释清楚呢？"

"几乎不可能，"那人回答，"我称它难以克服，是经过深思熟虑后才说的。"

说话人走到前面，倚在栏杆上。他往下说，每个字都说得那么清楚，那么镇定，那么稳重，但声音并不高。

"障碍完全在于一次以前的婚姻，罗切斯特先生有一个妻子还活着。"

基督教主张一夫一妻制，禁止重婚，因此教堂婚礼中有一个很值得称颂的环节，那就是在牧师宣布新郎与新娘的婚姻合法完成之前，要核实两位新人是否有尚未了断的前缘。这个环节相当于一次婚前现场公示，它要求两位新人坦诚自己的婚姻状况，也为知情者提供举报的机会。在实践中一场婚礼僵死在这个程序上的概率微乎其微，就像小说中说的"一百年才有一次"。不幸的是，简·爱和罗切斯特的婚礼偏偏在这个关头搁了浅。两位出现在婚礼上的神秘人物高声揭发罗切斯特有一个活着的妻子。这个妻子就是那个像幽灵般在庄园里时隐时现的疯子伯莎·安托万内特·梅森。她患有家族性精神病。罗切斯特与她婚姻是误入女方家庭设下的圈套。他们隐瞒她的家族精神病史。罗切斯特已经被她折磨了多年，活得人不像人鬼不像鬼。在他那个时代离婚是不可能的，也就是说他必须接受这种生活，继续待在炼狱中。

亨利·方达与罗切斯特的情况有相同点也有不同之处。相同点是在两桩婚姻的基础——爱情——均已不复存在。不同的是，罗切斯特作为一场骗局的受害者仍然无法摆脱那个婚姻，因而获得读者的深切同情。小说的结局遂了读者心愿，罗切斯特与简·爱结了婚，但代价是凄楚的。

罗切斯特的疯子妻子放火烧掉庄园并且烧死了自己。大火使这个庄园的主人变得一贫如洗并双目失明，但简·爱终于嫁给了他。虽然他又穷又瞎，她却因此获得了平等的地位。

与罗切斯特不同的是，亨利·方达扮演着"负心汉"的角色。移情别恋在他一生中的五次婚姻中发生了四次，因此他对屡次婚姻的失败难辞其咎。尽管饱受非议但他的离异又得到公众的认可，因为他无论何种原因要求离异都说明他已经不爱他的妻子了，婚姻的基础已土崩瓦解。在他的例子中有两个法则在发生作用。第一个法则是，夫妻双方应该忠于自己结婚时的承诺，移情别恋者应受谴责。第二个法则是，没有双方相爱作为基础的婚姻可以解除。因此，谴责归谴责，分手依然不可避免。

这说明在西方人的观念里，对爱情承诺的分量大大轻于爱情本身的分量。这与中国人的观念大相径庭。亨利·方达的案例如果发生在中国，后果可能完全不同。他会带着"陈世美"的帽子淹死在道德的唾液中。陈世美是中国古典戏曲《铡美案》中的一个人物。在过去三百年里，这个戏剧成了中国传统道德圭臬中的一个具象化范本。

《铡美案》剧讲述的是一个痴情女和薄情郎的故事。寒门书生陈世美进京赶考中了状元，被皇帝招为驸马，于是抛弃了糟糠之妻秦香莲。秦香莲携子上京寻夫。忘恩负义的陈世美非但不肯相认，反而遣人谋杀秦香莲。他派遣的杀手韩琪不忍心戕害无辜，只好自戕求义。秦香莲反被误认为凶手而锒铛入狱。在陈世美的授意下秦香莲被定罪发配边疆。陈世美密令官差在途中继续加害秦香莲。所幸秦香莲为展昭所救。展昭对陈世美展开调查，找到了人证祺家夫妇。不料祺大娘在途中死于杀手刀下。此案最后落到嫉恶如仇的包公手上。包拯人证物证在手，欲定陈世美之罪。公主与太后赶至阻挡，但包拯终不让步将陈世美送上龙头铡。此案成为铁面无私的丞相包龙图的一项重大业绩。

在中国文化中，忘恩负义、始乱终弃、移情别恋、富贵弃妻均是为人不齿的恶行。陈世美为这种恶行提供了一个活标本。"陈世美"三个字成了腥膻满天的标签，被后人贴在有类似行为者的头上。然而，作为批判工具的《铡美案》剧却败笔迭出。编剧人为了追求戏剧的观赏性

把不必要的罪恶堆砌在陈世美身上，例如安排他遣凶杀妻，最后导致数人死于非命。一桩民事案件陡然升级为刑事案，"负心汉"的陈世美嬗变成十恶不赦的杀人元凶。这个设计淡化了戏剧对"负心"和"忘恩负义"的批判。《铡美案》剧本源的教育意义被弱化。在现实生活中，负心的陈世美如过江之鲫，而杀人的陈世美寥若晨星。"陈世美"的帽子一旦沾上血腥，便不能随意扣到任意一个负心汉的头上了。再换个角度说，如果陈世美本质上就是一个杀人元凶，那么秦香莲当初嫁给他便是误陷狼窝。秦香莲的悲催不是"被抛弃"，而是"被蒙蔽"。在这种情况下，陈世美变心和离去对秦氏及儿女来说不是不幸，而是万幸。观众潜意识中的期盼是：秦香莲应该尽快地带着孩子逃离这个恶人。

近年来，网上一度掀起为陈世美的历史原型翻案的热潮。据考证，陈世美的历史原型名叫陈年谷，字熟美，湖北均州人，清顺治十二年乙未科进士及第。陈中进士后，历任直隶饶阳知县、刑部主政、郎中、贵州思石道按察司副使兼布政司参政。康熙年间升任户部郎中、侍郎，后携妻告老还乡。陈年谷为官清廉正直、道德高尚。昔日同窗好友仇梦麟、胡梦蝶进京找他求官，被他婉言拒绝，因而怀恨在心。二人在归家途中行至南阳时，见当地戏班正演出曲剧《琵琶记》。二人决定藉此对陈年谷进行报复。他们拿出银两贿赂戏班，请戏班修改《琵琶记》的剧情，将戏中男主人公蔡伯喈的名字改为陈世美以喻讽陈熟美，同时将剧中女主人公的名字换成秦香莲，暗喻陈年谷的妻子秦馨莲，同时将故事的背景移植至宋朝，以便与铁面包公相衔接。不料此剧经过改编后大受欢迎，三百年来历演不衰。据称陈年谷的后人对此剧耿耿于怀。他的七世玄孙还怒砸在均州巡演此剧的戏班。

还有人对"怒斩"陈世美的包拯进行人肉搜索，发现他膝下的独苗苗包绶竟然是一段婚外情的产物。原来包公的原配夫人张氏过门不久便病逝，续妻董氏所生之子包繶在婚后两年也撒手人寰，没留下一男半女。包公59岁那年，婢女怀上了他的儿子，为了遮羞，包公把婢女打发回家。后来守寡的儿媳偷偷将婢女所生之子抱回家抚养。那私生子便是包绶，包家的香火才后续有人。如此看来，黑脸包公也并非道德场上一

尘不染的君子。有人因此抨击他是"只许州官放火，不许百姓点灯"的伪善人，从侧面为陈世美鸣不平。

陈年谷的七世玄孙怒砸戏班是极不明智的。均州的百姓可能早已无人知晓戏曲中的陈世美与他们两百年前的老乡陈年谷之间的瓜葛，陈氏后人却自动对号入座地认领那份耻辱。今天某些网民以陈年谷受屈连带翻《铡美案》的案亦缺乏合乎逻辑的理由。如果陈年谷老先生被错误地妖魔化了，人们尽可以为他恢复名誉，但这与《铡美案》剧的宏旨无关。《铡美案》剧铡的是富贵易妻的行为，即便没有《铡美案》，也有别的戏码出面操刀。大致产生于同时代的剧目《赵贞女蔡二郎》（又名《赵五娘蔡伯喈》）、《王魁》（又名《王俊民》）和《琵琶记》等，都是挞伐负心男子婚变的剧目，说明"贫贱之交不可忘，糟糠之妻不下堂"是深入民心的道德准则。

在现实生活中，婚姻的变节者并不总是男性，"负心女"的队伍也十分庞大。这类故事在古今文学作品中也屡见不鲜。最早的"负心女"当属嫦娥。《淮南子·览冥训》中写道："弈请不死之药于西王母，羿妻姮娥窃之以奔月"。嫦娥背负了弈的感情，偷取了弈从西王母那里求得的药独自飞升。明代话本中出现了一批"负心女"。例如，《初刻拍案惊奇》第六卷中的狄氏因为丈夫常年在外做官，耐不住寂寞与风流小生滕生偷情。《喻世明言》第一卷中商人蒋兴哥之妻三巧儿，也因丈夫远赴广东经商，盘桓达一年半未归，遂与街坊陈商勾搭成奸。最典型的人物是《水浒传》中的潘金莲，她与西门庆为了做长久夫妻，合谋毒死了武大郎。这些女性"失足"于禁不起诱惑和耐不住寂寞。男权社会的礼教将"淫"视为万恶之首，最忌讳妻室"红杏出墙"，因此她们都被定性为"淫妇"。

近现代文学作品中变节女性也不乏其人。巴金笔下的曾树生和曹禺笔下的周繁漪就是这样的人物。巴金的《寒夜》展示了一个抗战期间发生在陪都重庆的故事。曾树生是一名银行职员，生活与境遇要优于同时代的许许许多多的女性。她与她们不同的是，她心怀强烈的梦想，而缺乏当时大多数女性的忍耐力，于是抛弃了贫困的家庭和平庸的丈夫，去

寻找自己的幸福。曹禺的《雷雨》讲述了一个双重的乱伦故事。第一桩是周繁漪背弃丈夫周朴园与继子周萍私通。第二桩是始乱终弃的周萍勾引女佣四凤——他不知情的同母异父妹妹。

然而，前三个故事中女性所背叛的对象，除了武大郎以外没有一个人像秦香莲那样获得广泛的同情。这说明人们的同情心只给予弱势群体。狄氏的官宦丈夫和三巧儿的商人老公蒋兴哥都是有一定实力的人物，除了被戴上绿帽子外并无特别不堪的下场。这三位女性在她们所处时代倍受挞伐，而今天却有人为她们掀起翻案风，称她们对婚姻的变节是"符合人性"的行为。至于《寒夜》和《雷雨》中的曾树生和周繁漪，作者从一开始就没打算把她们当做批判对象。曾树生的丈夫汪文宣后来病故，也不是妻子离弃的直接后果。周繁漪的男人周朴园本来就被刻画成一个阴险凶残的资本家，作品还将他渲染成周繁漪不幸生活的加害者，所以无论他头上戴着多大的绿帽子也无人怜悯。

这几位被背叛的男人中唯一令人扼腕痛惜的只有武大郎。武氏作为一个有生理缺陷的下层劳动者，一世忠厚老实，最后被妻子潘金莲与奸夫西门庆谋害致死，所施手段还极其残忍。这种凶残的手段即便在今天的司法实践面前也会罪加一等。尽管如此，今天依然有人高举"人性论"的旗帜为潘氏鸣冤叫屈，令人不胜唏嘘并且无语。

秦香莲是另一类弱者。她的弱势与她所处的时代紧密相关。在她生活的社会，一个男子可以娶十个八个妻子，却要求"一女不侍二夫"。女人一旦出嫁便要"生做夫家的人，死做夫家的鬼"。为了确保女性对丈夫"从一而终"，宗法制度给予女性婚姻稳定权，作为对忠于这一礼教的妇女的保护和回报。那就是，丈夫不得随意"休妻"。一个男人如果要将妻子退回娘家必须有充分的理由和确凿的证据，因为在中国传统观念中，女人被"休"是其本人和娘家的莫大耻辱。这种耻辱观是宗法社会千百年来蓄意培育的结果，目的是维护宗法礼教的统治地位。秦香莲获得同情的第一个原因是她在婚姻中没有任何过错，理应获得宗法礼教的保护。而且，在"饿死事小，失节事大"的语境里，失婚的妇女再婚也是一件冒天下之大不韪的事。以秦香莲的个例来看，即便她敢于冒

这种风险，带着两个孩子再嫁的成功率也微乎其微。

宗法礼教的语境中，"欲""情"和"爱"都是女人不能想不能碰的东西，是罪孽的同义语。对于女人来说，婚姻的目的是为了过日子和传宗接代。它成于父母之命、媒妁之言，当事人在这个过程中扮演着被动的角色。在宗法社会标准的婚姻范式中，新郎、新娘事前不能相互接触，他们的首次谋面应该在婚礼上掀起盖头的那一刻。婚前的接触哪怕是偶然的邂逅都可能使这个婚姻蒙上不洁的疑云。这是因为，两人的往来甚至惊鸿一瞥可能引起相互的好感，这种好感则可能滋生出某种"欲念"。由于"婚前"等同于"婚外"，允许"婚前欲念"的存在也就是对"婚外欲念"开启绿灯。一对夫妻初见于掀盖头之时是这场婚姻纯洁性的保证，也杜渐防微地将妻子将来出轨的概率降至最低限度。当然，这只是宗法社会婚姻的理想范式。在现实中有不同的实用范式，例如童养媳制度。童养媳的娘家早早把女儿送出门，好省下一人的口粮。婆家提前把媳妇聘进门，为家族人丁兴旺吞下一颗定心丸。宗法社会认同这种范式的婚姻，因为它也是一种包办式婚姻，符合时代的理念。在包办体制下无爱的婚姻非常普遍。当然，并非所有被包办的夫妻都与感情无缘，包办夫妻也有日久生情过得恩恩爱爱的。恩爱夫妻会得到舆论的肯定和褒奖。秦香莲获得同情的第二个原因是，她原来有一个美满的家庭，在陈世美进京赶考之前，两人应该算得上是一种恩爱夫妻。秦香莲盼望陈世美科考及第后会给这个家庭带来一个更美好的生活前景。陈世美的变心使她的憧憬灰飞烟灭。

《铡美案》剧的影响是巨大和长久的。《铡美案》剧将"陈世美"炮制成一个警示和惩戒世人的标签，使有富贵易妻念头的人对之望而生畏，而胆敢迈出这一步的人则遭致"陈世美"的骂名而臭名远扬。虽然没有确凿的统计数据佐证，但仍然可以相信《铡美案》剧为维护中国式家庭的稳定做出过一定的贡献。这个标签的作用一直延续到今天。

几年前某南方媒体报道，某女子携幼女从上海到深圳寻夫，在丈夫单位门前打出醒目标语"寻抛妻弃女的现代陈世美"。据该女称，其夫因重男轻女而离家出走并拒付女儿生活费。母女俩千里迢迢来到深圳求

见男子。但男子多日避不见人，母女只好采用这种方式跪求行人帮忙找寻丈夫。寻人启事里附有丈夫孙某的照片、姓名、工作单位以及联系方式等个人资料，和两人的结婚证复印件。女子的行为引来众多市民和媒体的围观。"年薪百万抛弃妻女"成为当地小报的头条新闻。网络也将此事搅得沸沸扬扬，网民们对这名"现代陈世美"进行集体讨伐。该女子的行为对男子造成极大的压力，也使男子供职的公司声誉受到损害。公司断臂求生，解雇了该名男子。该男认为妻子侵犯了自己的名誉权，遂以一纸诉状将妻子告上了法庭。市民密切关注该官司审理过程，期待着包公再现，严惩这个当代的"陈世美"。

然而，法院的反应出乎人们预料。法院经过审理做出判决：该女士必须停止对孙某的名誉侵权，并在判决生效之日起15日内在全国发行的报纸上向男子赔礼道歉，道歉内容须经法院审核，否则法院将在互联网上公布判决书，刊登费用由女方负担。当代"秦香莲"输了这场官司，判决书的最后一句话对她还特别地不客气。

官司的结果令人大跌眼镜。然而，如果能够冷静地思考一下女子的行为，可以发现诸多疑点。首先，女子撕破脸面、大张旗鼓地在丈夫工作的写字楼前扯出"寻抛妻弃女的现代陈世美"的标语，激起指向其夫的公愤，至少说明一点：这个女人的动机不是要挽救岌岌可危的家庭，而是要毁掉那个男人的前程。这位当代的"秦香莲"是在对她指认的"陈世美"进行人格追杀。其次，在街头用"告地状"的方式进行炒作很有绑架舆论的嫌疑，因为此时此境女当事人独揽了全部话语权，置男子于完全无法辩解的境地。其三，人们曾经见到过许多感情破裂的夫妻，他们将离婚过程小心翼翼地对子女保密，以便使他们受到的伤害降低到最低限度。而这一位母亲在街头指涉年薪百万的丈夫拒付女儿的抚养费，不仅在挑战公众的智商，而且让女儿变身长矛刺向她自己的父亲，蓄意在她幼小的心灵播下仇恨的种子。

在网民几乎一边倒地炮轰"负心汉"的同时，也有人发出理性的声音，引用"清官难断家务事"的谚语吁请公众注意夫妻感情纠葛的复杂性，切勿据一面之词妄下结论。据报道，这对夫妻都获得过博士学位，

此前丈夫曾提出离婚起诉但被法院驳回，他原准备在半年后再次提出离婚诉讼的，由此可见冰冻三尺非一日之寒。他们之间的感情纠葛我们不得而知，但是相信本案的判决是法院对他们的陈芝麻烂谷子后进行仔细研判后作出的。法官的明察秋毫避免了一场"陈氏标签"冤案，同时也帮助公众和舆论跳出了"陈世美陷阱"。

这场官司给我们一个启示，对于相对地位发生变化后劳燕分飞的夫妻，不能因为离婚提出者为事业的上升方就断定他是"陈世美"。夫妻关系是一个"黑匣子"，两人情感的上升、下降、迂回、折返、颠簸、坠落等等，都以数据码的形式记录在匣内的芯片上，旁人是无法识读的。也许当事双方在价值观念和性格上有无法磨合的差异，也许事业上的弱势方在家庭生活中却是咄咄逼人的强者，也许被离婚者本来就是一个朝秦暮楚的女人，在丈夫背运时早已背弃了他，在这种情况下被离婚者自诩为"秦香莲"则不免虚妄，指责对方是"陈世美"便过于诛心。

亨利·方达以硬汉的形象仨美国影坛上叱咤风云几十年，名气与马龙白兰度不相上下，但他却一直与奥斯卡无缘。女儿简·芳达却春风得意，七次获金像奖提名，两次幸运摘桂。1981年76岁的亨利收到20多年素无往来的女儿的邀请，出演《金色的池塘》中的父亲一角。剧中女儿一角由简自己担纲。这个影片讲述了一对隔阂多年的父女重归于好的故事。父女演员演父女，演的又是他们自己的心路历程，因而挥洒自如得心应手。影片大获成功。奥斯卡终于对这位影坛耆宿露出笑脸。在亨利去世的前五个月，第54届奥斯卡金像奖举行颁奖仪式，他获得最佳男主角奖。由于健康原因他没有亲临颁奖现场，简为他代领了小金像。简为母亲的死对父亲记恨了半辈子，她在步入中年时决定与父亲冰释前嫌，或许因为她自己也经历了几次婚变，对感情生活的坎坷有了深切的理解。

2014 年 7 月 17 日于威海滨海新区

屋檐下的鸿沟

　　我初次见到李颖是在某中国媒体驻布鲁塞尔记者站。当时她坐在客厅的沙发上谈笑风生。她身旁是一位 1.85 米的德国人。那是她的丈夫卡尔。卡尔是安特卫普一家德国公司的高管。李颖是记者站的熟客，每次到布鲁塞尔办事都要抽空过来坐坐。当时已是晚上八点半了，记者站要打电话替他们订过夜的旅馆。他们说不用，多晚都必须赶回安特卫普，家里还有八岁的女儿和六岁的儿子。临时保姆玛丽安在照看他们。玛丽安是当地的大学生，她明天早上有课，不能让她待得太晚。

　　李颖皮肤白皙，鹅蛋型的脸庞，两只黑亮黑亮的大眼睛忽闪忽闪的。这样的东方女性在欧洲很受欢迎。卡尔和她是在画廊里认识的。当时李颖在比利时进修油画，那个画廊里陈列着一幅她的作品。她把自己画作拿到画廊寄卖，并不期盼那幅画能带来多少收益，只是想抛砖引玉，听听观众的评论。卡尔毅然买下了那幅画。他看上的不是油画作品，而是油画旁亭亭玉立的女画家。那时的李颖风华正茂，浑身散发出一种神秘的东方韵味。许多参观画廊的男人们在油画前驻足，假装对这幅没有任何新意的作品发生浓厚的兴趣。他们从她那幅初试啼声的作品中挖掘出各种优点和瑕疵，为的是能够与女画家搭搭讪。卡尔买下那幅画绝对是正确的。作品一旦售出，李颖就不会再出现在画廊里，那些对她垂涎三尺的男人也就没有机会再接近她。而他作为那幅作品的买主可以名正言顺地与画家建立联系，日后随时进入她的画室观赏她的其他作品。这个投资是绝对划算的。

　　那时候，李颖住在自由大学附近一套有两个房间的公寓。小间是

卧室，大间是她的画室。画展结束后卡尔马上对李颖发起了进攻。安特卫普离布鲁塞尔不远，不过一个小时的车程。他供职的公司有许多布鲁塞尔的业务，他尽可能地揽下了这些业务，为的是能见到李颖。他经常捧着玫瑰花进入她的画室。李颖接过玫瑰花后，便邀他坐下来喝茶，向他介绍自己的新作。卡尔带着崇拜的表情聆听李颖讲解作品，并适时做出一些赞美性的评论。李颖在心情愉悦的同时也多少受到一些启发。然后，卡尔会邀请她共进午餐。日子不长李颖家附近的餐馆就被他们吃遍了。

李颖对这个德国人并不讨厌。相反，卡尔是一个讨人喜欢的男人，他有着高高的鼻梁、宽宽的肩膀、匀称的身材，如果要求不高的话可以算是美男子。而且，他举止文雅，谈吐风趣，面对女人还有一些侠骨柔情。这样的优点无论出自本性还是伪装，都能讨到女人的欢心。如果说他身上有什么令人遗憾的地方的话，那就是年龄偏大，比她大了足足15岁。

对卡尔的意图李颖心知肚明。她离过一次婚，是过来人。离婚以后，她一边学习，一边也在寻摸着合适的男人，日子总要过下去。卡尔是公司高管，同时持有公司股份，虽然份额不大，但收益也相当可观，维持偏上的中产阶级生活水准没有问题。至于年龄差距，也不是什么了不起的障碍，年龄有差距更能提升她的优势。再说他真的不显老，看起来比她大不了几岁。卡尔应该是她心目中的理想人选，但是她仍然需要保持矜持，原因很简单——卡尔有老婆，在他没有表现出真正的离婚意愿之前还不能委身于他。这种矜持还符合她的另一条原则——对于只有好感而并不想嫁的男人，两人的关系尺度可以放宽，但对有意与之结婚的男人，就必须持严肃态度，杜绝婚外性行为，便于婚后设立约束丈夫行为的红线。

卡尔和妻子的关系处于破裂的边沿已经有几年了。离婚的动议曾多次提起，但他一直没有向前推进，除了害怕孩子受到伤害，更重要的是担心离婚将导致他的财产流失。如果还有第三个原因的话，那就是在他走马灯般更换的女人中还没有一个真正使他动心的。这回不一样，李

颖身上有一种他所交往过的德国女人、法国女人、荷兰女人、意大利女人身上所没有的东西。她不仅楚楚动人，而且洋溢着浓厚的艺术气质。她不像他以往的那些女人，读了几篇印象派的文章就假装内行地妄议塞尚和梵·高。李颖不轻易谈论艺术，但一旦谈起便条理清晰，深入浅出，不仅有名家的理论依据，还有自己的心得。每次与她交谈都会获益匪浅，让你不得不佩服。卡尔年轻时曾一度非常喜欢奥地利画家古斯塔夫·克里姆特，被他作品中的"中国情结"所吸引。克里姆特把牡丹、凤凰和仕女等中国元素作为背景融入到作品中，使自己的作品充满神秘的东方情调。他的画使得青年时代的卡尔对中国神往不已。见到李颖后，卡尔内心深处的"中国情结"开始复活，而且一天比一天浓郁。他觉得，他所向往并且迷惑的东方艺术迷宫将在她身上打开。

他回到德国启动了艰难的离婚程序，最后放弃五分之三的个人财产与前妻分道扬镳。李颖和卡尔结了婚。李颖对与卡尔的婚姻很满意。卡尔很崇拜她。他从小就喜爱绘画，虽然绘画最后没有成为他的职业，但美术在他的业余爱好中占据着重要的位置。李颖很享受这种崇拜。这个婚姻给她带来的最丰硕的果实是他们的儿女。结婚的第二年他们的女儿弗朗西斯卡降生了，又过了两年他们的儿子弗里茨也来到了人世。这一对混血儿女说不清更像母亲还是更像父亲。欧洲儿童皮肤都很白，但像这一对孩子的皮肤那么平滑细腻的却不多。这不能说不是李颖的功劳。他们笔直的鼻梁很像父亲，而鹅蛋的脸型绝对是来自母亲的基因。他们的眼睛最神秘，中国人见了觉得是蓝色的，而德国人却说是黑的。其实说蓝说黑都没有错，因为他们的眼睛从不同的角度看会折射出不同的颜色。他们的头发显示出对父母基因不偏不倚承袭——它们像父亲的一样卷曲，像母亲的一样乌黑。这两个孩子长得如此标致，与商店橱窗里的洋娃娃简直毫无二致。

孩子稍大些后，李颖每年都要回北京一次。每次带着两个孩子出现在王府井步行街时都会引来路人惊喜的赞叹："哇，多漂亮的洋娃娃呀！"北京人对中欧混血儿有着一种盲目的宠爱。许多北京姑娘都幻想着能够嫁老外，原因之一就是想生一个混血宝宝。北京是一个国际都

市，混血儿司空见惯，但像弗兰西斯卡和弗里茨这样几无瑕疵的混血娃娃还真不多见。李颖最喜欢做的事是带着两个孩子到过去工作的单位串门。她曾经在两个剧团担任舞美设计，老同事老朋友见了她的孩子都要抢着抱一抱亲一口。闺蜜们毫不掩饰地羡慕以及曾经的追求者们不知是悔意还是妒意的目光都使她感到很受用。

两个孩子在北京受到的赞叹满足了她的虚荣心，也提高了她对婚姻的满意度。说实在的，卡尔对她是很宠爱的。除了没把家庭财权交给她外，对她所有的要求都满足了。她无论回国还是到欧洲别的城市旅游，无论是访友还是参观画展，她说走就走，卡尔从不干涉她的行动自由，而且在经济上也很宠着她，她买时装、首饰、书籍或是藏画，只要不超出家庭收入承受的范围，卡尔都毫无二话地替她埋单。

李颖的前姒娌兼闺蜜仲芳芳到欧洲出差，专门绕道去了一趟德国，在李颖家住了几天。在那两天里，她们的话题之一便是回顾过去她们曾经待过的那个大家庭。李颖的前夫蒙文强是一位演员，也是戏剧界的业内人士，但与她不在同一剧团。他们结婚时他从戏剧学院毕业没几年，剧团排戏时连男三号、男四号都轮不上，只能演个群众甲、群众乙什么的。李颖与他离婚倒不是因为他业务上没长进，而是受不了婆婆对她的苛求。蒙文强在家里排行第六，是家里的老小，也是婆婆的心头肉。直到结婚前婆婆还一直替这个宝贝疙瘩洗着内裤。李颖结婚进门后，婆婆把洗内裤的任务当成个正事移交给儿媳妇。开始时李颖把这事当笑话听着，心想我先洗他几回，日子长了再慢慢调教他。

结婚时，双方单位都要不到房子，他们只能和婆婆住在一起。公公婆婆都是老干部，级别还不低，家里不缺房间。婆婆把闺女们都打发出去，就把两个儿子留在身边。婆婆不操心女儿，就操心儿子，怕他们被媳妇欺负。婆婆对小六子的小日子盯得很紧，时不常地过来瞄两眼。只要发现小六子的手沾了洗衣盆就不干。有一回竟然把文强洗了一半的衣服截下来，塞到李颖面前。李颖怒不可遏，终于忍不住顶了一句："妈，您先把爸的裤衩洗了再来说话！"这里说的"爸"是李颖的公公。李颖觉得，婆婆自己从来不替公公洗裤衩却要求他替文强洗裤衩有双重标准

的嫌疑。这句话刚出口李颖就觉得自己的话说冒了。这时后悔已晚，几个姐姐被惹恼了。这天是周末，姐姐们正好在家，一起过来抢白她："你有事说事，把老爷子扯进来是什么意思？""老爷子的裤衩是你这张嘴能说的吗？"可气的是蒙文强这个罪魁祸首竟然隔岸观火，一句公道话不说。只有芳芳冒着得罪婆婆和姑姐的风险为她解围："颖颖只是打个比方，没有冒犯爸爸的意思。"面对五个女人的围剿，李颖一甩手回了娘家。

小日子要过下去只能搬离这个大家，与婆婆拉开距离。李颖在单位借了一间筒子楼，与文强商量要搬过去住。文强老大不愿意，说筒子楼里几家人共用水房和厨房，家庭隐私得不到保护。李颖说，住在家里不也是一大家人共用厨房和卫生间吗，与筒子楼有什么两样？住筒子楼至少没人干涉你的私事。文强拗不过她，只能答应搬家。但是，每当要收拾东西出门时蒙文强总要提出种种困难拖延时间。李颖最后看出来了，文强根本没有离开父母家的意愿。他离不开老娘的呵护，在没有老娘的屋檐下生活他缺乏安全感。李颖得出了第一个结论：这个男人心理上还没长大。随着时间的推移，李颖得出了第二个结论：这个男人有恋母情结。后来李颖又得出了第三个结论：与这样的男人过日子真没劲。经过几次协商，他们和平地分手了。当他们拿着离婚证从民政局出来时，距上次来领证仅一年零几天。

李颖说蒙文强人不坏，甚至可以说很善良。她现在提起他时没有一点怨意。他后来出息了，成了知名的影视演员。他演的角色虽然还没拿过大奖，但已多次获得提名。如今他成了横店很抢手的人物，片约一个接着一个，收获影视大奖只是时间问题。他后来也成了一位好丈夫。他再婚的妻子是一位护士，不幸的是后来她患上了绝症。文强推掉了所有的片约，为她四处寻医问药，对她的呵护无微不至直到她香消玉殒。然而，李颖并不后悔与他离婚。她笃信缘分，文强的缘分是那位白衣天使而不是她，她的缘分不是文强而是卡尔。

李颖说，她对自己的生活是满意的，要说有什么遗憾，就是她牺牲了自己事业。因为忙于家务，在婚后几年里她基本放弃了绘画。等到孩子上学后她再捡起画笔时，画技已经大滑坡。她为自己多年来在绘画上付出的汗水付之东流而惋惜，所以她决定重操旧业，继续追寻自己的艺术之梦。她又夹着书包到大学去听课，出没于当地的艺术沙龙，与德国的画家们交朋友，参观各地的画展，在家里开辟了画室，钻研着色彩和光影，苦苦地追赶着当下流行的风格。但是，今非昔比，随着年龄的增长，灵感和对困难的承受力都大大消退。衣食无忧也在腐蚀着她的打拼精神。卡尔的积蓄已经足够多了，她又是卡尔寿险的第一受益人。万一比她大十五岁的卡尔撒手西归，她的生活也不会受到影响。现在她一年只能画出四五幅画，这样的绩效很难提升她的画技，因此放弃绘画的念头也时常浮现在脑际。

听李颖说起想放弃绘画，芳芳很替她着急。芳芳说，女人必须有自己的事业，否则无法摆脱对男人的精神依赖，没有事业的女人也不可能拥有独立的人格。李颖开始不明白芳芳反复强调"精神依赖"和"独立人格"的用意。后来她终于听明白了芳芳想表达的意思。芳芳是在暗示她，女人面临的最大风险不是丈夫的先逝，而是丈夫的背叛。到目前为止，李颖与卡尔的关系好得不能再好了，芳芳不能当乌鸦嘴，所以只能绕着弯说话。李颖说，卡尔不是那样的人，借他两个胆他也不会出轨。若干年后李颖回忆起她与芳芳的这次交谈时，不得不承认芳芳的话很有道理。

李颖总结自己与卡尔关系和谐的主要原因是两人志趣相投。这尤其要感谢卡尔对中国文化的爱好。他对中国的一切都有着浓厚的兴趣，包括儒学、京剧、西北的腰鼓、东北的秧歌、南方的舞龙，以及涮羊肉和麻辣烫。对中国文化的了解使他能够理解李颖的思维方式，照顾李颖的生活习惯。他知道中国女人喜欢"作"，喜欢使小性子。与一根筋似的西方文化相比，中国文化更富于多面性。譬如，中国尽管有着男尊女卑的传统，但多数中国家庭还是流行"妻管严"文化。卡尔喜欢对李颖"摸顺毛"，就像抚摸一只小猫一样。他什么事情都顺着她。他的朋友笑话他对中国文化爱过了头，连中国男人的"惧内"都学会了。他说他不是学会"惧内"，而是学会驾驭中国女人，他从这种驾驭中获得乐

趣。他说的不无道理。要想骑着一匹烈马在草原上狂奔，就必须先了解它的脾性，满足它的要求，与它进行心灵的交流，它才会任由你驾驭，为你服务。

在中欧跨国婚姻中像李颖和卡尔这样的和谐关系很不多见。有一回芳芳在火车上遇见一位叫做乔娅的中国妇女。尽管是头一回见面，乔娅像是遇见了亲人，拉着芳芳的手聊个不停，从父母说到儿女，从幼年说到成年，从留学说到结婚。火车到达布鲁塞尔中央车站时，乔娅还舍不得和芳芳分手，邀请芳芳到她家坐一坐。芳芳推辞不过，跟着她回去。她的家在郊区一个富人区，是一个带花园的独栋三层楼房，就是国内俗称的别墅。花园里栽着五颜六色的花卉。别的家庭主妇都喜欢炫耀自己的花园，但乔娅没在花园里停留，径直领着她在客厅坐下，好像不愿意让多余的动作占用她们宝贵的说话时间。

正说着话，乔娅的丈夫科恩回来了。这是一个身板很直的比利时男人。他邀请芳芳共进午餐。他自己率先在餐桌边坐下。在乔娅摆碟子刀叉和准备饭菜时，他转过身来找了个话题和芳芳聊了几句。在吃饭的过程中他的话很少。芳芳觉得他刚才主动和她聊天就是为了表明他忙着招待客人所以没有帮妻子摆盘子。饭后喝咖啡时科恩沉默下来。乔娅和芳芳都很希望他离开餐厅，好让她们单独再聊一会儿，但科恩没有走开的意思。芳芳知道她应该离开了。她喝完杯子里的咖啡起身告辞。乔娅送她到街口公交车站。

公交车过了一辆又一辆。芳芳没有上车，乔娅一直拉着她说话。乔娅告诉芳芳，她很孤独，科恩不了解中国也不想了解中国，还每每对中国和中国人说三道四。科恩不允许她教孩子说中文，不允许她在家里做中餐，而且也从不陪她上中餐馆。她与科恩没有共同感兴趣的话题，每天除了油盐柴米等生活琐事外两人就没有话说了。在她所住的社区里没有别的中国人可来往，她就像生活在一个孤岛上。她说她想回国，但又害怕科恩不让她带走孩子。在公交车起步时，乔娅招着手说："有空常来看我哦！"

李颖说她了解一个比乔娅更极端的例子。那对夫妇住在法兰克福

的，男的叫做克里斯托弗，是当地的德国人，女的叫做邱颖莉，来自台湾。克里斯托弗从父亲手里接过一家名叫"珠穆朗玛"的旅行社。父亲原来的业务是代订飞新德里和加德满都的航班机票和那两个城市的旅馆，主要为去西藏旅游和登山的旅客服务。克里斯托弗接手后将机票及旅馆的代订业务扩展到北京和台北。克里斯托弗在台北和北京都上过学，他汉语的精湛程度令人叹为观止。他接待中国大陆的客户时说大陆普通话，遇到来自台湾的客户他就改说台湾国语。他还能哼两句京剧，证明自己是中国通。他很喜欢炫耀自己的文化知识。他与中国大陆顾客聊《茶馆》《沙家浜》，以及张艺谋，与台湾顾客聊余光中、琼瑶、三毛和龙应台。他因此名闻遐迩，很多旅欧中国人都知道法兰克福有一位迷恋中国文化的德国人。他赢得了不少回头客，许多新客人也慕名而来，想见识这位中国通。

对这位"中国文化迷"，夫人邱颖莉并不认可。她对自己的女友说："呸，都是装出来的。"邱颖莉指认丈夫是中国文化"伪迷"有她的理由。克里斯托弗不拒绝吃中餐，但拒绝在家里说中文，即便邱颖莉坚持和他说中文他也不说。克里斯托弗要求妻子在家里说德文，遇到心情好时邱颖莉会配合他，当邱颖莉心里不爽时便会出现这样的局面——你说你的德语，我说我的中文，就好像鸡与鸭的对话。邱颖莉初到德国来时，对新环境不适应，心中郁闷，经常与克里斯托弗拌嘴，克里斯托弗从不让着她。有时候颖莉气不过了，摔门出走。

中国媳妇在夫家受了委屈就往娘家跑。丈夫就会隔三差五地到岳母家赔罪，恳请媳妇回家。邱颖莉在德国无娘家可去，只能漫无目的地闲逛。她举目无亲，语言又不通，无人可倾诉，走在街上四顾茫然。这种事要是发生在台湾或者在大陆，做丈夫就会在伦常语境的压力下追出来，把媳妇劝回去。邱颖莉也希望克里斯托弗会出来找她，给她一个台阶下。可是她绕着街区走了两个小时依然不见克里斯托弗的影踪，她只能灰头土脸地自己走回家中。她希望丈夫事后至少能说句软话。软话没等来，等来的是一句欧洲式的说教："我们都是成年人，成年人就得有成年人的行为规范。"这是批评她耍孩子脾气。颖莉明白了，在欧洲的

情感文化里，没有丈夫哄老婆一说。

颖莉有时也到珠穆朗玛旅行社坐坐台，说起来也算是老板娘。如果在台湾，这样的老板娘是管账管钱的。有老板娘在的店里，老板手里只允许留有少许周转金，个人零用钱另算。男人手里有多少钱，做妻子的心里是有数的。如果男人手里掌握了妻子不知道的钱，那笔钱就叫做私房钱。在台湾或者中国大陆，这种家庭财务模式不仅存在于老板与老板娘之间，也常常存在于许多寻常夫妻之间。克里斯托弗不接受这种家庭财务模式。他奉行欧洲财务模式。在欧洲，丈夫对专门在家操持家务的妻子每个月要支付两笔钱，一笔是日常油盐柴米的开销，另一笔是给妻子个人的月例钱，这笔钱可以视为对妻子放弃外出就业的补偿，或者视为对妻子操持家务的酬劳。如果妻子在家务之外到丈夫的店里帮帮忙，丈夫另外再支付劳务费。中国人说亲兄弟明算账，在欧洲夫妻间也要明算账。旅行社是他父亲留给他的财产，他可以拒绝颖莉插手管理事务。其实，克里斯托弗对颖莉已经够慷慨了，他支付给她的劳务费大大高于一般雇员的工资水平。他认为颖莉应该很满意并且对他心怀感激，但他想错了。

中国女人喜欢男人把她们当做孩子宠着，所以中国女人喜欢撒娇。欧洲女人与中国女人不一样，她们不卖萌，不发嗲。人们常常从一个十四五岁的德国女孩嘴里听到这样的话："Ich bin kein Maedchen, Ich bin eine Frau."那意思是："我不是女孩，我是女人。"这说明，即便是未成年的少女也热衷于拥有成年人的身份，以便尽早获得自主处理个人事务的权利。欧洲女性向往独立性，即便是家庭主妇也是如此。欧洲女人认为，妻子从丈夫手里拿到月例钱与孩子从父母手里拿到的零用钱不一样，那是女人牺牲了外出工作的机会应该得到的补偿。这种补偿是她们独立人格的标志。颖莉不是德国女人，她体会不到个中的意义。她对自己在家中的经济地位无可奈何，谁让她在接受求婚前没有恶补欧洲文化呢。她把这笔账记在心里，这是克里斯托弗欠她的。无论克里斯托弗给她的月例钱和劳务费有多高，她都觉得她不过是克里斯托弗的雇工，有时甚至觉得自己是个性奴。她心中充满怨气，因此动不动就摔盆子摔碗。

克里斯托弗心中也充满了烦恼。他对中国及台湾习俗并非不了解，但是他觉得中国人到了德国应该入乡随俗，要用西方人的眼光看问题。西方女人要求工作的权利，蔑视对男人的依附，要求公平公开地管理家庭财务，因此她们认为夫妻在财务上分清你我是理所当然的事情，谁也不应该占对方的便宜。克里斯托弗觉得中国女性文化是一个自相矛盾的东西。中国女人包括台湾女人，一方面要求被男人养着宠着，要求男人把他们当作孩子哄着，忽视着人格的不平等，另一方面又要求掌管家庭财务，要求男人听命于她们。如果克里斯托弗的旅行社开在台北，他也许会部分接受中国式的家庭财务管理模式，但现在是在德国，他要被人笑话死。欧洲有一句谚语："When in Rome, do as Romans do."那意思就是："到了罗马就要像罗马人一样行事。"罗马帝国时代，海外行省的臣民到了罗马，被罗马文明所震慑，举止谈吐都会情不自禁地以罗马人为楷模。他们返回家乡时就把罗马文明带回去，使罗马文明之光照亮穷乡僻壤。克里斯托弗认为今天的德国就是当年的罗马，因此他拒不迁就颖莉。

珠穆朗玛旅行社所在街区离克里斯托弗父母家不远。这里是他度过童年的地方，周边有很多老街坊，甚至还有他的发小。在他不忙的时候，他会邀请街坊到他的店里坐一坐，喝一杯茶，聊一聊家常。街坊中有一位名叫汉娜的女士，克里斯托弗与她的关系比较特殊。他们俩不仅是邻居，而且从小学到中学都是同班同学，小时候两人还一起跳过格了。他们过去并没有任何特殊的关系，如今老同学大多远走他乡，他们彼此成了关系最久远的街坊。

汉娜经常到他的店里喝茶。有时候两人也会到附近咖啡店里喝喝咖啡。他们的话题大多是回忆青少年的往事和故友，也聊聊各人后来的经历。聊着聊着，克里斯托弗就聊起了家庭，提起自己的烦恼。男人的家事烦恼一般都不会告诉别的男人，哪怕是最亲密的哥们儿，而愿意向与自己信任的女性朋友倾诉。这里面的原因很复杂，可能因为男人都比较粗心，很难理解别人的感情烦恼，给不了倾诉者所需的慰藉；也有可能担心自己的倾诉会遭到别的男人的嘲笑，自己的伤口被再撒上盐；还

有可能不愿泄露隐私，怕图谋不轨的人趁虚而入。女性朋友则不一样。她们会认真地倾听你的心声，为你热泪盈眶，并从女性的角度安慰你为你出主意，使你感到暖心。这样的朋友叫做"红颜知己"。"红颜"是女性的标志，"知己"说明是可信赖的人。红颜知己与情人是两种不同的身份。如果这样的朋友后来发展成情人，"红颜知己"的称谓便自动作废。

在欧洲，已婚的男女单独喝喝茶聊聊天是十分稀松平常的事情。他们可能在谈生意，可能是聊在同一个班级上学的孩子，也可能是交换信息，也可能仅仅是消磨时间。这种接触常有着相互求援和互相帮助的效应，并增进着彼此间的友谊。这在欧洲属于正常的社交活动。在中国大陆或者台湾，大多数人不承认异性间有纯友谊存在，因此已婚男女单独见面，尤其是次数较多的接触，很容易遭到怀疑和非议，甚至会引起绯闻。这种情况产生于中国的传统观念。旧中国是一个以男权为核心的宗法社会，要维护一夫多妻制就必须在陌生男女之间构建严密的藩篱，因此男女之大防观念大大强于西方社会。"男女授受不亲"的行为圭臬在当代虽已成为笑谈，但已婚男女之间的社交鸿沟仍然宽不可逾。

克里斯托弗很希望汉娜能够成为颖莉的朋友，以便汉娜能够用德国人的观念影响颖莉。他设想着颖莉和汉娜一起接送孩子、逛商场、喝茶，甚至一起打网球和滑冰，使颖莉在潜移默化中接受德国人的思维方式。克里斯托弗选定了一个周末邀请汉娜到家里来喝茶，伺机将汉娜介绍给颖莉。颖莉其实早就听说了汉娜这个人，也经常在街上见到她。知道汉娜是克里斯托弗的老同学和老熟人。她对汉娜与克里斯托弗的密切接触也早有所闻。每次汉娜在街上主动与她打招呼时，她只是点点头，保持着最低程度的礼貌，但从不停下来和她多说一句话。她对汉娜充满了警惕。在她看来，克里斯托弗与汉娜的关系太可疑了：老街坊、老同学，现在又经常私下见面。这只能有一个解释，那就是旧情复发了。她紧密盯着丈夫的行止，如果哪天有哪个时间段他的行踪出现了她不了解的空白，她就要一查到底。

克里斯托弗把汉娜领到家里来绝对是一个错误。这个错误产生于

他丝毫没有发现颖莉早就对汉娜抱有严重的偏见。这种偏见经过长时间发酵已经转化成一种莫名的仇恨了。当颖莉从外面回到家里看到汉娜端坐在客厅里和克里斯托弗喝茶时，脑袋嗡地一下涨大了。这天汉娜还专门换上了一身艳丽的衣服，这更是使颖莉心中火上加油。她心里骂着："这个妖精好不要脸，居然登堂入室了。"克里斯托弗和汉娜没有注意到她的表情变化，大概是因为习惯了她的冷漠。克里斯托弗站起来向颖莉介绍汉娜，颖莉板着脸略略点了一下头，对汉娜伸出的手视而不见。她强压着内心的冲动才没有对着汉娜的笑脸扇出那酝酿已久的一巴掌。她避开汉娜的目光，回过头来和克里斯托弗说了一句话，便回头进了厨房。她说的是中文，汉娜听不懂，克里斯托弗也没听清她说的是什么。他一脸尴尬，回头招呼汉娜坐下继续喝茶。汉娜又坐了两三分钟，然后十分知趣地起身告辞。

克里斯托弗知道自己做了一件蠢事，这时候和颖莉说什么都不合适，颖莉正在气头上，什么事情只能以后再谈。接下来发生的事是他万万没有料到的。颖莉拿起一把台湾菜刀冲进客厅，咔嚓一声把红木餐桌的一角劈了下来，并大声对克里斯托弗吼道："我要是再在家里见到这个女人，这张桌子就是你们的榜样！"

后来这对夫妻的关系如何发展，李颖也不清楚。他们似乎立刻进入了分手前的善后阶段。这个故事留给芳芳很深的印象。多年后当她再见到李颖时，她还在惦记这件事的结局。

芳芳再见到李颖是十多年后的事情。李颖带着儿子回北京看望父母。弗里茨已经是一个19岁的帅小伙子。他的理想是影视明星。妈妈在北京有很多影视界的朋友，他希望暑假期间能够在某个剧组里客串一个外国人的角色。他的普通话虽然带着德国口音，但也说得足够流利。如果能进剧组，那外国口音恰好也是需要的。李颖把他托付给影视界的朋友后便去忙自己的事情。与芳芳见面也是她最重要的日程之一。

其实，她每隔三五年回来一次，只是以往每次回来时芳芳都恰好不在北京。这次见面令芳芳唏嘘不已。岁月在李颖身上留下了太沉重的痕迹。过去那个苗条修长的身材不见了，可能是因为发福和疲惫，

她胖了，似乎还比以前矮了，更大的变化在脸上，原来白皙的皮肤变得粗糙和黝黑，那张美丽的脸庞因为憔悴而失去了鹅蛋的形状。那双大眼睛不仅变细变小，而且也失去了光泽。她自己解释说，自己的美貌被儿女们夺走了。过去总是为儿女的容貌自豪，没曾想到，儿女出落得越动人，自己就变得越憔悴。原来儿女们的美貌是一点一点从妈妈身上吸噬过去的。

这些年她最大的收获是在绘画上取得了成就。她的名字终于出现在德国当代画家的名录里，虽然名次很靠后，但至少挤进了三流画家的行列。她后来终于发愤图强了。她发奋的原因很简单，就是避免自己步乔娅和邱颖莉的后尘。

在德国，失败的跨文化婚姻她见得太多了。她很害怕自己的婚姻会沦为乔、邱婚姻的质地。她对她们的婚姻归纳出三点结论。第一个点，文化差异的鸿沟横亘在所有中西跨国婚姻中，夫妻鲜有能跨越这道鸿沟者。第二个结论是在女色的诱惑面前中国男人较为克制和收敛，而欧洲男人则直率外露，当妻子韶光逝去容颜衰老后他们十之八九会移情别恋。第三个结论是中西跨文化婚姻在五年之内解体的几率很高，五年后仍未劳燕分飞的也多半是出于对财产、孩子或面子的考虑勉强维持的形式夫妻，就像她与卡尔一样，其实早已同床异梦。这就叫尘归尘，土归土，桥归桥，路归路。

从某个时期起，李颖开始审视自己与卡尔之间的纽带的牢固性。她意识到，当初自己迷倒卡尔，原因无非有三，一是容貌，二是她身上那种使他意乱情迷东方文化神韵，三是她的才华——姑且把她那点绘画的知识叫做才华吧。她很清醒，女人身上最不保鲜的东西就是容貌，随着岁月的流逝，她的容貌在退化，她家大门后面的那面穿衣镜每天在提醒她这个变化。至于她身上的东方神韵也不可靠。西方人对东方文化的欣赏或者说迷恋常常来源于自己头脑中的神秘感，一旦所有的秘局被解开或者被醒悟为错觉后，他们的精神取向便会回归到自己的文化上来，西方文化毕竟是他们血液中的东西。届时他们眼中东方女人身上的那种叫做神韵的魅力就会烟消云散。邱颖莉的丈夫克里斯托弗便是一例。至于

她身上使卡尔眼花缭乱的第三个亮点，即所谓的绘画功底——她自己清楚得很——非常肤浅。当初它之所以能够吸引卡尔，是因为他们认识的时候她还是个研究生，她的画技正处于蓄势待发的阶段，是一朵含苞的蓓蕾，即将怒放美好的前景吸引了他。然而她的绘画技能在结婚后一直停留在研究生阶段，几乎没有任何进步。她无法留住自己的青春，也无法锁定卡尔的文化取向。她要维系与卡尔的感情纽带只有走才华路线。她要成为真正的画家，让卡尔在她身上看到她实现了他自己没有实现的梦想。只有这样才能使他佩服她、珍惜她。她做到了。

李颖不是我们认识的唯一的跨文化婚姻的成功者。

不久前我又去了一次布鲁塞尔。这次是去参加一个大学的学术讨论会。会议东道主德古恩校长邀请我到他家做客，说要介绍我认识一位我的老乡。我的那位"老乡"就是她的妻子郭梅英。给我们开门的是他们的儿子安德烈。安德烈长胳臂长腿大眼睛，活像比利时著名连环画里的主人公丁丁。中午时分"丁丁"的哥哥毛毛回来了，我们一起在后花园草坪上吃饭。我与德古恩先生交谈时说英语，德古恩和梅英说法语，梅英以及毛毛和我说中文。饭桌上三种语言交叉使用，一点没有影响热烈和谐的气氛。看得出来，这个家庭很温馨，夫妻俩相敬如宾，一家人十分和睦。

这是一个有故事的家庭。18 年前，德古恩还是一名博士生。他疯狂爱上了实验室的指导教师。那位指导教师就是郭梅英。暑假期间，梅英躲回了中国，德古恩追到了中国。梅英说："我结过婚。"德古恩说·"你现在是单身。"梅英说："我有儿子。"德古恩说："毛毛以后就是我的儿子。"梅英说："我比你大十岁。"德古恩说："那你比我更懂生活。"最后，他们结婚了，还生下了安德烈。梅英所有的亲戚朋友都不看好她的婚姻，预言他们的关系耗不过五年，后来又预言说熬不过十年。如今十八年过去了，他们依旧恩爱如初。我问德古恩是怎么跨越家庭中的文化鸿沟的。他说："那鸿沟你盯着它它就有，你不看它它就没有。"

2015 年 10 月 18 日于威海滨海新区

情殇异乡

　　李颖的第一次婚姻只维持了一年多。那个婚姻结束后没给她留下什么，只留下一个朋友。那个朋友就是他前夫的嫂子，也就是她的前妯娌仲芳芳。她离开蒙家后与仲芳芳继续保持着联系。每当她工作的剧团推出新剧目，她总要给芳芳留张票。后来她出国留学，再后来在欧洲结婚定居，两人的联系稀少了一些，但每次回国探亲都要约芳芳见见面，一起吃顿饭。芳芳到欧洲出差，也尽量绕道去看看她。见了面除了回顾在蒙家的往事，她们也聊聊各自现在的生活。

　　那次芳芳法国出差，顺便去了一次德国，在李颖家住了两天。李颖和她说起她当下的生活和学习。她的孩子大了，操心的事少了，想把绘画事业再捡起来，但灵感和精力不如从前，毫无经济压力的生活也削弱了她斗志，有时便产生放弃的念头。芳芳听了很替她着急。芳芳说，女人必须有自己的事业，否则无法摆脱对男人的精神依赖，没有事业的女人也不可能拥有独立的人格。芳芳强调女人的"独立人格"和"摆脱对男人的依赖"其实是话中有话。芳芳是暗示她，女人必须有自己的事业，否则一旦面临丈夫的背叛便一败涂地。李颖觉得芳芳有点庸人自扰。若干年后李颖回忆起她和芳芳的这次谈话时感佩芳芳所见不俗。

　　其实，芳芳的忧虑并非先见之明，而是鉴于自己的经历有感而发。芳芳的前夫蒙文坚是蒙家老四。在他之下还有一个妹妹，然后才是文强。老六文强是老娘的宠儿，妹妹老五是老爹的心头肉，排头的三个姐姐不大受父母待见。父母的共同期望寄托在老四文坚身上，于是文坚便成了这个家庭完全意义上的长子，在家里发挥着顶梁柱的作用。家里遇

到什么大事父母总是愿意先听听他的主意，有什么难办的事情也总是由他出头去办。

文坚性格内向而坚毅。内向是他的缺点。由于内向他不善于与人沟通，由于不善于沟通又常常容易动气。这个毛病影响了他的人际关系，甚至阻碍了他与家人的沟通。在家里他会让着弟弟和妹妹，但他的三个姐姐却不敢轻易招惹他。坚毅是他的优点。他做事不达目的决不罢休，这个优点在他的事业上发挥得淋漓尽致。他在一个化工研究所里工作。他为了攻克技术难题曾在36个小时里反复进行试验和翻阅资料，直到找到破解的钥匙才罢休，因此他承担的课题大都能圆满完成。他一度获得市"十大杰出青年"的称号。他的名字用大号字体登载在报纸的荣誉榜上。

蒙文坚的"杰出青年"的称号使他在恋爱交友中获得很大的优势。芳芳决定嫁给他很大程度上也是因为那个称号。芳芳敬仰英雄模范。对模范的仰慕使她忽视了蒙文坚性格上的弱点。婚后她才发现，这个"杰出青年"是如此地乏味，整日里沉默寡言，一天说不上几句话。文坚虽然很依恋妻子，每天下班便匆匆往家里赶，厮守在妻子身边，但与妻子面对面时又总是找不到话题。芳芳主动与他交流，他也是问一句答一句，不问便沉默一天。芳芳欣赏他不抽烟不喝酒没有不良嗜好，但另一方面对他不唱歌、不跳舞、不下棋、不钓鱼、不打球、不摄影，几乎没有任何爱好感到郁闷。芳芳找不到与他交流的话题，能使他多说几句话的事情只有他的科研项目，但这类话题又不是芳芳感兴趣的。

文坚感觉到芳芳对他沉默寡言不满，也想改变自己，尽量多说些话迎合她："今天李工在办公室的花盆里栽上韭菜了。"文坚突然想起芳芳一吃韭菜就胃痉挛，便马上换了个话题："我刚才在菜市场看见工商查注水肉"，芳芳问："查到了吗？""不知道。"文坚没有关注肉摊故事的后续进展，这个话题只能在这里画上句号。接下来说什么呢？他头上沁出了汗珠。没话题就不说吧。他沉默了，还是沉默最轻松。他只能抢着做家务，弥补自己寡言的歉疚。

芳芳在家里也要与婆婆周旋。婆婆对儿媳要求很严格。她逼着小

儿媳李颖替丈夫洗裤衩，但对芳芳倒没有这样的要求。被洗裤衩是"妈妈宝"小六子的特殊待遇，不过芳芳的处境更恶劣，她宁愿替丈夫洗裤衩。既然文坚被当成家中的长子，芳芳自然就是长媳了。婆婆认为，长媳应该把操持家务的重任担负起来，首先是把七口人早晚两顿饭包下来。哪七口人？公公婆婆、文强两口子，她和文坚，再加上尚未出阁的大姐正好是七口。她过门前家务主要是大姐承担的，她来了以后转移到她身上。婆婆说长媳当家是早晚的事，不如趁着孩子还没来就先学会吧。大姐也就乐不颠颠地交了班。

芳芳在娘家做姑娘时，三顿饭是保姆和母亲的事，她基本不沾手。婆婆家本来也是有保姆的，几个孩子长大后婆婆就把保姆辞掉了，家务活交给了女儿。婆婆的想法是，让女儿们锻炼锻炼，将来嫁到婆家能马上把家操持起来，免得被她们的婆婆挑理。如今儿媳妇进了门，家务活便正式有了着落。按婆婆的思维逻辑，媳妇不会持家受苦的是儿子。婆婆不愧是婆婆，考虑问题真周全。婆婆嘱咐芳芳不用紧张，厨房的事情忙不过来时还有她呢。婆婆倒也常进厨房，但都是动口的时候多，动手的时候少。

做七口人的两顿饭菜对于芳芳来说简直是个炼狱。她每天下班回来连喘口气的时间都没有，放下挎包就直接进厨房，继续操劳受累。她觉得委屈，回娘家向母亲诉苦。母亲说，趁着年轻多锻炼锻炼也不是什么坏事，哪个女人不是这么过来的，你将来有了孩子还有比这更苦的时候呢。母亲说的也对，芳芳只能把家务当成学习和锤炼。好在文坚很体谅他，下了班尽早往回赶，一进厨房就接过她手里的活，叫她回屋歇着。回屋歇着是不可能的。婆婆允许儿子到厨房给媳妇搭把手，但不能容忍媳妇把家务全扔给儿子。有文坚帮忙芳芳感到轻松了许多，但这种时候也不多，因为文坚经常加班到深夜。文坚不在家便是她最难熬的时候，尤其是遇到生理期，来例假她也不能歇着，照样洗菜洗碗沾凉水。婆婆说："过去部队跑扫荡，鬼子紧跟着屁股追，女战士们该翻山的还翻山，该涉水的还涉水，谁管你例假不例假的。"一句话能把你噎死。

结婚不久芳芳发现自己怀孕了。她和文坚都没有做好准备，于是

就到医院把孩子做了。去医院的日子她选了个星期五，为的是在接下来的两天周末能好好休息一下。周末文坚应该在家，可以替她揽下厨房的活。芳芳周六在床上躺了一天，没想到也就休息了一天。周日早上单位一个电话又把文坚叫走了。文坚心想姐妹们今天要回来，芳芳有特殊情况她们应该会照顾她的，所以他放心地去了单位，可他想错了。傍晚时分，他把实验室的事情忙完匆匆赶回家里，还没进门便听到客厅里四姐妹的喧闹声，她们不知有什么高兴事围着父母嘻哈大笑。他急忙走进厨房，只见芳芳一人在洗菜，虚弱的身体似乎有点站不稳，苍白的脸上还挂着泪珠。文坚不由得勃然大怒，他举起铁锅朝地上狠狠砸去。父母和姐妹不知发生了什么事，吃惊地跑进厨房。文坚对着一家人呵斥道："你们不知道她前天刚做了手术吗？你们还有没有人性？"四姐妹悻悻地退回客厅，老娘黑着脸不吱声，只有老爹嗫嗫嚅嚅地开了口："也怪你自己，知道媳妇身子不好还往外跑，就不能向单位请个假？"

这件事使文坚下了决心，他要搬出来。他向研究所借了一间十二平米的小房间。小房间在筒子楼里。筒子楼的住户都在房门口做饭，在公共水房里洗衣服，浴室和厕所也是公用的。住房条件确实不好，但只要能脱离婆婆和一大家人芳芳也乐意。从此芳芳只需要做一顿饭，因为文坚把早饭包下来了。这里没有婆婆盯着，芳芳早上尽可以睡一会儿懒觉。

文坚本来很想履行自己做长子的职责，把这个大家操持好，不辜负父母的期望，可现在顾不上了，保护芳芳更重要。芳芳本来一直对文坚的内向性格不满，一度为是否和这个闷人过下去感到纠结。现在这个念头烟消云散。她看出文坚很爱她，为了她可以和父母翻脸。她从来没有用"我和你妈同时掉到水里你先救哪个"那样的蠢话困扰他，但是文坚的表现表明，不管他先救谁他都绝不会让她芳芳淹死。她已经不苛求他改变沉默寡言的习性了。傍晚出去散步，只要文坚寸步不离地跟在后面，哪怕一句话不说她也没意见，因为有他在她有安全感。

居住空间的狭窄局促使住惯了大房间的芳芳确实感到很不方便。这也是芳芳在是否要孩子的问题上犹豫不决的原因。当他们后来把生孩子的事提到日程上时，情况又发生了变化——研究所要派文坚到国外学

习。这次是去进修，时间只有一年。文坚悄悄告诉芳芳，他想利用这一年时间争取转为博士生，然后将芳芳接出去陪读。这并非不可能。文坚的研究所与欧洲好些个学术单位都有协作关系，文坚先前到欧洲进行过几次业务交流。这次要去进修的大学是他们的协作单位之一。即将指导他进修的教授就很欣赏他，曾表示愿意收他为博士研究生。

出国陪读的事情如果发生在五年前芳芳也许会有兴趣，而眼下她只希望文坚能早些回来。两人的年纪都不小了，该有个孩子了。再有一年文坚便达到可晋升副高职称的工作年限。按照文坚的业务水平，这次晋升应该没有什么悬念。按照研究所的惯例，副高可调配两室一厅的套间。芳芳期盼着文坚回来后生活环境能发生一个质的飞跃。对于将来的生活前景，文坚想得不多。他现在只想着把芳芳带到国外去待几年。从父母家中搬出来后他与芳芳的关系出现了一个转折——芳芳不再挑剔他沉默寡言的性格，这说明他们的婚姻终于稳固了。他很感激芳芳，他要带她去看看外面的世界，作为对她的报答。他只有取得读博的资格才能延长在国外逗留的时间。至于公派出国人员擅自延长在国外逗留时间会引起什么后果，以及芳芳出国陪读能否顺利办成，他没有仔细考虑，走一步算一步吧。

文坚走的那天芳芳到机场送行。以前文坚出国因为都是短期考察，芳芳要上班所以从不去机场送他。这一次不同了，过了机场海关两人便天各一方，下次团聚会在哪里，会是什么时候，他们心中没数。文坚向她发誓，陪读的事无论多难他都要替她办成。芳芳没说话，只是默默祈祷两人能够早日团聚，无论在哪里都行。她心中有些不安，似乎有一种不祥之兆。多年后当她回忆这一幕时她才悟过来，这种不祥之兆是她的直觉。直觉告诉她，他们不会团聚了。她的直觉常常很灵验。

那时候越洋电话费用非常昂贵，因特网还没有盛行，电脑也还处于386、486时代，不像今天，远隔重洋也可以在电脑上甚至手机上视频对话。那时候留学生与家人的联络主要还是靠纸和笔。文坚的书架上放着厚厚的一叠信纸和一叠信封。信封上一个透明纸袋里备着一摞邮票。这些纸、笔和邮票是他给芳芳写信用的。他每个星期给芳芳写一封信。他

担心大学的邮筒收信不及时，每次都要跑去邮局，亲自把信投到邮局的邮筒里。他在信中很少谈自己的生活和学习，但对自己读博计划的进展说得很多，譬如教授对他读研的支持、大学公布的博士生招生计划，移民局对外国博士生及家属的签证政策等等，他都在信中进行详细汇报。对于对芳芳的思念他在信中没有直接的描述。他不善于谈论情感，但芳芳能够感觉得到他字里行间的浓情蜜意，例如，他的信中常有这样的句子："我上封信嘱咐你吃蜂王浆你按时吃了吗？要买同仁堂的，贵一点没关系。""你要注意自己的营养，不要凑合也不要怕花钱。我的工资不用存起来，都花掉都没关系的……""我爸妈和姐妹那边你替我转致问候。就说我现在太忙，先不给他们写信了。"

如文坚预料的，他读博的事没有悬念。指导他的马恩教授很看好他，进修期结束后马上接纳他为自己的博士生。教授还把他聘为实验室助手，每月有一份很可观的劳务津贴。这份劳务费在扣除学费后完全可以支持两个人在当地的生活。这一卜，芳芳出来陪读的条件完全具备了。接下来的事便是办出国陪读的手续。这个手续只有两道程序：到公安局申领一本私人护照，然后持护照到比利时使馆申请入境签证。这两道手续在今天办起来简单易行，而在 20 世纪的 80 年代却是两条宽宽的鸿沟。申领护照必须有单位的批文。对于出国陪读的申请者来说，不仅要有本人工作单位的批文，还要有被陪读人单位的批文。这个文书难倒了芳芳，因为文坚从进修生转变为博士生没有预先征得单位的同意，他继续逗留在国外的行为属于"逾期不归"。

接下来的三年里，芳芳踏上了漫长的文牍之旅。她手里那张申请护照的表格上，审批单位意见一栏一栏地逐渐填满并盖上了公章。芳芳自己的工作单位的审批栏也签字盖章了，最后只有蒙文坚单位领导的意见一直还空着。研究所领导层对文坚进修变更为读博的事后申请一直没有达成一致意见。一部分领导赞成批准，而另一部分领导表示不赞成。芳芳每个月都跑一次研究所。研究所的人事科长总是要她"再等等"。这一等便等了两年。研究所的公章盖不下来，有人提醒文坚，从街道上申请出国陪读可能会容易一些。蒙文坚便向单位提出了辞呈，以便将芳芳

的出国手续转到街道上办。芳芳又跑了一年居委会和街道办事处才把批文办下来。护照申办表格终于交到公安局。芳芳从公安局拿到了护照，第二天一早便到大使馆门前排队申请签证。护照和资料递进大使馆后又等了六个月。当贴着入境签证的护照回到芳芳手上时，距她到机场送走文坚已过去五年多了。多么漫长的等待，多么熬人的思念啊！好在这一切马上就要过去了，夫妻团聚指日可待。

文坚也很兴奋，早在两个月前他就在做迎接芳芳的准备。他换了住房。过去他和别人合租一个公寓。几个人共用一个厨房不太方便，回得晚的人要等回得早的人做完饭才能进厨房。他不想让芳芳感觉不舒服，于是换了个独立的小公寓。这个小公寓除了卧室还有一间小小的起居室，更重要的是有独立的厨房和卫生间。他还买了一个买菜用的手拉车。这种工具一般是老人用的，年轻人很少用这种东西。菜市场很远，文坚不想让芳芳受累，就买了这手拉车。一切准备就绪，就等着芳芳的到来。芳芳打电话来说机票已经订好，这意味着团聚的日子进入倒计时。

五年的分离、五年的等待、五年的思念马上就要结束。想到即将到来的团聚让人没法不兴奋。可是命运就是那么捉弄人，在倒数计时还剩十天时发生了一件事。那件事不仅使期待中的团聚化为泡影，也彻底改变了两个人的命运。如果芳芳订的机票能够提前十天，或者那件事情能够晚十天发生，这一场悲剧或许可以避免。可是就那么巧，不早不晚偏偏就发生在那天。那是一件什么事情？在芳芳到来的前十天下午，蒙文坚接到父亲从北京打来的一个电话。老爹说一个老战友的孩子这两天到达列日，也就是文坚现在所学习和居住的比利时城市。那个孩子人生地不熟，希望文坚帮忙找个住处。人什么时候到，父亲也说不清楚。

当晚文坚正在做饭，敲门进来一个20多岁的女孩子，说是要找"文坚大哥"。这就是父亲战友的孩子，名叫张艳红。张艳红是从法国过来的，说想在列日找个学校学语言。文坚下午刚刚接到电话，还没有来得及与租房中介联系人就来了。既然人来了就先吃饭吧。文坚心里暗自思忖，等吃完饭把艳红带到某个女同学家住一晚明天再做打算。晚饭后，艳红将文坚的房间里里外外打量了一遍，说："文坚大哥别费事了，这

么晚了去麻烦别人不合适，就让我在你这客厅里凑合一晚，找房子的事明天再说吧。"文坚不希望把这个女孩留在自己家里。他是本市中国学生会副会长，他不想闹出绯闻，尤其是在芳芳即将到来之际。刚才吃饭时文坚在心里暗自把住在附近的女同学都捋了一遍，想不出哪个女同学的住处能够接纳一个外人。其实留学生之间相互留个宿，打个地铺平常得很，只是文坚生性内向，帮人的事他会毫不犹豫，求人的事总张不开口。艳红建议在客厅凑合一夜，他想也好，这最省事，有事明天再解决。

这一念之差铸成大错。那艳红不是省油的灯。她在国内没考上大学，听说国外大学不用考，凭国内高中毕业证和成绩单就可以申请入学。高中毕业证是现成的，成绩单很容易伪造，反正外国的大学没处去核实，关键是语言要过关，于是她就出来学语言了。她在法国一家语言学校混了一年，成绩太差没拿到文凭，于是转到比利时来了。刚出国时她还到饭馆里打打工，挣自己的生活费，后来嫌打工太辛苦，于是她选择了一条捷径——凭着自己的色相在留学生中混吃混喝。她的经验告诉她，在多人合居的公寓与某个已婚留学生同居会招来巨大的舆论压力。文坚住的是独立公寓，这省却了很多麻烦。她对此很满意，她决定吃定文坚了。文坚独居了五年，要拿下这样的男人易如反掌。

对张艳红这个不速之客文坚心里不太欢迎，可是接待她是老爸交代的任务。老爸没出过国，不知道外国的江湖也很险恶，一步不慎同样会招得腥膻满天。眼下是关键时期，瓜田李下须避嫌疑。如果在往常，文坚会把卧室让给女士，自己睡在客厅沙发上，但这次他没有这么做。他让艳红睡在客厅沙发上，自己睡里屋，并且把里屋的门插好，早早地上了床。他听见盥洗室里哗哗的流水声，艳红在洗澡。水流声停了，传来盥洗室关门的声音，然后听见艳红在客厅走动，好像还走到卧室门口，轻轻推了一下门。再后来没了声音，他自己也睡着了。

半夜他上了一次厕所，返回卧室时迷迷糊糊地忘了把门插上。不知过了多久他被惊醒，他被人压在身体底下，那人搂抱着他的脖子，嘴唇贴在他的嘴上。这是艳红。他下意识地推她，却被她搂得更紧，一只手还到处乱伸。果然不出艳红所料，两人相持了一会，文坚那双推拒的手

松弛了，慢慢变成搂抱。这场较量以艳红完胜告终。

第二天，文坚没有去为艳红找住处，第三天也没有去，他沉浸在艳红的温柔乡中。到了第五天文坚才给房屋中介打电话找房子。第六天中介回话推荐一处房子。文坚带着艳红去看了，艳红嫌贵。第七天又看了一处房子，艳红嫌离市中心太远。第八天看的房子艳红又嫌窗户不向阳。第九天文坚联系到一位女同学，她愿意让艳红在她那里打几天地铺。文坚马上把艳红送过去。艳红临走时答应不来打扰他和芳芳的生活，条件是文坚以后不能不管她。

文坚暗自庆幸，总算把艳红打发走了。他打扫着房间，把浴室脸盆上沾着的口红擦拭干净，小心翼翼地抹去艳红所有的痕迹。看到那口红，他不由得浑身燃烧，想起了艳红那火辣辣的热情。那热情带给他一种从未有过的体验。他不得不承认，十天前对芳芳的强烈思念现在已经淡化了。五年的等待和思念竟然不敌这十天！他内心深处甚至涌现出一个念头——最好出现一个突发事件使芳芳取消了来列日的计划。他打了自己一个嘴巴，骂自己心理太肮脏。这五年来自己已经很对不起芳芳了，怎么还会有这种想法。他现在应该想想以后怎么处理与艳红的关系，好让芳芳不受伤害。好在艳红答应不给他捣乱，迫在眉睫的危机暂时缓解。

文坚小看艳红了。艳红的能量远远超出他的预料。第二天一早文坚乘火车赶到布鲁塞尔机场，把芳芳接回列日。看到芳芳一脸兴奋和幸福的表情，文坚既高兴又惭愧。上楼时他不让芳芳负重，把两个大箱子都拿在自己手上。他把客厅收拾得很干净，沙发上铺着纱巾，墙上挂着他们的结婚照，桌上的大花瓶里插着花。他拉开房门，侧开身子回过头来，想从芳芳脸上看到惊喜的表情。可是，芳芳脸上没有惊喜，开始是惊诧，顷刻间变成了愤怒。他转脸看看客厅，眼前的景象差点让他昏过去。客厅里横拉着一根绳子，艳红笑吟吟地正在往绳子上晾乳罩和裤衩。芳芳转脸问文坚："她是谁？她为什么在这里？"艳红也问道："文坚，介绍一下吧，这位客人是谁呀？"文坚的脸一阵红一阵白，突然发生的事情把他搞蒙了。接下来的两个钟头里，两个女人吵成一团。

艳红的话无耻而刻薄，芳芳有理反而显得词穷。艳红说："文坚说你从没给过他真正的快乐，你不配当他的妻子！"芳芳说："你是第三者插足，你滚蛋！"艳红说："你丈夫已经不爱你了，你才是第三者，应该滚蛋的是你！"芳芳一急，骂人的话也出来了："你臭婊子不要脸！"见芳芳开骂，艳红过来就要扇芳芳的耳光。芳芳虽然比艳红高半个头，但是个文弱型女人，艳红却是一副运动员身板，身体矫健而敏捷，如果动起手来芳芳肯定会吃亏。文坚马上过来挡在两人中间，拦着艳红不让她动手。两个女人的骂点转到文坚身上。芳芳骂文坚没良心，辜负她五年的等待。艳红骂他始乱终弃，骗取她的青春。

　　文坚想把艳红劝走，有话以后再说。艳红坚决不走，说他承诺过要对她负责。文坚只能劝芳芳暂时避让一下。芳芳昨天凌晨起床，中午登机，然后从亚洲飞到欧洲，算下来已经有二十多个小时没合眼了，现在心理又受到强烈打击，她感到筋疲力尽，坐在沙发上说不出话来，只是默默地流泪。她吵不动了，只能跟着文坚下楼。文坚把她安排在一家小旅馆里。芳芳不想听他絮絮叨叨的解释和认错，倒头便睡着了。她太累了，这一觉睡了三十多个小时。这三十多个小时发生了许多事情，形势变得复杂化。

　　比利时的老房屋墙壁很薄，隔音效能很低，文坚家中的争吵有一句没一句地被隔壁中国学生听到了。文坚的行径马上在部分同学中传开了。有人第一时间将此事报告了中国学生会会长老申。老申听了很愤懑。留学生家属来到列日投亲，被丈夫的情人赶出家门流落街头，始作俑者还是学生会副会长。这件事学生会不能不管。老申决定过问此事。芳芳在小旅馆醒来时，学生会主席老申和秘书长李大姐已经在旅馆前厅等候多时了。芳芳本不想把这件事闹大，但她第一次出国，在列日举目无亲，现在确实走投无路了。老申和李大姐的过问使她感到温暖。她流着泪把文坚如何出国进修，她如何为陪读批文等待五年，如何在重逢时冒出个恶女人的事一五一十地告诉申大哥和李大姐。老申和李大姐决定把文坚约到大学里谈话。

　　这段时间里文坚也思前想后。他觉得两个女人他都对不住，自己确

实做错了，问题是现在他怎么收场。艳红看来是铁了心，他赶不走她。她不走芳芳又该怎么办？最好是能把两个人都安抚好。他想出好几个方案，譬如给艳红另找一处房子，他愿意每月资助她部分房租，但这些方案都被艳红一口回绝了。艳红要独占蒙文坚。正在这时老申和李大姐打来电话，约他到学校谈话。老申和李大姐严肃地告诫他做人不能昧良心，要对芳芳负起责任来。文坚也知道自己的丑事早晚是要传出去的，但他暗自希望同学们能够心照不宣，别当他的面让他下不来台。他没想到学生会这么快就介入了。他浑身的血一下子冲到头上，脸一阵红一阵白。他板着脸，沉默了半晌，最后撂了一句"我的事我自己会处理"便摔门而去。

文坚心里的天平本来是倾向芳芳一边的，他考虑的几个方案都是让芳芳回来，叫艳红走人。与老申和李大姐谈过话后，他满肚子怒气，心里的天平开始发生偏转。他到小旅馆看芳芳。芳芳见到他眼泪刷刷地流，问他为什么有了别的女人还要让她来陪读，问他为什么容忍一个坏女人来羞辱他，问他什么时候赶走那个坏女人。文坚说他会让艳红走的，但需要时间。这件事在留学生中传得很快。好些女生到旅馆里看望芳芳，安慰她。留学生林虹燕、胡诵菱陪她到商场购买日用品。她们后来都成了芳芳终生的朋友。留学生中谴责蒙文坚的声浪越来越高。中国同学在路上遇见他，不是假装没看见，便是在他背后交头接耳指指点点，有的甚至毫不掩饰地对他怒目而视。他感觉到无声的压力。这种事如果发生在中国，他和张艳红早就被唾沫的洪流淹死了。幸好这是在欧洲，欧洲是个自由的世界，对于舆论压力，只要你脸皮够厚自己扛得住，别人还不能把你怎么样。

芳芳不想让父母担心，这事还瞒着家里。没想到列日的中国留学生中有一位母亲同事的孩子，她在电话里和家长说起这事。那位学生的家长又把这事告诉了芳芳的母亲。母亲听了心急如焚。她想不出别的办法，只能到文坚父母家登门告状。文坚父母一听也气炸了。老爹一向以文坚为荣，没想到儿子竟然干出这种败坏门风的事，让自己以后没脸出门。他马上赶到邮电局给文坚挂电话。文坚自成年后还从未听到过老爸

一句重话，这次一拿起话筒便被老爸劈头盖脸地痛骂一顿。一边是中国同学的孤立，一边是父母的严厉谴责，文坚陷入一生中最大的危机。他曾经众口铄金誉满清流，现在却名声扫地众叛亲离。

人的性格特质经常在善与恶的两个极端之间相互切换。他不服输的特点在工作上表现为坚毅，在为自己护短时便成了顽固。他的沉默寡言曾被人看成是深思熟虑，现在却成为他与外界沟通的障碍。顽固和自我封闭导致了误判误断。

与父亲通完电话，他满肚子怒气，但不知道该往何处发泄，下一步怎么办他也没有想好。把艳红撵走？恐怕很难。她什么事都会做得出来，舞弄菜刀和他拼命，或者扯根绳子上吊皆有可能，无论是真是假他都很难应付，落到旁人眼里他便更加丑恶不堪。他与艳红已经暗盖换成明铺，很难回头了。退一万步说，即便他赶走艳红接回芳芳，他的人格污点也洗不白了，在众人眼里他永远是一个负心人，芳芳将一辈子心怀芥蒂，他们两人再也回不到从前。

他再次来到小旅馆。芳芳一脸苍白，头发在几天里一下变成灰白色。他看着有些心疼，默默地听她哭泣、抱怨、诉苦。芳芳问他到底怎么办，什么时候才能离开张艳红。他半晌不吱声，后来冒出一句话把自己都吓了一跳。他说："你回去吧，算我对不起你，下半辈子我会尽量补偿你的。"芳芳惊呆了，这句话如同一根大棒打在脑门上，半晌她才回过神来，对他喊道："你滚吧，我不想见到你！"

文坚知道，他的这个决定后会在中国学生中引起强烈震荡。他心里已经做好准备迎接最坏后果，但他没想到的是他的导师马恩教授会干预这件事。欧洲人在两性关系上十分开化，通奸与背叛司空见惯。在欧洲婚姻中的被背叛者无论是男是女承受力都很强，外人对这种事情一般采取冷眼旁观的态度，可能因为在他们的国家被背叛的一方并不都是完全的无辜者。自芳芳来后文坚忙于处理两个女人的纠纷，七八天没到实验室照面。马恩教授感到疑惑，这种事以前从未发生过。实验室里的中国学生把这几天发生在文坚身上的事情告诉马恩。马恩也感到很气愤。欧洲是个开放的社会，欧洲人不愿过问旁人的男女私情，但这并不说明他

们没有是非观。马恩把文坚约到自己的办公室，对他说："我不想干预你的私事，但作为男人你必须对你的妻子做出负责任的安排。"教授平时和蔼的面孔此刻是冷冰冰的。文坚已通过答辩获得了博士学位。他正在争取实验室正式助手的资格。他的竞争对手实力也不弱。马恩教授的态度意味着，在与对手的竞争中他很可能会失去他的支持。

从教授办公室出来，他脑子里一片空白。他漫无目的地绕着校园周边的街道走了两圈，最后不知道怎么绕到芳芳住的小旅馆里。那天把文坚轰走后，芳芳感到气愤，但是好像对文坚又恨不起来。这几天好多往事涌上心头。她想起文坚为了她对着父母姐妹摔锅的事，想起文坚带着她毅然从家里搬出来，想起文坚为了把她带出国不惜冒犯单位领导。不，文坚是爱她的，她不相信他会这么绝情，就不相信他会为了那个婊子把她撵回国内。他叫她回国的那句话肯定是无心的。正想着想着，文坚就来了。她满心希望地把文坚迎进屋。文坚铁青着脸，进屋顺手把门关上。她感到不对劲，向后退了一步。文坚回过头伸手扇了她一个耳光，疯了似的把她推倒在地上然后一顿暴打。她只觉得拳头像雨点一样落在身上，腰上肚子上腿上还挨了几脚。她开始还怕惊动旅馆里的人，忍着痛不吱声，后来实在忍不住就尖叫起来。楼梯上响起急促的脚步声，有人闻声跑上楼来。文坚夺门而出，从消防梯跑下楼去。

芳芳站不起来，她稍稍一动腹部和腰部就发出剧痛。她只能慢慢爬到沙发边，用手支着勉强坐到沙发上。虹燕和诵菱接到旅馆服务员打来的电话赶到小旅馆，把芳芳送到医院里。医生发现芳芳身上多处肌肉挫伤、X片检查显示脊椎和肋骨有轻度骨裂。医生怀疑是暴力伤害，于是报了警。面对警察询问，芳芳坚持说是自己不小心从楼梯上滚下来摔伤的。芳芳住了几天医院。马恩教授到医院看望她。据教授说，文坚再没到实验室来过。他到医院留下一笔医药费，退掉了他专门为芳芳租的房子，然后从大家的视野中消失。

这是一场噩梦。噩梦醒来，芳芳面临的问题是何去何从。投亲不成自然是要回国，但她不愿意回去面对各种怜悯的目光。留在国外学习她又缺乏足够的文化基础。她第一次感觉到女人没有自己的事业是多么

可悲。她只是一名只有大专学历的国企小职员。过去她的心思全部放在丈夫身上，致力于构筑一个温馨的家庭。现在那个绚丽多彩的目标轰然倒塌，只留下一地破砖碎瓦。她决定留在国外，先学习语言，以后再考虑进一家适合自己的学校学习。她要在瓦砾上重建属于自己的大厦。于是，她留在比利时，一边打工一边学习语言。

这是一个艰难的过程。事后证明这个过程使她受益匪浅。在国外的两年她适应了角色的转换，把自己从一个男人的依附者转换成独立的女人。这一转换在回国后很快见到成效，她从一个办事员变成部门主管，干得有声有色，成了单位炙手可热的人物。

自那件事发生以后，蒙文坚再也没有返回大学实验室。他偶尔出现在列日，但也尽量避开熟人。父母与他断绝关系，连病危也没通知他回国。这一切都因一个坏女人引起。若干年后有人在法国斯特拉斯堡见到他。他在那里开了一家小超市，其实就是一家杂货店。杂货店的老板娘不是张艳红而是另一个女人。当初张艳红在他身边只待了两个月。他离开大学实验室后失去了稳定的收入，张艳红便不辞而别，到别处混去了。

2015 年 9 月 25 日于威海滨海新区

内战与内乱

　　我的双脚终于踏在这片神往已久的土地上。然而，航班落地后一个半小时我还拖着行李坐在一家咖啡店里，心里没着没落。东道主塔马利特博士没有到机场接我，好不容易找到预定的招待所，迎接我的却是一把大锁。这里一切皆因我到达的时间不对。我只能拖着箱子走到最近的一家咖啡馆。这个钟点只有这个空荡荡的小店对我张开了热情的臂膀。我找了个座位坐下，要了杯咖啡，耐心等待招待所下午上班的时刻。

　　这是一个濒临地中海的消夏胜地，它那风光旖旎的海岸常被好莱坞选为拍摄沙滩戏的外景地。罗马人于138年来到这里。他们叩石垦壤，在希腊人的渔村上建起城镇。后来的旺达人、迦太基人、西哥特人、摩尔人在此累土聚沙，小镇渐渐地变成了城市。这就是西班牙的巴伦西亚市。

　　下午三点多，正当我忐忑不安时，一位20多岁的女子推开咖啡馆的玻璃门，径直走到我跟前，用英语问道："您是张先生吗？我是维尼塔，请跟我来办理入住手续。"招待所的职员直接到咖啡店来认领顾客，说明这家咖啡店早已成了"投亲不遇"者的温馨港湾，难怪店里的侍者对拖着行李箱的客人习以为常。中饭后的三小时是西班牙人神圣不可侵犯的午休时间。这个时间段他们必须躺在床上，对任何企图前来打扰他们的外国人决不迁就姑息。

　　他们这个习俗我并不陌生。我曾在荷兰马斯特里赫特大学国际公寓里与六位西班牙女生为邻。这个走廊里除了她们还有七名来自各国的学生。西班牙学生的存在使我们的共用的厨房使用压力大大降低。她们的

晚餐时间是夜晚 11 点，正好与我们错开。每当临近午夜，厨房里便热闹非凡。喧闹声裹挟着西班牙烩菜的香味弥漫着整个走廊，直到凌晨一点才灶冷人歇。她们短缺的睡眠必须在次日的下午补齐。这是西班牙民族的作息模式。所以，乘午后航班抵达西班牙的外国人难免会遭遇尴尬。

西班牙女生中有一位不按西班牙钟摆行事，经常将晚餐安排在夜间九点。这个姑娘叫亚索内，她性格孤僻特立独行，其他西班牙女孩将她融入本国圈子的努力总是无果而终。那时候手机还没有流行起来，公寓走廊的计费电话是我们与远方亲友联络的唯一工具。亚索内每天晚上都要抱着电话嘀咕半天，将自己的精神寄托在冰冷的话筒里。她说的话不仅我们听不懂，她的西班牙同胞也听不懂，因为她说的是巴斯克语。偶尔会有一些青年人来公寓找她。那些人不修边幅，胡子拉碴，衣裤皱皱巴巴，与校园时尚大相径庭。每当这时，她的房里就会传出热烈的交谈声。谈话结束时，巴斯克老乡便鱼贯地从房间里钻出来，与她告别后消失在夜色中。

一天晚上，亚索内接到一个电话。她一改往常的低声细语，急促而大声追问某个细节，随后扔掉话筒哭着跑回房间。廊友们面面相觑，转而盯着西班牙女生中的大姐纳塔利亚。纳塔利亚耸耸肩，她也没听懂，巴斯克语是一种与众不同的语言。第二天亚索内买了一张去毕尔巴鄂的机票，说是家里有急事。几个星期后廊友们才听说，她的某个堂兄或者表兄——也许就是造访过她的那群年轻人之一——死了，据说是被自己炸死的。当时他正在摆弄一枚自制的炸弹。如果此言属实，他很可能是一名"埃塔"组织的成员。

纳塔利亚说，亚索内是个巴斯克独立派分子。我曾试探地询问她是否真的主张巴斯克独立。她说是，表情虽然稚气语气却十分坚定。我问巴斯克为什么非独立不可。她说因为巴斯克人和西班牙人完全不一样。她通常不在校园里谈政治。她之所以对我网开一面，大概因为我来自中国。遥远的中国与西班牙国内政治没有半毛钱利害关系。她所谓巴斯克的"不一样"，指的是语言和文化。巴斯克语言的确与众不同，不仅与卡斯蒂利亚语和加泰罗尼亚语大相径庭，和周边的法语、英语也迥隔霄

壤。历史学家至今还未探寻到这个民族起源的确凿证据，暂时将它们归类于这片土地最纯正的原住民之一。

当然，仅仅因为语言和文化差异就要求独立还缺乏说服力。巴斯克人的离心倾向有着更深层的原因。这个磊落不羁的群体是少数历史上未被罗马人征服的欧洲民族之一，但两千年来他们一直生活在西班牙社会的底层，文化遭到排斥，因此他们有着强烈的政治诉求，如果不能建立独立的巴斯克国家，至少也要在自己的土地上实现自治。20世纪30年代，西班牙人民通过投票废黜了君主制度，建立了西班牙共和国。共和政府对巴斯克人采取宽容的政策，他们也成为共和政府的热情支持者。共和运动失败后，巴斯克运动遭到佛郎哥的残酷镇压，他们的自治区被强行解散，巴斯克语言被禁止使用。像他们的祖先抗击罗马人一样，巴斯克人拿起了枪，成为佛郎哥统治下唯一的武装抵抗力量。"埃塔"组织就是这个抵抗运动的衍生物。佛朗哥死后西班牙政府逐渐废除了对少数族裔的歧视政策，巴斯克人在政治、经济和文化上的诉求大多得到满足，极端主义派要求"独立"的理由只剩下语言和文化差异了。

我穿过熙熙攘攘的红男绿女，沿着阿尔玛罗拉大街向南走去。这条大街从图里亚河的旧河道上空通过。图里亚河现已绕道城外流入地中海。干涸的河床已被改造成市民钟爱的体育公园。从桥上跨越旧河道便进入老城区。老城的入口是一座阿拉伯风格的双塔式城门。它与城西一座叫做"方塔"的城门都建于摩尔王国时期。城门后面街巷曲曲折折，保留着中世纪的无序格局。穿过一小段老巷便来到圣女广场。广场上有一座古老的喷泉，喷泉中央斜卧着的海格力斯是图里亚河神，环绕着他的八个青铜裸女隐喻着图里亚河的八条支流。

这个广场的前身是罗马人的城镇广场。一千七百年前，直达罗马帝国首都的大道便从这里经过。从这里可以看见一个带穹顶的建筑，它就是巴伦西亚主教堂。这个教堂坐落在古罗马神庙的地基上。摩尔王国时期它曾被改成清真寺。教堂的正门面对着另一个广场。那个广场历史上曾是本地的"水岸法庭"。很久以前，每个礼拜四的正午法官会出现在广场上，用巴伦西亚方言调解农民的灌溉纠纷。那个传统延续了一千

多年。离"水岸法庭"不远是另一个教堂——桑帕拉多斯教堂。那个教堂供奉着一尊木制的圣母雕像。她是城市的守护神，在信徒的香火中已度过了四百年。在那尊雕像前，我目睹了一名婴儿的洗礼。神父慈祥地从金碗中蘸了几滴水轻轻洒在婴儿的头上，以此洗去婴儿从娘胎里带来的原罪。在城市的另一端坐落着古老的丝绸交易所。它是中世纪黄金年代的见证。伊莎贝拉女王为赞助哥伦布的探险向巴伦西亚的银行家借过钱。那些银行家就是靠本城的丝绸生意发迹的。

在狭窄的街巷中来回穿梭的我突然眼前一亮，前面就是我要找的楼房。那是一座建于15世纪的贵族府邸。这座楼后来落在一个名叫贝尼卡罗的侯爵手里，因此被称为贝尼卡罗府。这是一个有故事的地方。因为它这座城市在内战中遭到佛郎哥叛军和德军飞机442次轰炸。也是因为这座楼房，墨索里尼的海军对城市港口进行了严密封锁和猛烈的炮击。

提起西班牙内战，今天的读者会感到陌生。在中国家喻户晓的白求恩就曾跟随国际纵队参加过那场战争。我们耳熟能详的美国作家海明威也曾是国际纵队的一员，并留下了许多关于那场战争的文字。

西班牙是一个老资格殖民帝国。15世纪哥伦布发现新大陆，拉开了西班牙殖民扩张的序幕。当英国和法国还是羽翼未丰的雏鹰时，西班牙就攫取了除巴西外的整个中南美洲。它同时也将爪子伸向亚洲，将吕宋列岛纳入自己的版图，并借用本国王储的名字将它命名为菲律宾。19世纪初，拿破仑的追随者西蒙·玻利瓦尔在委内瑞拉揭竿而起，掀起了反对西班牙的独立战争，解放了中南美洲大片土地。拉丁美洲各个民族在他的感召下揭竿而起纷纷独立。1898年西班牙在美西战争中遭到惨败，痛失最后一批属地古巴、波多黎各和菲律宾。西班牙的海外领地只剩下西非一片荒芜的沙漠。

殖民帝国的崩溃使西班牙深陷危机。海外收入的中断使财政入不敷出，大批退伍军人充斥街头，成为社会动荡的因素。殖民经济结构与封建制度无法支撑国家的运转，波旁王朝风雨飘摇。1931年西班牙国王阿方索十三世宣布退位，西班牙通过公民投票建立共和国，史称西班牙第二共和国。共和国八年中经历了三届政府。首届政府对封建制度进行大刀阔斧的改革，但因没有理顺社会矛盾两年后黯然出局。右翼当权的第二届政府废止了第一届政府的改革，西班牙又退回黑暗的原点。1936年左翼的人民阵线赢得大选组建第三届政府。这一届共和政府推出更激进的改革。它强化土地改革、压制教会势力、大幅裁减军队，社会矛盾再度白热化，整个国家在灼烧。以莫拉和佛郎哥为首的右翼将军发动叛变，内战战火席卷伊比利亚半岛。

西班牙内战是第二次世界大战的热身赛。莫拉和佛郎哥与刚刚崛起的墨索里尼和希特勒一拍即合。德、意不仅向西班牙叛军提供飞机大炮和枪支弹药，还直接派兵参战。执政的社会党人、无政府主义者和共产党则是俄国十月革命的追随者。苏联向西班牙共和政府输送武器、军事顾问和飞行员，并且以共产国际的名义组织国际纵队参战。英、法、美等国则采取隔岸观火的中立政策。这场战争持续了两年又七个月，最后以共和政府失败告终。共和派武装在训练和装备上本来就处于劣势，国际纵队响应国联呼吁单方面撤兵走人，以及英法完全掐断苏联的武器输入，破坏了双方实力的最后均衡。共和派在战场上胜少败多。政府先是从马德里退到巴伦西亚，后来又从巴伦西亚退到巴塞罗那，直到流亡国外。

我眼前的贝尼卡罗府便是1937年共和政府的总部。在那段血与火的日子里，德高望重的共和国总统曼努埃尔·阿萨尼亚就在这个楼里办公。

我经常和巴伦西亚大学的同事交流彼此感兴趣的问题。西班牙人很健谈，但有两个话题是他们不愿意触及的，一个是佛郎哥，另一个是内战。佛郎哥是独裁者，这早已盖棺定论。在他死后，西班牙用了10年的时间抹掉他的政治痕迹才被欧盟接纳为成员国。但另一方面，西班牙人又没有完全割舍对他的怀念。他的画像曾经挂在中小学校每一间教室里，人们从幼年起就被告知要像尊敬父亲和祖父一样尊敬这个人。他在二战中顶住了希特勒的压力维持了中立，使西班牙躲过战后被清算的命运。然而，这个国家依然因为他的专制独裁而遭到世界的孤立。他领着西班牙在一条羊肠小道上蹒跚独行了几十年。国际制裁堵死了这个国家经济发展的道路，却催生了同仇敌忾的国民精神。这种精神反过来助长

了民众对独裁者的感情皈依。这个皈依是一种夹杂着怨气的敬畏和渗透着迷惘的追随。

至于内战更是一团剪不断理还乱的破网。佛郎哥的胜利很不体面地与希特勒和墨索里尼的支持挂上钩，如今即便是最保守的政治派别也不敢给予佛郎哥完全的肯定。另一方面，共和派几乎完全处于斯大林的控制之下也是不争的事实。苏联将西班牙政府交给它保管的价值5亿美元的黄金据为己有，其利己动机即便是左翼派别也无法否认。更重要的是，交战双方毫无节制的相互杀戮在西班牙人心中留下了永久的痛。人类近代史中没有哪一场内战，没有哪一场手足同胞之间的争斗像西班牙内战那样残酷和血腥。

我到过斗牛运动的发祥地龙达。那个小城坐落在一个盆地中间的山崖上。一道深达百米的峡谷将它分成新旧两个城区。一座横跨峡谷的石桥将两个城区连接起来。悬崖上瓦屋鳞鳞烟波荡漾。公寓酒店饭馆坐落在峡谷两边。站在高高的桥上极目远眺，脚下绿茵茵的盆地上田园与牧场相傍，橄榄园与橘园相连，一直延伸到云雾缭绕的远方。安达卢西亚最迷人的景色展现在眼前。

脚下的石桥被称作新桥，以区别于本城建于罗马帝国和摩尔王国时期的另外两座老桥。这座桥的桥身有一个窗户，那是设在桥拱里的密室。那个密室曾经是重刑犯的牢房。从桥上俯视桥下，两端的桥墩直插百米深渊。修建这样一座险峻的石桥即便在今天也绝非易事，而这座颇具技术难度的石桥却建于两百多年前。据说建筑师在石桥建成后不久就从桥上坠谷而亡。有人说他是自己跳下去的，也有人说他是为了把自己的名字刻在桥身上不慎摔下去的。

龙达小城自古便是兵家争夺之地，而这座石桥更是每战必争的险要。海明威在《丧钟为谁而鸣》中描述了内战后期一场恶战。共和军与佛郎哥的国民军在西班牙南部一个小城发生激战。这场战斗持续了三天三夜。双方打得非常顽强，因为他们知道，战败的一方无论是死是活都要被胜利的一方从小城的石桥上扔下深谷。海明威描述的那场战斗就发生在这个小城，发生在这座桥的两边。此刻我就站在这座桥上，面对着

绮丽的风光，峡谷中似乎回荡着战败者的凄厉呼声。

当共和政府从马德里迁往巴伦西亚时，为了避免关押在监狱里的犯人成为叛将莫拉的"第五纵队"，共和军将他们全部秘密处决。不留俘虏是那场内战的游戏规则。那场战争来得猝不及防，它开始好像是兄弟阋墙，后来不知怎么就变成冤冤相报的暴力游戏，突兀得双方都来不及阅读日内瓦公约禁止虐杀战俘的条款。在国家间的战争中，军队不过是国家意志的实施工具，就参战的个体而言，相互间并没有太多的仇恨，而内战的参与者则与战争本身和对手有着直接的利害关系，因此表现得格外投入和残酷。在西班牙的古都托莱多，我还听到另外一个冷血故事。

浓缩了这个国家两千年的历史的托莱多留存着七十多处不同时代的古建筑。那些哥特式、阿拉伯式和罗马风格和穆德哈尔风格的王宫、城堡、古桥、民宅、商铺分别建于罗马时代、西哥特时代、阿拉伯时代和卡斯蒂利亚时代。那些巴洛克式或新古典主义风格的教堂则建于最近的 400 年间。它们集基督教、伊斯兰教和犹太教元素于一城。城市最醒目的建筑是阿尔卡扎城堡。它方方正正，鹤立鸡群地耸立在城市的最高处。阿尔卡扎在阿拉伯语里是"要塞"的意思。从名称来看，这个城堡的历史至少可以追溯到摩尔人时代。16 世纪时，它一度是西班牙国王卡洛斯一世兼神圣罗马帝国皇帝查理五世的皇宫。查理五世的儿子腓力二世登基后，才将首都迁至马德里。殖民扩张时期，这个城堡被改为军校以满足帝国不断增长的军事需求。内战结束后，这个城堡有了新的身份——西班牙军队博物馆。

我是在西班牙内战结束一个甲子后来到这个城堡博物馆的。在城堡的底层有一口水井。这是城堡守军生存不可或缺的设施。离水井不远的陡峭阶梯旁露出一个小洞，透过小洞可以窥见城堡深邃的地牢。这是城堡守军监视地牢里囚徒的窗口。博物馆里陈列着西班牙历朝历代的军服和武器，以及历代西班牙军队作战的方阵模型。这个博物馆里最突出的部分是内战展厅，里面展出内战时期的照片和实物。佛郎哥的身影占据了大部分画面。这些照片使他瘦小的身材变得高大起来，头上顶着明晃晃的光圈。成语"成王败寇"在这里得到最形象的图解。在最后一个大

厅里，扩音器传出一段低沉的对话。这段对话被译成多种语言，在展厅提供的译意风播出。这是模拟莫斯卡多上校和他儿子路易的电话录音。

路易："爸爸，你们不投降他们就要枪毙我。"莫斯卡多："孩子，把灵魂交给上帝，为了西班牙像英雄一样死去。"这段对话据说发生在 1936 年 7 月 23 日。对话者之一莫斯卡多上校是托莱多的驻军司令。他于 7 月 18 日发动叛乱加入佛郎哥的阵营。在共和军包围托莱多时，他带领一千多名右翼武装人员和他们的家属躲进了阿尔卡扎要塞，忙乱中他自己的妻儿却留在了外面。共和军包围了要塞。莫斯卡多上校拒绝投降。共和军找来莫斯卡多的儿子，要他在电话里劝说父亲投降，并且只给上校十分钟的考虑时间，于是便有了上面的对话。

"把灵魂交给上帝，像英雄一样死去"是一句大义凛然的宣示，它无限地拔高了言说者的精神境界，借此激励本阵营的斗志。我们无法判断这段颇具文学色彩的对话的真实程度，但事实是莫斯卡多没有投降，他的儿子虽然没有马上被枪毙，但也只多活了若干天。莫斯卡多在要塞里坚持了 70 多天，直到佛郎哥亲自赶来为他解围。

人类自有战争就产生了英雄。英雄主义便是对英雄的确认和吁请人们对他们的崇敬。此外，它还有一个重要使命，那就是僭用人们对英雄的崇敬来凸显本阵营的正义性。内战结束后，阿尔卡扎城堡被改成博物馆。这个博物馆担负着佛郎哥主义宣传基地的角色。佛氏于 1937 年 7 月 17 日发动叛乱，引发了一场历时两年九个月的内战，最后推翻了民选的共和国政府，造成了百万人的伤亡，战后他又实行了 35 年的独裁统治。他太需要洗白自己。抹黑敌人是最好的洗白方式。这个博物馆准确地发挥着这个作用。

在故事的发生地再现内战中的那个场面，用十几种语言反复播放莫斯卡多上校和儿子之间那段颇具戏剧性的对话。这是一个巧妙的安排。这个场景将参观者的目光聚焦在阿尔卡扎要塞，从而忽略巴达霍夫体育场和巴塞罗那的加泰罗尼亚广场。佛郎哥的摩尔兵团在巴达霍夫体育场用机枪射杀的三千名俘虏，国民军在攻下巴塞罗那的当天在泰罗尼亚广场枪毙的上千名来不及撤离的共和派人士。佛郎哥还履行了他要在胜利

后严惩共和派的誓言。在内战结束后很长一段时间里，他每天处决200多人。那些被枪毙的共和分子既没有棺木也没有墓碑，他们直接躺在马德里郊外罗斯卡多斯墓地冰凉的万人坑里。

在追寻西班牙内战的痕迹时，我的思绪常常跳跃地回到国内文革期间的场景中。那也是一场真刀真枪的战争。它遍及全国的冲突规模的烈度与一场内战几无二致。不同的是，它仅以城市或省份作为敌对双方分野的地域范围，没有形成全国统一的两大阵营。更奇特的是，无论哪个城市或省份杀得死去活来的两个阵营都高呼着同一个口号，捍卫着同一条政治路线，所以它无法被定义为内战。它只能被称为内乱。

中国的文革大致经历了三个阶段。从1966年的5月到翌年的1月为第一阶段。这个阶段的特征是以揪斗"走资派"为核心，包括清扫"牛鬼蛇神"和"破四旧"的全民清洗运动。第二个阶段从1967年的初到1968年底。这个阶段发端于建构"革委会"，随后由权力争夺引起重新洗牌的派别分化。权利争斗的形式始于文斗终于武斗。武斗又走过了冷兵器和热兵器两个子阶段。第三阶段大致始于1969年初，结束于1976年10月，即所谓的"清理阶级队伍"阶段。

记忆中的那个故事发生在1967年夏季，即"文革"的武斗阶段。最初的战场是一个城市中心名叫朝阳广场的地方。"文革"前那个广场是市民休憩的场所。那时那里每天熙熙攘攘人头攒动，笑语欢声不断。此时的广场空无一人。它一侧的省剧院成了"无联司"的据点。它对面的百货大楼则被"工总司"控制着。两个建筑的一、二层门窗都用砖头、水泥封死，只留下狭小的瞭望口，俨然成了碉堡。两个建筑之间的地面上零零星星地散布着几个布袋似的东西。其实那不是布袋，而是尸体，是一些被乱枪打死的人。这些尸体躺了几天后开始变黑发臭，对峙的两派才达成协议，临时停火收尸。据辨认，这些尸体都不是双方的人。本城第一场枪战的牺牲者是竟是无辜的市民。

本城的武斗经历了石块、棍棒、铁矛阶段，现时正迈入热兵器时代。最初的热兵器是炸药。"无联司"在解放牌汽车的四周和顶上焊上钢板，炮制出山寨版的装甲车。"装甲车"倒退到工总司占据的"造反

楼"跟前，打开铁甲的后门，将炸药包的导火索点燃后扔到墙下，然后迅速开车离开。"轰"的一声，楼房便像被斧头切下一块，露出了砖头、混凝土和钢筋的五脏六腑。楼内的男女红卫兵被吓得花容失色。从此，据点临街的一面再也不敢住人。再后来，两派手里都出现了少许枪支，大都是些老掉牙的旧枪，如抗美援朝时的五六式冲锋枪、日式三八大盖，以及更老的七九步枪。这些枪大多是厂矿里来不及封存的民兵训练用枪。有的没有撞针，有的甚至连扳机都没有。两派工人中有的是能工巧匠，鼓捣好这些破枪不是什么难事，只是子弹比枪更金贵，双方只是持枪对峙，很少交火。

武器的短缺使得双方都在绞尽脑汁寻找枪源，而满天飞的谣言使人焦虑不安，提升了弄枪的紧迫性。"工总司"一派得到消息说"无联司"从军区获得了一批制式武器。"无联司"内部也流传着一个谣言，说某某部队伪托"被抢"给"工总司"送去了一批枪支和手榴弹。更令人发指的"情报"说，对方掌握了装备优势后正在策划一场武装进攻，企图"血洗"本派的据点，本城的革命形势到了危急关头，资产阶级反动路线即将在本城取得胜利。

在正常年份但凡有点头脑的人都会对这样的传言打个问号，但"文革"时代的狂热和偏执使人们的智商跌落到谷底，对指认对立派十恶不赦的消息一律坚信不疑。为了摆脱想象中的劣势，就必须弄到更多的枪支。两"司"都派人打探枪源信息，重点是周边县市厂矿保卫部门和民兵组织的弹药库信息，必要时组织人马进行抢夺。

一天，两个神秘人物到"工总司"总部面见总指挥。来人是"工总司"下属的"铁路工总"的人，其中一人是铁路货运调度员。正当华夏大地的文化革命进行得轰轰烈烈时，援越抗美前线也打得如火如荼。本市是援越物资列车的必经之道。来人提供的信息称，每隔若干天就有一趟运送军用物资的专列经过本市开往越南，其中既有中国专列也有苏联专列，车上一般没有武装押运人员，因此建议组织拦劫援越列车夺取武器。"工总司"指挥部赶忙召集常委会密议此事。两星期后的一天下午，一艘拖轮离开航运公司码头，向着玉江的上游驶去。这次航行的目

的地是三十公里外的金鹅乡。那里有一段铁路线距玉江河岸很近。拖轮上除了担任舵手的船老大和一名轮机工外还有五名乘客，其中四人将在金鹅乡的某个地点登岸。这次行动的目的没有通告两名船工，五人中留下一人在船上招呼接应。

那时正是丰水季节，江面上浊浪滚滚，河岸的树木没入水中，只露出上半截树枝，浅滩和礁石都沉到河底。拖轮开足马力全速前进，两岸的竹林、桉树林、玉米和甘蔗林迅速向后退去。

"工总司"全称为"工人革命造反派总司令部"。这个"司令部"的追随者在本市是少数派，仅占全市四分之一的人口，长期以来处于劣势地位。它的对手"无联司"是"无产阶级革命派联合司令部"的简称。这一派不仅在人数上占优势，而且成员中囊括了大部分劳模和拥有纯正阶级血统的基本群众，在人员素质上也高出对方一头，更重要的是，各基层单位多数的干部大多站到这个阵营中来，因而这一派手里握着雄厚的行政资源。从派斗一开始，这一派便胜券在握。然而世事乖舛，中央文革领导小组某次接见两派赴京代表时，曾指认"工总司"为"革命群众组织"，称对立派"无联司"为"一般群众组织"。这一表态如同晴天惊雷，把"无联司"炸得晕头转向。"无联司"追随者出现了井喷式的倒戈，"工总司"的地位扶摇直上，势力一度扩大到几乎占据本城半壁江山的地步。然而好景不长，随着中央文革小组态度的摇摆和模糊化，"工总司"再度滑入颓势。

"工总司"虽然在整体上不占优势，但却得到本城航运工人一边倒的支持，因此玉江水面都控制在"工总司"一派手中，"无联司"只能望江兴叹。但是，以公社为基本单元的郊区行政体系原封不动地保留下来，并继续接受市郊区行政系统"革委会"的领导，郊区的农民群众及他们的"战斗队"便成为"无联司"的坚强后盾，所以航运工总的江轮一驶入城郊便处于敌意的目光下，不敢轻易靠岸。

在工总司常委会的会议上，有人担心抢夺援越抗美武器会招致"破坏援越抗美"的罪名，因而对这个计划持谨慎态度，但讨论的最后结果支持的意见还是占了上风，决定采纳"铁路工总"的建议，拦截火车抢

夺援越武器，理由是我们的行动是为了捍卫无产阶级革命路线，是防修反修斗争的组成部分，防修与反帝并行不悖，"中央文革小组"会理解我们的。派性的恶性膨胀挤占了全部规则空间，理性思维荡然无存。文革期间特有的概念变通和逻辑演绎到了无所不能的地步。为了避免国际纠纷，指挥部决定这次行动的对象要避开苏联的专列，只拦劫本国的援越列车。这是疯子头脑中留存的最后一丝清醒。

这次秘密航行的使命是进行踩点侦察，寻找拦截列车的最佳地点。行动地点应尽可能接近河岸，铁路与河岸之间应该地势平坦，河岸较高且无浅滩，以便于驳船停靠和架设跳板。两小时后，拖轮到达了预定河段。稀疏的桉树林后面传来火车的呼哧呼哧声，一缕青烟从林梢冒出。看来这段河岸距离铁路的确很近。踩点的人应该登岸了。拖轮开始向河岸靠近。突然船老大猛打舵轮，即将靠岸的拖轮扭头驶向河心。原来船老大发现玉米穗子在晃动，仔细一看地里藏着人，手里拿着棍棒长矛，还有人提着枪。江轮躲开这段河岸继续往前开，河岸甘蔗地、竹林里都有人影。看来江轮的活动已经引起对方警惕。情况有变，船上的人紧急商量对策。船老大这时才被告知了这次行动的目的，并参加了讨论。

计划登岸的四人中，陈涤修是"工总司"的小头目和此次行动负责人，陈诗是市公安局造反队的骨干，林得鸣和刘峰是陈诗的好友和中学同学，也都是"工总司"铁杆追随者。林、刘两人是金鹅乡人，老家村子离河岸不远，是陈诗找来的向导。章劲是陈涤修的好友，是受指挥部指派留在船上接应的人。船老大主张取消这次行动。他认为对方已经高度戒备，登岸很可能会落入敌手，以往在这一带落入郊区"无联司"手中的"航运工总"队员没有一个能囫囵个回来的。章劲和陈诗犹豫不决。林得鸣和刘峰却极力主张按原计划登岸。他们认为凭借他们对这一带的熟悉，完全可以躲过对方的追踪，完成踩点侦查任务。万一落入对方之手，他们可以佯称带同学回老家村里玩几日，应该不会有危险。这个计划筹划多日，大家都不愿意轻易放弃，最后只能按他们的意见办。

由于岸上已有埋伏，拖轮不能停靠河岸，以免暴露意图。登岸的人只能伺机跳帮。不久，前方出现一个小峭壁，那是一块插入水中的巨

石，与船舷大致等高。远处有个小树林，近岸没有玉米地，可以断定没有埋伏。这是一个机会。当船帮擦着岸石而过时，四人轮番往岸上跳。然而，船速太快，第四个人还未及跳帮船就驶离了岸石进入深水区。为了迷惑对方，船继续贴着河岸走了一段，以免对方发现有人登岸。拖轮佯装向下游驶去。再过三小时天就黑了。待天黑后再返回这里将他们接上船，届时以手电筒为号——两短一长。

那错失登岸机会的第四个人是陈涤修。两天后，陈涤修受到工总司的暗中调查：为什么他排在跳帮的第四个？他未能登岸纯属偶然还是另有原因？这个秘密调查缘于那天三人上岸后再也没有回来。拖轮在黑黢黢的江面上来回转悠到深夜，最后失望而归。据出去打探消息的人回来报告，三人登岸后不久就落入对立派手中，现在下落不明。踩点行动出现意外，劫车计划是否继续施行，工总司犯了难。如果出了内奸，或者被抓的三人吃打不过招了供，对方便可能在河岸设伏，我方劫车行动将惨遭滑铁卢。

7月22日晚上9点，一艘拖轮拖着驳船悄悄离开河岸向上游驶去。驳船上载着一支30多人组成的劫车突击队。踩点的三人虽然未能返回，但指挥部认为这次侦察行动并未完全失败。据陈涤修和章劲报告，三人登岸的那个峭壁水深适宜驳船停靠和架设跳板，截获的武器从铁路线搬到岸边再加上装船可在一小时内完成。那里便被敲定为登陆地点。船拔锚起航后陈涤修和章劲便待在驾驶舱里，协助船老大寻找那个小峭壁。峭壁背后有三棵苦楝树，十分醒目，在夜间也不难辨认。

踩点的三人没有返回使这个计划蒙上阴影。如果对方获悉了我方的计划，预先设下包围圈，我方将蒙受重大损失。指挥部考虑再三决定还是实施这个计划，理由是，对方如果掌握我方计划，他们最可能做的不是设伏而是向军区举报，让军区来收拾我们。军区得知此事后最可能做的，首先是向我方发出警告，在警告无效的情况下派部队制止我方的行动。既然军区方面一直没有动静，说明行动计划还没有泄露。事后证明这个判断是正确的。

白天玉江两岸布满了眼睛，夜间却杳无人踪。郊区的革命派晚上也

要休息。江轮拖着驳船悄悄地靠了岸。这一段铁路离河岸三百多米，这个距离很合适。突击队到达后藏在铁路两旁的树林里。凌晨三点多，火车拉着烟突突突地驶近了。突击队没有在铁轨上放置路障，只是在列车驶近时用红色信号灯晃了三圈。这是"铁路工总"预先告知的方法。司机见前方有红灯示警立刻紧拉制动杆。列车向前冲了百十米后停下来。几个人爬上车头把司机和司炉带下车，叫他们蹲在路边，告诉他们不要怕，说没人会伤害他们。这也是铁路上的人嘱托的做法。这时，从列车末端的守车上下来一人，手里的号志灯一步一晃，嘴里骂骂咧咧，问为什么随便停车。话音未落，几条大汉出现在他跟前，手里有拿棍棒的，也有拿着枪的，吓得他一屁股坐在地上。这位就是这趟列车的车长。突击队员把他领去和司机、司炉待在一块，留下两个人看着，其他人分头去撬车厢门。

不一会，撬车厢的人纷纷回来报告，说各个车厢里的箱子打开后都是炮弹，既没有传说中的 AK47 步枪，也没有了弹。总指挥亲自到各个车厢检查了一遍，果真没有枪支和子弹，但发现一批几米长的木箱，木箱里装着一根长长的炮管。有人认出这是直径 37 毫米的高射炮管。总指挥下令搬几箱炮弹回去，再捎上两条炮管，至于怎么用以后再说，忙了一晚上总不能空着手回去。

两天后，中央文革二把手发话了，狠狠批评抢劫援越物资是为虎作伥，帮了美帝的忙，责令"工总司"立即将全部劫掠物资如数上交军区。军区联络员也一天三次地登门催促。"工总司"不敢违抗，立即将炮弹交给军区，只是有两发一米多长的加农炮弹被锯开，里面的炸药被掏空，还有一根三七炮管和一箱炮弹不知所踪，无法完璧归赵。

又过了两天，一辆卡车悄悄出现在新华街上，车上斜插着一根长长的管子，那就是那根失踪的炮管。卡车停在省剧院对面的一个巷子里，车头对着剧院。突然间火光一闪，"哐"的一声一团火球从卡车上飞出，钻进省剧院四楼窗户。接着又"轰"地一声，剧院电影机房窜出一簇玫瑰色的火焰。机房以前是"无联司"风雷红卫兵的广播站，现在是据点瞭望哨，经常有人从那里朝外面放冷枪。火焰刚消失又响起一炮，

剧院的另一个窗户又冒出一簇火团。两炮打完，卡车迅速从原路撤回。这两发炮弹虽未造成人员伤亡，但把剧院里的人吓得魂飞魄散。"工总司"为土装甲车炸楼报了一箭之仇。

第二天，过完炮瘾的亡命徒们把炮管连同剩下的炮弹上交"工总司"指挥部。指挥部赶忙把东西送到军区。军区联络员看着被硝烟熏黑的炮管百思不得其解，搞不懂这个没有炮栓和撞针的炮管是怎么把炮弹打出去的。其实，自制的炮栓刚刚被卸除。那是用螺栓固定在炮膛上的一块钢板，撞针由榔头和钢钉充数。发射两发炮弹后土炮栓就被炮管的后坐力撞得变了形，"炮手"们就坡下驴地将炮管归还了军区。

这起震惊中外的劫掠援越物资事件虽然不到十天便处理完毕，但其掀起的涟漪却经久不息。"无联司"开动所有宣传工具抨击"工总司"的罪行，大街上刷满了"揪出 7.22 抢劫援越抗美物资事件的幕后黑手"的大字标语，揭露"工总司"与美帝穿一条裤子的传单从"无联司"占据的每一座楼顶飘落下来。"无联司"决心将"工总司"砸死在这件事上。"工总司"这次真是搬起石头砸自己的脚，偷鸡不成惹一身臊。为了转移视线和挽回影响，"工总司"炮制了一份一百多页稿纸的材料上报中央文革。这份材料历数"无联司"网罗叛徒、特务、托派，包庇走资派，打砸新华社记者站，殴打北京医疗队队员等"反革命"行径。这份材料到了中央文革手里也够"无联司"喝一壶的。章劲把材料缝在旅行袋的夹层里，登上去北京的火车。这份材料要面交"工总司"驻京代表。

章劲从北京返回省城是两个月以后的事了。一个难以接受的消息在等着他：陈诗、林得鸣、刘峰三人的尸体找到了。原来他们上岸后不久就落到"无联司"手里。"无联司"的人猜想他们的出现与江上转悠的拖轮有关，对林得鸣所谓"带同学回老家村里玩玩"的解释充满狐疑。他们只想弄清"航运工总"的船为什么在这一带转悠。目击者第一时间将他们被抓的消息告诉他们的家人，让他们设法救人。林得鸣和刘峰出身平民，没有什么可利用的关系，但陈诗的父亲是南下干部，是被"无联司"看好并内定要"三结合"的领导干部，只有他能救他们。

出人意料之外的是，陈老爸听说儿子被抓后不仅不着急，反而一拍大腿说："这下好了，这个倔驴落到革命派手里我就放心了，让他好好接受教育吧！"老爹不急妹妹急得像热锅上的蚂蚁。陈诗的妹妹陈俭是"风雷红卫兵"的骨干，兄妹俩处于敌对营垒。她深知哥哥落到"无联司"的手中必定凶多吉少。她四处奔走，打听本派友邻组织抓扣人员的名单，努力打探哥哥的下落。那时候，玉江河滩或郊外某个土坑里隔三差五地会出现一两具无名尸体。他们有的是被仇杀，有的是被灭口，更多的是派性斗争的牺牲品。某一派的干将一旦成为对方的眼中钉，只身回家看望父母妻小时，不小心泄露行踪，还未踏入家门眼前便突然一黑，脑袋被套上布袋，然后被绑了手脚，塞进麻袋坠上石头扔到河里，若干天后这人便成了一具浮尸。文革摧毁了正常的社会秩序，无政府主义甚嚣尘上，法律的藩篱轰然倒塌，于是乎沉渣泛起，鱼龙混杂。原来无处藏身的流氓、盗贼、刑事犯大摇大摆地从地洞里钻出来，伪装成运动的追随者混迹于两派组织，假借革命的名义为所欲为，本来生性善良的学生、干部、工人在派斗中积攒着仇恨，人性蜕变成兽性，生命轻如草芥。

陈俭也像所有失踪者的家属一样，每天揪着心到河滩上认尸。只要听说郊外哪个土坑出现了新的死尸，她就会在第一时间赶到那里。这种熬人的日子持续了两个月。她最后见到哥哥的尸体是在"工总司"抬尸游行之后。"工总司"根据线人的报告，在南郊某个山坡挖出了三人的尸体。他们是被用大刀砍死的，死前身上多处被打成骨折。三人在金鹅镇附近落入对方手里后还存活了十多天。"无联司"弄不清他们的真实角色，曾一度打算把他们放掉，正在这时发生了火车拦劫案，于是一切真相大白，他们便成了这个事件的替罪羊和牺牲品。如果劫车事件被推迟三五天，他们或许今天还活在世上。

一个放牛人隔着山沟目睹了他们死亡的时刻。据说，三人没有下跪，没有求饶，死得很爷们。他们自认为是为捍卫无产阶级革命路线赴死。最匪夷所思的是，他们身后的那些人也是在捍卫同一条路线的冲动下举起砍刀的。"誓死捍卫无产阶级革命路线"成了那年头千百万人互

相厮杀的同一动机。发动这场运动并非是没有目的的。水清则无鱼，要肃清"第二司令部"在全国各地的龟鳖蟹虾，需要一场倒海翻江的运动。"革命小将"的使命就是充当搅动江海的那只手。现如今"文革"被扫进历史垃圾堆，当年的"小将"存活于世的也步入花甲之年，"造反派"的恶名和梦魇将伴随他们走完余生。

我后来两次重访托莱多，主要是奔着阿尔卡扎军队博物馆去的。我想再仔细看看那里的内战馆。可惜，第二次去时博物馆正闭馆维修。那次博物馆结构的维修和重新布展花费了三年时间。新世纪的第 11 个年头，我第三次造访托莱多，博物馆终于开放了，但以全新面貌迎接世人的西班牙军事博物馆里再也见不到内战的蛛丝马迹。内战馆被撤销了，佛郎哥从博物馆中消失。这是西班牙"去佛郎哥化"运动的一部分，是促进国家安定和民族团结的必要步骤。也是在那一年，西班牙"埃塔"组织宣布永久放下武器，表示要加入国家和平建设的进程。

2014 年 4 月 15 日于北京天通苑

黑斗篷的故事

城市坐南朝北，面向弗斯湾。市中心有一座名叫卡尔顿的小山。山顶一个看似灯塔的建筑威严地守望着远处的海湾。这个建筑便是尼尔森纪念碑。它纪念出生在这个城市的海军上将尼尔森。1805 年，他率领 24 艘英国战舰在地中海将法国和西班牙的 33 艘战舰打得落花流水，从此奠定了英国的海上霸权。这座城市就是苏格兰首府爱丁堡。

在天高云淡的日子，从高高的尼尔森纪念碑卜极目远眺，西南方矗立着一个火山岩山，雄伟的爱丁堡城堡耸立在山顶，俯视着整个城市。东南面建筑群是著名的圣十字宫，而北边是一片宽阔海面。本城的港口就在那里。1548 年苏格兰女王玛丽·斯图亚特就在这个港口登上航船前往法国。13 年后她从法国返回苏格兰，也是在这里踏上她的故乡，此后她在西南方的城堡和东南方的圣十字宫里度过了许多时光。在爱丁堡城堡里她生下了她的儿子，后来的不列颠国王詹姆斯一世，在圣十字宫里目睹了她宠信的意大利秘书大卫·里奇奥被丈夫的密友们刺杀。

时至今日，全世界的游客络绎不绝地来到这里，寻觅着玛丽·斯图亚特的足迹，因为这位拥有过苏格兰女王和法国王后两顶金冠美丽绝伦的女人，在享受了荣华富贵和荣耀后，又陷入了艰险和坎坷，在 45 岁时被英格兰皇家特别法庭以"叛逆罪"判处死刑。

1587 年，在她的头颅从断头台上滚下后，英格兰女王伊丽莎白一世突然歇斯底里地怒斥她的宠臣佛朗西斯·沃兴汉姆爵上以虚假的报告误导她在玛丽的死刑判决书上签字，使她终生留下弑亲的内疚。狂怒之中，她将经办此案的副国务秘书威廉·大卫逊当作替罪羊送进了伦敦塔。

这个惊心动魄的故事和它留下的谜团成为史家津津乐道的话题。许多人都认为玛丽女王之死是一桩旷古奇冤。这个奇女子身上笼罩着一种悲情的魅力。

玛丽真的比窦娥还冤吗？置她于死地的佛朗西斯·沃兴汉姆爵士又是何许人？

说起沃兴汉姆其人，今天可以在许多谈论英国军情五处和军情六处的文献中见到他的名字。他被誉为英国秘密情报组织的开山鼻祖。400年前，他是伊丽莎白女王麾下主管国家安全的国务秘书，像警犬一样忠诚地守护着英格兰王国。

为了保卫女王和英国，沃兴汉姆建立了一个严密的情报网络。他的密探渗透到伦敦的外国大使馆里面，不动声色地将外国使节的言行记录下来。他的特工还出没于外国港口，监视舰船和军队的调防。他们紧紧盯着软禁苏格兰玛丽女王的城堡，摸清她与外国人及国内反对派的联系。刺探情报是一项耗费资财的任务，尽管国库为此调拨了巨额的秘密资金，仍然难以满足这个特殊使命的需要。无比敬业的沃兴汉姆爵士义无反顾地将个人的财产投入到这项使命中，最终把自己弄得倾家荡产。

1558年英格兰女王"血腥玛丽"一命归天后，伊丽莎白从半个囚徒擢升为英格兰女王。王室的宗教色谱一夜之间发生剧变。宗教震荡再次将英格兰推向内战边沿。被玛丽一世的天主教政权镇压过的新教徒们磨刀霍霍地要向天主教徒讨还血债。惊恐的天主教徒们纷纷拿起武器准备自卫。仁慈的伊丽莎白紧急呼吁两大教派和解，并在新教仪式中糅入天主教的元素。天主教徒得到安抚，萌芽中的动乱得到平息。

伊丽莎白女王执政20多年，与大多数天主教徒达成和解。他们或是接受了女王的委任和授勋，成为宫廷中的座上客，或是在新秩序下安居乐业。然而，天主教极端派对新教政权仍然虎视眈眈，宗教反叛的种子在远离伦敦的地方滋生发芽。他们发誓要为教派冲突中殒命的父兄复仇。天主教死硬派领袖马斯·珀西伯爵和查尔斯·内维尔伯爵秘密策划解救囚禁中的苏格兰的玛丽女王，并以她作为反叛的旗帜掀起全国性的天主教起义，在罗马教廷和外国势力的支持下推翻伊丽莎白一世的统

治。一名名叫伦纳德•达可利的叛乱分子秘密面见西班牙驻英国大使，请求西班牙出兵相助，协助他们解救玛丽和推翻伊丽莎白。

策动一场叛乱需要巨额资金。为了筹资，他们将目光投到英国最富有的天主教贵族托马斯•霍华德公爵身上。霍华德是伊丽莎白女王和解政策的拥护者，但野心勃勃的他在叛乱集团的诱惑前怦然心动。叛乱集团建议这位鳏夫与囚禁中的玛丽结为伉俪，利用他的地位使玛丽重获自由。这位桀骜不驯的前苏格兰女王既不能放也不能杀，一直是王国政府手中的烫手山芋，因此一些政府大臣也认为，将她用婚姻拴在政府信赖的诺福克公爵身上不失为一个较好的选项。天主教叛乱集团则希望用这桩婚姻将富有的公爵绑在叛乱的战车上。公爵自己也打着小算盘，这个计划也正中下怀。霍华德早已为自己当不上一国之君感到屈才，把有权问鼎苏格兰和英格兰王位的女人娶回家，有利于自己接近国家权力中心。

明察秋毫的伊丽莎白女王洞悉这桩婚姻阴谋的全部细节。她斩钉截铁地命令霍华德斩断与玛丽结亲的念想。公爵佯装委屈，断然否认有与玛丽联姻的企图，但暗中却与囹圄中的玛丽暗通款曲，还秘密与北方阴谋集团勾勾搭搭。纸包不住火，阳奉阴违的公爵成为此案中锒铛入狱的第一人。阴谋败露后，珀西和内维尔匆匆敲响暴乱的钟声，仓促中他们只招募到 4000 名追随者。这支规模有限的队伍依然向着囚禁玛丽的塔特伯利城堡进发。然而，当他们赶到那里时，一万两千名皇家官兵正张网以待，玛丽却被转移到了更远的考文垂郡。

叛军们虽然攻克了几座城池，但因势单力薄，在官兵的堵截和围剿下溃不成军，令他们望眼欲穿的西班牙援军始终杳无踪影。暴动发起不到三个月便被彻底平息。叛乱头目逃往苏格兰寻求政治避难。叛军中的穷人被送上了绞架，殷实者用土地和金币赎回性命。苏格兰政府以2000 英镑的价码将珀西伯爵引渡给英格兰。他被押上断头台。内维尔伯爵侥幸漏网，逃到西班牙控制下的尼德兰，最后客死异乡。霍华德公爵表示悔罪，走出了伦敦塔，改在家中软禁。但他贼心不死，仍然与玛丽有书信往来，并密会外国特使，策划扶持玛丽登基，最后还是被女王处以斩刑。

这次叛乱为朝廷敲响警钟，玛丽只要还活着，就是对女王政府的威胁。平息一次叛乱，处死一批天主教徒，又播下新的仇恨。最危险的是那些从国外偷渡回国的天主教亡命徒，他们接受了叛乱训练，怀里揣着罗马和西班牙的钱，策划新的颠覆阴谋。

沃兴汉姆爵士在这个时候登场。这位面容坚毅目光如炬的男人曾担任英国驻法国大使，深知像法国和西班牙这样的天主教堡垒无时不刻不在期待着英国新教政府土崩瓦解。珀西伯爵和内维尔伯爵的叛乱使保卫女王和王国安全的工作上升到头等重要的地位。他逮捕了一名经常秘密出入西班牙大使馆和监禁玛丽城堡的天主教徒佛朗西斯·瑟罗克默顿，用酷刑撬开他的嘴巴，得知西班牙大使伯纳迪诺·门铎乍制定了一个颠覆伊丽莎白女王的新计划。根据这个计划，外国军队将分头入侵英格兰和苏格兰，与叛乱分子里应外合，解救玛丽并扶持她取代伊丽莎白一世的地位。这个计划已经秘密通知了狱中的玛丽。

玛丽收买了一个叫做吉布特·基福德的人充当信使，将加密的信件装在啤酒桶里带出去，辗转交给西班牙大使。未曾想到，这个名叫基福德的天主教徒是一个首鼠两端的小人。他从玛丽手上收取了高额佣金后，又将玛丽的密信卖给了沃兴汉姆爵士。老谋深算的沃兴汉姆将玛丽的信件解密复制后重新封好，让基福德不动声色地递出去。从国外传回给玛丽的信函也如法炮制后，交给玛丽。

从截获的信件得知，玛丽于1586年致函西班牙大使门铎乍，赞同西班牙以解救她的名义进攻英格兰。门铎乍计划中最关键的环节是实施对伊丽莎白女王的暗杀。刺客也物色好了，是一名叫安东尼·巴宾顿的人。此人曾经在关押玛丽的庄园里当听差，并且深深地暗恋着玛丽。这位堕入情网的听差在他写给玛丽的表忠信中透露了他刺杀女王的计划。玛丽在复信中居然表示同意他的计划。就是这封复函使这位苏格兰前女王陷入万劫不复的深渊。巴宾顿及其同党被捕后立即被处以最严酷的死刑，在绞刑前开膛剖肚，死后尸体切为四段。

截获这些信件使沃兴汉姆掌握了玛丽的生门死穴。玛丽如果说对上一次叛乱阴谋毫不知情，这一次她难辞其咎，她气数已尽。由贵族、

大臣和法官组成的皇家特别法庭判处玛丽死刑。死刑判决被伊丽莎白搁置了几个月。她不愿意承担弑亲的恶名，而是暗中等待《联合契约》的付诸实施。《联合契约》是一份由上万名平民签名的保卫女王的文件，签名者在契约中发誓要杀死任何企图暗害女王的人。然而，负责监管玛丽的保拉特爵士拒绝对她实施私刑。女王最后不得不在死刑判决书上签字，为自己留下了永远抹不掉的心理阴影。

西班牙大使门铎乍被驱逐出境。西班牙因颠覆一个主权国家的阴谋败露而形象扫地。但是，西班牙不怕丢脸，因为强国永远是有理的。西班牙大义凛然地向英国宣战，理由是她竟然处死一位高贵的天主教女王。如果不能煽动一场内战颠覆英国的新教王朝的话，那就用一场军事入侵来消灭她。然而，西班牙的圣战出师不利。开战的第一年，英国船长德雷克率领25只武装海盗船偷袭了西班牙海岸，在加的斯港、里斯本港及圣维森特角对西班牙进行了"外科手术式的打击"，摧毁几百艘西班牙舰船。次年，英国海军又在北海大败西班牙"无敌舰队"，西班牙痛失"海上霸主"地位，英国舰队从此横行世界各大洋。

英国在这场战争中有一位无名英雄，史籍很少提到他的作用。他就是沃兴汉姆爵士。他派往西班牙加的斯港的间谍送回了关于西班牙舰队的准确情报，包括舰船数量、装备规模及布防的情况，为英国以弱敌强取得这场战争的胜利奠定了基础。

424年后，也就是21世纪的第10年10月底的一天，一直处于绝密状态的英国情报机构"军情六处"的掌门人索沃斯首次亮相电视屏幕，向公众承认这个机构的存在。他宣称这个产生过银幕英雄"007"的组织的宗旨是对付"恐怖主义和核扩散"的威胁。据他说"只有神秘才能对付恐怖主义"，因此"神秘不是肮脏"。

所谓"神秘"就是隐藏自己的真实身份。间谍的第一使命是获取情报。要完成这个使命就必须深入到敌营后方，因此必须有一个伪装色保护自己。"军情六处"的"神秘"原则是从祖师爷沃兴汉姆爵士那里承袭下来的。伪装是欺骗，欺骗为人不齿，无论从法律角度或道德角度来说都必须予以唾弃，因此每个国家只能心照不宣地暗中编织自己的间谍

网。间谍行业具有两面性。伪装、欺骗、窃取情报，甚至绑架和暗杀，使这个行当肮脏无比。而另一方面，这个职业又发散出扣人心弦的神秘光芒，视死如归的爱国情怀为黑斗篷下的主人公戴上英雄的桂冠。新世纪的反恐大局被军情六处的掌门人巧加利用，为这个行当正了名。

为了维护国家的利益必须提前掌握外国的政治、军事、经济和社会状况，以便本国在军事、外交、贸易和经济建设上做出正确抉择。两个国家在维护本国利益时有两种模式可供选择。一种是双赢模式，这种模式提升相互了解的程度，促进双方的和解，增强互利合作。这种模式存在于盟友之间。另一种是单赢模式，在这个模式下两国的利益此消彼长，有我无你，甚至你死我活。这种模式适用于两个互持敌意的国家之间。

第一种模式获取公开的信息，无需欺骗、掩盖、隐藏和伪装。中国汉代的张骞，元代来自威尼斯的马可·波罗，就担负了这样的使命。而第二种模式的使命，索求的是涉及国家安全的信息，这类信息服务于颠覆或反颠覆，侵略或反侵略的活动，因此不得不采取秘密的方式进行。这种由秘密方式取得的，涉及国家安全的信息有一个别称——情报。

在早于沃兴汉姆爵士和英、西战争的前一百年，出现过另一个国际间谍。他虽然名不见经传，却改变了欧、亚的历史轨迹。正是他的活动促成了葡萄牙冒险家达·伽马的印度之行。

达·伽马绕过非洲南端寻找去印度的航道，是因为从北非的陆上商路，包括西奈、阿拉伯半岛、波斯湾南北，以及整个有可能到达或接近印度的地区几乎都处于穆斯林的控制下。那时候苏伊士运河还没有开凿，从海上绕过非洲最南端的好望角，是欧洲人前往印度的唯一的选择。

葡萄牙人怎么知道印度是一个黄金之地的？大多数历史文献说，他们是从马可波罗的书中得知这个信息的。不错，《马可波罗游记》是达·伽马了解印度市场的重要信息来源，但不是唯一的来源。他还有一个比《马可波罗游记》更直接的来源，那是一名葡萄牙间谍送回来的情报。这位葡萄牙间谍名叫彼鲁·达·科维利昂。他才是踏访印度的第一个葡萄牙人。

彼鲁以他出生的小镇的名字科维利昂作为他的姓氏，说明他出身卑微，没有家族姓氏，很可能是一名孤儿或私生子。彼鲁年轻时来到西班牙的塞维利亚寻找出路。在当地贵族阿尔封索公爵家找到一个差事。那时候，基督徒在伊比利亚半岛上的"光复运动"刚刚完成。盘踞在格拉纳达的最后一位摩尔国王波伯迪尔不久前才灰头土脸地撤回北非，安达卢西亚地区仍留下了大量摩尔王朝遗民。在公爵府效力的彼鲁经常出没于摩尔社区，很快学会了阿拉伯语。这门语言技巧改变了他的命运，为他后半生的外交和情报生涯奠定了厚实的基础。七年后，他回到葡萄牙，被宫廷招募。宫廷枢密大臣之所以看中这位年轻人，不仅因为他办事干练，更重要的是他精通阿拉伯语言。

他最初被任命为外交官，作为王国的特使两次出使北非。第一次，他被派往北非的地毯交易中心特伦辛。特伦辛的地毯非常受非斯商人青睐。他们到那里购买地毯，用骆驼运回非斯，在非斯把地毯换成黄金或者奴隶，再拉到别处出手，赚取高额利润。彼鲁的使命是劝说特伦辛的埃米尔把地毯专买权给予葡萄牙人。这个使命相当棘手，因为特伦辛与葡萄牙尚未正式结束交战状态。彼鲁的才华首次得到展现。他巧舌如簧，终于说服特伦辛的埃米尔，为葡萄牙争得了西北非地区的地毯贸易垄断权。

他第二次赴北非，是处理一件战争遗案——向非斯的国王穆拉奇克索要费南多王子的尸骨。1437年，航海王子昂利克的第二次出征北非攻打丹吉尔失败，将弟弟费南多王子留在敌营当做人质。后来昂利克撕毁协议拒不归还休达，导致费南多被长期拘押折磨致死。王子不能魂归故里是葡萄牙土国的耻辱。为了讨回尸体，彼鲁启用了老掉牙的策略。他劫持穆拉奇克妻儿一行七人，用她们交换费南多的尸骨。为达目的不择手段，非洲的蛮族如此行事，高贵的欧洲人也如是。摩尔王虽然蔑视葡萄牙人，但却不能无视自己妻儿的生命。

若昂二世高度赏识彼鲁的才干，授予他王家卫队骑士的头衔。卑微的小民终于将一只脚跨进了贵族的行列。一项更重要的使命在等着他。他被召到圣塔伦城，在极度秘密的情况下接受强化培训，恶补地理学和

天文学知识。这个培训之所以选择在圣塔伦城而不是里斯本，是因为这个城市没有任何外国侨民，极其利于保密。这应该是迄今已知的欧洲最早的间谍培训。

培训结束后，若昂二世亲自召见他，宣布他的新使命。他的使命是去遥远的印度寻找香料货源。在罹患着严重香料饥渴症的时代，这是一个维系着葡萄牙国家生死存亡的使命。为完成这个使命，他要化妆成阿拉伯商人。这是因为，去印度的商路必须经过埃及，而教皇朱利安将埃及市场划给威尼斯人，严禁葡萄牙商人踏入这个国度，再者，经过 10 次十字军东征，地中海东岸的阿拉伯人已将基督徒视为死敌，印度贸易控制在穆斯林手里，出现在那里的葡萄牙人都有生命之虞。若昂二世之所以将这个危险的使命托付给彼鲁，是因为他在北非的经历已将他的阿拉伯语锤炼到以假乱真的地步，举手投足也与马格里布人一般无二。

这一年是 1487 年，彼鲁刚满 40 岁。国王给了他 400 克鲁扎多和一张由佛罗伦萨美蒂奇银行开具的信用证。美蒂奇银行是中世纪欧洲信誉卓著的金融机构。它开出的信用证在全世界有效。阿拉伯人敌视欧洲人，但不敌视美蒂奇银行的支票。彼鲁从葡萄牙出发，与他同行的是他的助手派瓦。他们先从陆路来到西班牙东海岸的巴伦西亚，从那里乘船到巴塞罗那，然后换了一艘船来到意大利的那不勒斯。在美蒂奇银行的安排下，他登上一艘商船，在地中海上航行了几天，到达基督教世界最后的边界——爱琴海上的罗德岛。罗德岛上有一所葡萄牙修道院，他们在那里待了几个月，搜集各路消息。修士们给他准备了几套马格里布商人的服装和一船蜂蜜。

马格里布是一个历史地理概念。中世纪的西北非分布着数千个摩尔人和阿拉伯人的部落。这些部落分属于不同的王国。那些部落说着相同的阿拉伯方言，有着相似的习俗，被人们称为马格里布人。在后来的 600 年里，西北非在血与火的熔炉中重新分化和聚合，形成新的国家。马格里布被掩埋在厚厚的历史黄沙下。未曾想到的是，20 世纪末马格里布这个古老的词汇重新被挖掘出来并且受到热传。国际媒体征用了这个古老的词汇来演绎与摩洛哥、阿尔及利亚、突尼斯和利比亚这几个国家有着某种联系的政治概念。

第二年春天，彼鲁换上马格里布人的长袍，将蜂蜜装上一艘去埃及的商船，来到亚历山大港。那个港口是东西方贸易的转运站，往来威尼斯和印度的商品都经过这里。彼鲁还没来得及卖掉船上的蜂蜜就倒下了。他染上了热病，生命垂危。然而，死神与他擦肩而过。当他的身体康复后，却发现他船上的蜂蜜不翼而飞。原来，根据当地的法律，外来的客商如果在这个城市死去，他所有的财物便归当地的总督所有。当彼鲁还在死亡线上挣扎时，总督便迫不及待地卖掉了他的蜂蜜。还好，当总督得知彼鲁起死回生后，便将卖蜂蜜的钱还给了他。他用这笔钱购进了新的商品，并雇用了一支骆驼队，将货物运到开罗。

欧洲人在繁荣的开罗集市上早已绝迹，但这个乔装成马格里布人的葡萄牙人丝毫没有引起人们的警惕。他放心大胆地在这里打听各路消息。也就是在这里，他第一次见到了印度商人。经询问，他们是沿着印度海岸航行到也门，然后从也门经过红海来到埃及的。于是，他混入了一支前往西奈的非斯商队，来到苏伊士城。在那里他们遣散了骆驼队，将货物装到船上，一个星期后，到达西奈半岛南部的图尔城（Tôr）。

在图尔城港口没找到去印度的商船，彼鲁便登上一艘去东非萨瓦金港的船，又从萨瓦金乘船转到也门的亚丁港。在那里，他获得了两个宝贵的信息，为此兴奋不已。一是确认约翰祭师的国家在亚丁湾对面的东非高原上，二是亚丁港有驶向印度的商船。于是，他派助手派瓦前往东非寻找约翰王，自己登上一艘去印度的阿拉伯商船。在海上颠簸十几天后，彼鲁终于到达印度西海岸的坎纳诺尔，1488 年的圣诞节前夕又来到了印度最大的商港古里。

神秘的、令人无比向往的印度终于展现在眼前。那里的城市既原始又肮脏，但财富却令人炫目。在欧洲贵如黄金的胡椒、月桂、豆蔻在这里像柴禾一般堆积货栈里。很多欧洲几乎见不到的商品如樟脑、虫漆、罗望子在这里比比皆是。这里还有来自中国的瓷器、钻石、蓝宝石、红宝石以及珍珠。这里的国王们手指和脚趾上戴着红宝石，耳朵上挂着钻石，出门坐在大象背上镶金的轿子里，大象身上也装饰着五彩缤纷的宝

石，在婆罗门侍臣的簇拥下风光无限。

古里城有很多外国商人的社区。客商们来自锡兰、科罗摩、缅甸、马六甲、苏门答腊、孟加拉和婆罗洲等几十个国家。国王允许穆斯林根据伊斯兰法律管理自己的社区，由他们自己的法官司法断案。

阿拉伯商人是印度市场上最有实力的商人。他们垄断了这里通向中东和欧洲的买卖。他们的商站出售从欧洲舶来的钟表和首饰，然后将本地的香料、干椰肉、水银、烧赭石、红椰肉、藏红花、玫瑰水、漆木盘、刀、白银和黄金贩运到中东和欧洲，赚取巨额利润。

彼鲁在印度待了整整一年。他走遍了印度各个城市，记录着各个商港的商品种类、进出港商船、城市的管理制度和军事布防情况。当情报搜集得差不多后，他便登上一艘返回霍尔木兹的商船，在霍尔木兹又上了另一艘船，然后向南绕过阿拉伯半岛，来到莫桑比克海峡西岸的索法拉。索法拉是阿拉伯商路东南非洲段的最远点。他在这里加入了一个阿拉伯商队，重新回到开罗。国王若昂二世的信使犹太拉比亚伯拉罕和他的助手正在那里等着他。犹太人游离于基督徒和穆斯林的争斗之外，可以自由出入穆斯林控制的地区，是为欧洲王室在阿拉伯地区执行各种使命的最佳人选。

彼鲁从国王的信中得知，他的助手派瓦因热病已撒手人寰。国王命令他与亚伯拉罕拉比的助手继续执行派瓦未尽的使命——寻找约翰王的踪迹。葡萄牙人一直笃信约翰祭师王国的神话。这个神话源于 1185 年维也纳出现的一篇文章和一幅地图。在那篇文章中，约翰王最初被描绘成整个印度大陆的王中之王，统辖着几十个王国。他住在水晶建成的宫殿里。宫殿的地板用珍贵的马赛克铺成，廊柱用黄金铸成，宫廷的花园里有永不停歇的喷泉。约翰祭师坐在金色的宝座上，周围簇拥着狮子、老虎、豺狼、狮身鹫首怪兽和独角兽。蟒蛇在他的身后吐着火，身体的颜色随着呼吸从白色变成黑色，又从黑色变成白色。他豢养的大象一碰到水就变成海豚。最让欧洲人神往的是他的军队。据称他麾下有一万名骑兵和十万名步兵，每人一手握剑一手举着十字架。后世的历史学家认为，这个约翰祭师王国虽然只是一个神话，却发挥了巨大的历史作用。

正是这个传说把伊比利亚半岛的基督徒们从沮丧和屈服中挽救出来，鼓舞他们重新积聚力量，最后完成伟大的"光复运动"。

在动身前去寻找约翰王国之前，彼鲁写了一个详尽的报告，将他在印度搜集到的各种情报，包括印度各商港的地图和商品贸易的情况禀报国王。这个报告由亚伯拉罕拉比带回葡萄牙。

这一年是 1489 年，距西班牙航海家哥伦布出发向西航行寻找去印度的航路还有 3 年。9 年后，达·伽马出发前去开拓印度航路。在他出发之前仔细阅读了这份报告。他从这份报告中了解了印度西海岸各个商港的详细情况，以及从东非索法拉到印度的航路。达·伽马将彼鲁的报告与迪亚士绘制的地图合并研读，编制自己的航行计划。迪亚士的地图画出了从葡萄牙到南非大鱼河口的航线，而彼鲁的报告描述了阿拉伯帆船从东非法索拉到印度的海上路线。他只要打通从南非大鱼河河口到东非法索拉这一段 2000 多公里的航路，便与阿拉伯人的印度航路相衔接。剩下的事情是雇一位熟悉印度洋的领航员，把他们从法索拉领往印度。这些极其珍贵的信息是《马可波罗游记》里绝对没有的。

达·伽马还未从葡萄牙出发，便已对印度和东非的港口和航路了如指掌。他能顺利到达印度，彼鲁·科维利昂功不可没。然而，后世的历史学家很少将笔墨花在这个隐名埋姓的葡萄牙人身上。在印度的那一年里，他将自己的面孔藏在阿拉伯的头巾后面，每天悄悄地穿行于大街小巷，静静地聆听别人的谈话，从中筛选出有用的信息。印度人和阿拉伯人天天与这个马格里布商人擦肩而过，却没有一个人对他多看一眼。如果他们知道，正是这个人的活动和他们在不经意间透露给他的信息引来了刽子手达·伽马，给古里的阿拉伯商街带来血光之灾，他们准会捶胸顿足，后悔没有及早识破这个马格里布人的真实身份，将他碾成齑粉。敌国的间谍对本国安全的威胁有多大，由此可见一斑。

然而，彼鲁·科维利昂至死没有获得葡萄牙政府的褒奖，因为他此生再没能踏上葡萄牙的土地。

若干年后，人们从一本名叫《印度的弗朗西斯科神父之地》的书中获知他后来的踪迹。1520 年，曼努埃尔国王派遣传教士弗朗西斯科神父

前往东非寻找约翰王国。神父翻山越岭、栉风沐雨苦苦寻找那个神秘的高原国家。同行的随从在丛林中先后死去，神父大难不死，在历尽千辛万苦后到达了约翰王的国度阿比西尼亚。在那里神父见到了失踪已久的彼鲁·科维利昂。这位前辈已年逾古稀，并且彻底地非洲化。大使将他口授的历险故事记录下来，撰写成一篇真实的报告。这个报告后来被刊印成册，就是上面提到的那本书。1493年，也就是达·伽马到达印度的第二年，彼鲁·科维利昂也找到了约翰王的国家——阿比西尼亚。这个与世隔绝的基督教家园热诚欢迎他。他在那里被当成欧洲基督教世界的代表，被赐予高官厚禄、封地和美女，享受着当地王侯的荣华。

美中不足的是，他被扣留在那里，不许返回欧洲。约翰祭师的国度执意严守自己的秘密。传说中的那个神秘、富裕、坚不可摧的基督教堡垒不过是个贫穷的蛮荒之地。由于长期与世隔绝，那里的基督教早已蜕化变质。彼鲁身旁妻妾成群，这表明基督教严格禁止的一夫多妻制在那里已蔚然成风。弗朗西斯科神父的那本书写道，彼鲁不愿到当地教堂去忏悔，因为他忏悔的内容第二天就会传到邻居的耳朵里。随着《印度的弗朗西斯科神父之地》一书的问世，千千万万基督徒心中那个圣洁、美好、光芒四射的基督教乌托邦轰然倒塌，成为记忆中的一堆废墟。

彼鲁从人们的视野中消失，但他的名字记载在葡萄牙帝国的英雄谱中。葡萄牙在此后的半个世纪里将它的疆土延伸到东方，将果阿、马六甲、香料群岛、东帝汶和澳门收入囊中。这一切与这位间谍的作为不无关系。

一只蝴蝶扇动着翅膀，掀起的涟漪在若干年后引发一场海啸。人们如果及早地捏死那只蝴蝶就能避免这场灾难。可惜，人们无法预见这场灾难，更难以从千千万万只普通蝴蝶中识别那个灾星。

2012 年 1 月 20 日于北京天通苑

后 记

  这本书里含有一些知青生活的片段。那些生活片段来自于那几年发生在我身边，以及我身边人身边的事情。上山下乡的知识青年是我们国家的一个特定历史时期的一个特殊的群体。这个群体在今天的网络语境中成了一个敏感的话题，因此在完成这本书的写作时不能不写一个后记来阐述我触碰这个话题的心路历程。

  我与其他许多的同龄人一样，文革期间在农村待了几年。在农村插队的岁月是 段非常艰苦的磨砺。早春三月赤脚站在冰冷的泥水中耕耘、插秧，酷暑的"三夏"每天忙至夜间 11 点才能回到小屋休息，小寐一会后，凌晨三点半又要起床生火做饭，天不亮就要回到田间继续劳作。从小屋走到田间的 20 分钟是一段梦幻般的历程。我们鱼贯地在月光中前行，因极度困顿而断断续续地做了几个梦，这种"走眠"状态居然没有妨碍我们见沟跨沟，见坎越坎。那个时代的农作主要依赖人力和畜力，我们承受的体力负荷接近于生理极限。积肥和夏粮入仓的任务必须肩负 120 斤到 150 斤的重担，水库工地上的工作常常是在烈日卜或暴雨中将 8 磅重锤挥动几百次。生活上的考验也是严峻的。一年中至少有 9 个月与荤腥无缘，自己栽种的蔬菜不能满足需求，不足部分只能从农民手中购买或接受他们的接济。

  那几年最大的折磨还是心理上的。那是一种对前途感到的渺茫和悲观。因此，我们无时不刻不在期盼着返城，期盼着回到父母的身边。然而，今天当找回顾在农村的那几年，我却找不到一点沮丧悲怨的感觉。这可能是因为，那占据我迄今生命跨度十几分之一的几年对我的后半生

有着极大的影响。如果没有那几年，我很可能至今还是一个"农盲"，对"寒来暑往，秋收冬藏"一无所知。没有那几年，我会与一个重要的社会群体失之交臂，不了解他们的思想、品行和喜怒哀乐。更重要的是，没有那几年就没有后来的我，因为我将依然是一个养尊处优、手不能提肩不能扛、在困难面前畏首畏尾的城市小资。在农村几年的栉风沐雨叩石垦壤的锻炼对我后来的职业生涯无疑起了重要的作用。在返城后的许多年里，我甚至常常在梦中回到那个绿水环绕竹林婆娑的村庄，我不仅怀念那个白云飘飘清风拂面的天地，甚至怀念那重担压肩汗流浃背的感觉。

长期以来我内心有一个冲动，要把那几年的经历写出来，作为对逝去的青春的一个纪念。由于文学不是我的长项，我的职业任务又占据了我的主要精力，此事也就一拖再拖，而许多知青出身的作家们捷足先登地做了这件事，如王小波、如张抗抗等。在他们的笔下，知识青年不仅忍受着物质的缺乏、灵与肉的折磨、遭受着基层干部的残酷迫害，过着地狱一般的生活。近年来，网上出现大量揭示上山下乡运动"真相"的文章，对知青的凄惨遭遇以及争取返城的艰巨过程进行了更多的披露，某些知青"青春无悔"的贸然发声也遭到了愤怒的抨击。一时间困惑笼罩着我的头脑。我不禁问自己，为什么我没有他们那样的感觉？是我对苦难的感知麻木不仁，还是我对人性价值的认知还处于蒙昧状态？头脑中的这个问号使我在撰写这本书时踟蹰不前。我与作家韩少功先生讨论过这个问题。他建议我坚守自己的感觉。

知识青年上山下乡运动已被确认为一个错误的政策。它造成的"三不满意"——知青不满意、家长不满意、农民不满意——是这个政策最后被取缔并且纠正的原因。我对这个结论是高度认可的。但是，作为当事人应该如何看待我们曾经度过的那个岁月呢？我可以在不赞成它的同时保留对它的怀念吗？这个问题一直萦绕在我的脑中直至前两年举行的知青返乡大聚会。

那次返乡聚会是右江河谷我插队的那个公社的知青发起和筹备的，并得到县、乡两级政府的大力支持——提供场地并为聚会所有的花费买单。那次聚会报名人数是200多人，但是聚会那天却来了400多人，原

来是附近两个乡（公社）的前知青因为组织不起自己的聚会执意要参加我们的聚会。他们把知青返乡当成难得的节日。县政府答应了他们的要求，并欣然为他们的加入追加了这次活动的开支。现在的县、乡两级政府的领导干部大多是三四十岁的青壮年，知青运动时他们要么还未出生，要么还只是拖着鼻涕的孩子，然而他们都知道几十年前有一批来自城市的青年曾经为这片热土流下过汗水。这里的人民一代又一代地怀念着他们。

那天的情景不是节日胜似节日。久别重逢的老知青们相互辨认着对方的容貌，然后激动地拥抱、拍打着对方的肩膀，倾诉着离别的思念。聚会的日程排得很紧凑。上午报到后便是茶话会，老知青们嗑着瓜子相继发言，回顾当年的经历，畅谈回访的感想。中午是聚餐，大家推杯换盏，促膝谈心，交换着工作和家庭的信息。酒足饭饱后的节目是回访过去插队的村庄，看望当年照顾过自己的乡亲。晚上，知青们再回到乡政府院子里，观看文艺表演。当年的公社文艺宣传队粉墨登场，老知青和老社员们再次同台表演《沙家浜》和《智取威虎山》片段，引起台下的观众热烈的怀旧共鸣。

当年的"上山下乡"不是我们自己的选择，因此"悔"与"无悔"无从谈起，但是参加这次聚会的每一张笑脸上都清清楚楚地写着两个字——"无怨"。大规模的"上山下乡"运动是"文革"的副产品。"文革"期间，生产停顿、经济凋敝，整个社会的进步处于停滞甚至倒退状态，"蹉跎岁月"并不只是"上山下乡"知识青年独有的经历。"文革"结束后，当年的知青中走出了许多杰出的工程师、医生、作家、教授、学者、院士，甚至总理和国家主席。这说明，岁月的蹉跎也并不是"上山下乡"的必然结果。

在本书付梓之际，我谨向韩少功先生和俞杰女士致以衷心感谢，感谢韩先生在我写作中给予的鼓励和支持，感谢俞女士在本书出版过程中给予的热心帮助。

作者

2006 年 2 月 19 日